风雅大宋·庆历党争

FENGYA DASONG 贰

王佳 著

浙江人民出版社

图书在版编目（CIP）数据

风雅大宋．二，庆历党争 / 王佳著．—杭州：浙江人民出版社，2022.6

ISBN 978-7-213-10512-8

Ⅰ．①风…　Ⅱ．①王…　Ⅲ．①中国历史－宋代－通俗读物　Ⅳ．①K244.09

中国版本图书馆 CIP 数据核字（2022）第 032201 号

风雅大宋（二）：庆历党争

王　佳　著

出版发行：浙江人民出版社（杭州市体育场路 347 号　邮编　310006）
　　　　　市场部电话：（0571）85061682　85176516
责任编辑：尚　婧
特约编辑：小　北　黎福安
营销编辑：陈雯怡　赵　娜　陈芊如　小　马
责任校对：朱　妍
责任印务：刘彭年
封面设计：琥珀视觉
电脑制版：北京东安嘉文文化发展有限公司
印　　刷：杭州丰源印刷有限公司
开　　本：710 毫米 ×1000 毫米　1/16　　印　　张：20.75
字　　数：254 千字　　插　　页：1
版　　次：2022 年 6 月第 1 版　　印　　次：2022 年 6 月第 1 次印刷
书　　号：ISBN 978-7-213-10512-8
定　　价：58.00 元

目录

序

20世纪上半叶，中国近代以来两位史学巨擘陈寅恪和钱穆，给大宋王朝下了两个著名的论断。一个说“华夏民族之文化，历数千年之演进，造极于赵宋之世”；另一个说两宋王朝乃是“积贫积弱”的“文官政府”。

这两个论断命运迥异。前者的说法一度只有少数历史学者还记得曾经有这么一回事，而后者的说法亦被割裂，只剩下“积贫积弱”四个字。伴随着1840年以来缠绕于中国人心里近200年的悲情意识，借助《说岳全传》《杨家将》等演义小说及民间戏曲留下来的文化意识片段，直到今日的中国，仍然深入人心，几乎构成两宋的“历史符号”。

两宋与晚清一样，一度是绝大多数中国人都不太愿意提起的王朝。人们向往的是汉唐雄风，而两宋在人们的心目中，不过是苟延残喘地延续了300年，而对于我们这个担负过太多屈辱历史的民族来说，回忆那个时代，实在容易勾起民族潜意识里的悲情。即使完全不读历史书的人，也知道岳飞的故事……但凡还记得中学历史知识的国人，对于宋朝的“岁赐”也一定印象深刻，世界上再也没有比我们对割地赔款更加深恶痛绝的民族了。

至于文学爱好者，也许有人如醉如痴地喜爱宋词，但这正可当成宋朝“文弱”的一个证据，而诞生于宋朝的理学，则更被人们普遍视为造成中国近代衰落的重要原因……

同样是在20世纪上半叶，准确地说是1910年，在隔壁那个经历过明治维新，正磨刀霍霍准备实现其帝国野心的日本，一个在后世享有崇高学术地位的历史学家内藤湖南，第一次正式提出了他的著名学术观点——唐宋变革论。那篇将唐朝视为中世纪的结束，将宋朝视为近世开端的学术论文，在接下来的时间里，深刻影响着某些中国学者的历史观。

从此，有了另一个宋朝。

这个宋朝，经济发达、文化繁荣、科技昌明，它处在华夏文明演化的关键路口。政治、军事、文化、思想、商业、农业、科技……几乎每个方面，都发生了前所未有的革命性变化。当你用“屈辱”与“失败”来描绘这个宋朝与周边民族的关系时，会让人觉得那是一种几乎不可忍受的浅薄之见。它的结局的确以失败告终，但在它失败的废墟下，掩埋着无比珍贵的财富，等待我们拨开悲情的迷雾去发掘。

实际上，在中国研究两宋的学者中，这样的工作已经进行了近30年。只是，无数发掘出来的珍宝，它们的外表依然是看起来枯燥无味、令绝大多数人望而却步的学术论文、学术著作。

在今日的中国，其实既不缺乏踏踏实实、安于清苦，致力学术研究的学者，也不缺乏求知若渴，想要了解更多知识的大众。但学者们往往敏于思而讷于言，大多数人并不善于与大众沟通；而普通大众，也同样将枯燥的论文与学术著作视为畏途，因而真正缺失的，乃是将学术与普通大众两者沟通起来的桥梁。

幸运的是，这样的桥梁逐渐多起来了——当读者翻开这本书的时候，即意味着你已经走上了一座桥梁。这是一件值得庆幸的事情，因为本书不仅将带你去拜访一个个活灵活现、个性鲜明的宋朝人物，追随他们的事迹，与他们一起思考、呼吸……而且，这座桥梁也是安全可靠的。

在沟通的桥梁尚少之时，人们面对滔滔的大河，不太会挑剔桥的安全质量。但是，当桥梁逐渐多起来后，人们对历史的了解亦随之加深，过河的途径一多，对于桥的安全质量自然会有所评价，这亦是一种进步。在过去的几十年里，承担架起桥梁之任的人，的确有一些故意曲解史籍，反果为因，夹带私货；另有更多的人，粗制滥造，干的其实只是诸史纪事本末的白话文翻译工作……

这是可以理解的。只是，随着读者的进步，担当这种桥梁的人，也应当随之进步。这样才能进入一个真正的良性循环。

我们手中的这本书，正是这样的一个良性循环，在目前同类有关宋朝的作品中，这还是唯一一本让我打开阅读后，能够清楚地知道作者的确认认真真读过不少笔记小说——她不是在翻译《宋史纪事本末》或者《皇宋通鉴长编纪事本末》。作者虽然是用通俗、轻松的语言讲述宋朝的故事，但她所讲的故事是可靠的。我至今还清楚地记得，当年读了某本仿黄仁宇风格讲述宋朝历史的作品之后，有多么失望。

作为一个学习历史的人，面对历史，心里始终会有一种难以言说的尊重——我一直认为，对于历史的尊重，并不是要我们正襟危坐，板着脸，满口古文，讲着一些普通人听不懂的学术名词，甚至读书都只读竖排繁体……那种腔调，其实是很可笑的。真正尊重历史的人，应当尊重历史本身的情感，我们应当去体会身处不同时代的人们的情感，体谅他们的心情，其中最重要亦是最基本的则是尊重事实。对历史可以有不同的解释，我们也可以用自己的观点去解释历史，却永远不应该通过曲解历史，故意颠倒前因后果，来曲护自己的观点。

每本作品都是有灵魂的，而读者将感受得到。

所以，能够向各位介绍这本书，我将这当成一种荣幸。

阿越

2021 年 11 月于未飞斋

第一章 由来只有新人笑

王钦若这步棋走对了，因为新皇帝登基之后，一般都有万丈雄心，总要做一点利国利民的好事，所以他算准了真宗的心态，抢在同事之前邀功。

历经了有惊无险的风波，三十而立的赵恒终于登上了皇位，是为宋真宗。

他先是接回了与自己相恋十几年的刘娥，然后在记忆中尽力去搜寻那些给自己留下深刻印象的臣子。既然要主宰天下，就不可能再用先帝那一帮人，他需要建立自己的班底。

从这时起，帝国的第三代臣子开始崭露头角。这批人良莠不齐，有被后世称为“圣相”的李沆，有讲义气有风度、多次力保同僚的王旦，也有一些奸诈狡猾之徒逐渐浮出水面。

首先被真宗想起的人，叫作李应机。

李应机之所以给真宗留下深刻印象，还要从他担任咸平知县的时候说起。

那时候真宗还是开封府尹，派遣散从[①]拿着帖子到咸平县追捕逃犯。这个散从仗势欺人，在咸平县衙大吵大闹耍威风。

俗话说“强龙不压地头蛇”，作为一县长官，李应机的面子挂不住。他怒斥散从道：“你所侍奉的是寿王，我所侍奉的是寿王的父亲，父亲的手下打儿子的手下是理所当然！”随即叫手下打了散从二十杖。

① 即差役。

挨打的散从回去后，可怜巴巴地向真宗诉苦：李应机眼里根本没这个“首都市长”。真宗没有说话，而是默默记下了这个名字，觉得此人颇有性格，且有胆识，似乎可以担当重任。

真宗把李应机召到大殿之上，对他说：“我一直在为西蜀的事情焦虑，所以任命你到益州去担任通判，如果有什么紧急事宜，立刻用密封奏疏上报！”

通判，也叫作“州监”，是中央为了加强对地方的管控而设置的，但凡涉及州中兵民、钱谷、户口、赋役、狱讼等公事，都需要通判签字。这个职位的级别不算高，但因为处于风暴刚过的成都，所以真宗希望派一个精明强干的能人前去。

李应机领了旨意，到益州走马上任了。

没过多久，有益州走马[①]要入朝奏事，临行前，知州为他饯行，李应机装病没有出席。这个走马心里已经觉得有点不舒服了，他担任的是灶王爷“上天言好事”的角色，地方官员一般都对其近接远送，唯恐没有侍候好。

晚宴散后，李应机派人告诉走马：“我有一封密封奏疏，需托你带到朝中去，明天你先别走！”

走马更加愤怒了，勉强答应道：“好吧！”

第二天，走马派人去李应机府上拿奏疏，李应机却说：“奏疏乃是机密的东西，必须走马亲自来拿。”走马内心的恼怒又增加了几分，决定见到真宗后，要参上李应机一本。

谁知世事难料，走马怀揣怒火回到京城后，真宗劈头第一句话就是：“李应机好吗？有没有带奏疏来？”走马不知道李应机和皇帝什么

---

① 全称“走马承受公事”，负责向皇帝汇报各州情况。

关系，内心一惊，回答说："有！"

真宗看完李应机的奏折，问李应机在益州理政能力如何。走马不知深浅，唯有点头称好，称赞李应机是个称职的好干部。

由此可以看出，李应机此人心机是十分深的，为了在皇帝面前留下深刻印象，不惜得罪送信之人。如果他正常出席宴会，那么这就是一件再平常不过的公事，而被他这么一折腾，弄得他好像没有一点结党营私，显得办事公正。真宗听到走马赞赏他，印象又好了几分。

可惜，后来真宗发现，这个李应机为官虽然精明强干，但为人贪婪，好弄权术，做事多有欺诈，也就慢慢疏远了他。

很快，另一个很能干、富有传奇色彩的人，进入了真宗的视野——王钦若。

王钦若籍贯临江，但因祖父王郁在鄂州当官，所以他出生在湖北。当时湖北正在发洪水，全家人只好转移到黄鹤楼上避难。据目击者称，就在他出生的当晚，黄鹤楼上"若有光气"，这似乎预示着这个男孩将会是一个不同寻常的人物。

他的祖父王郁在临终前也曾断言："我一生做官五十年，基本上很少用刑，留了很多人的性命，我的后代必然会兴旺发达，应该会应验到我孙子身上！"

果不其然，传说长大后的王钦若夜间在乡村留宿，偶然起来，看到天上有赤色的"紫微"二字。从此只要祭神，他就要朱篆"紫微"二字陈列在前。

现在，王钦若被真宗提升到三司[①]，主管公粮赋税。某天大家闲聊

① 三司：即三司都凭由司。宋三司所属机构，司盐铁、度支、户部，由判三司都理欠司之官兼管。至道二年（996），三司合而为一，并归都理欠司。

时，有一位同僚说：“天下旧日里拖欠的赋税，从五代到今天，简直是多不胜数，但是政府一直逼着催缴，把很多老百姓整得家破人亡，我打算给新皇帝建议，把这些赋税都免了！”

王钦若没有说话，但他回去后，当即召集手下挑灯夜战，将多年来拖欠的赋税全都计算出来，编成条理清晰的一册，次日一早，红着眼睛交给真宗，请求免除天下旧税。

放在今天，这就叫作“创意剽窃”，是很严重的知识产权侵害。

他这步棋走对了，因为新皇帝登基之后，一般都有万丈雄心，总要做一点利国利民的好事，所以他算准了真宗的心态，抢在同事之前邀功。

真宗看到王钦若的报告，大吃一惊。大宋朝已经换了三个皇帝了，天下的赋税还是如此沉重，不由脱口而出：“难道先帝不知道这个状况？”

王钦若的回答堪称经典。他慢吞吞地说：“先帝肯定知道，他之所以不解决，恐怕是想留给陛下来收拾人心吧。”

唐太宗晚年，为了给儿子留下可靠的辅佐班底，他选择了几个人，其中就有为他立下汗马功劳的李勣。唐太宗对李勣可谓恩宠有加，一直把他看作可以托孤之人。某次，李勣得了暴疾，药方上说需要须灰，唐太宗就剪下自己的胡须，烧成灰给他下药。

但在唐太宗驾崩的前十天，他忽然将李勣贬了出去，宰相瞬间成了叠州都督。李勣没有片刻犹豫，甚至没有回家一趟，就直接赴任了。

李世民是这么对儿子李治说的：“李勣这个人颇具才智，但是你对他没有恩情，恐怕不好驾驭。我现在把他贬黜，如果他毫不犹豫出发，等你即位之后，就任命他为仆射，这样他才能为你所用。如果他犹豫观望不肯赴任，我现在就杀了他！”

王钦若当时估计也想到了这个典故，才如此应对，这样既说明了真宗“收拾人心”的正确性，也衬托了赵光义的老谋深算。

事实上，真宗注意王钦若很久了。

还在太宗时代，王钦若担任亳州判官，负责监理粮仓。因为天气连绵多雨，老百姓上缴的谷子都被淋湿，掌管仓库的胥吏不肯接收，但粮仓里确实没有多少存粮了。于是王钦若上书太宗，希望先将谷子都收进来，然后不拘于入仓时间顺序，先把潮湿的谷子支取出去，这就保证谷子不至于腐烂。太宗看到他的建议，觉得很好，便记下了他的名字。

再后来，由于天气长久干旱，开封府决定减免治下十七县的赋税。不料不久之后，就接到举报，说巡查农田的官员减免田租不实。

御史台于是奏请派使者核实。这样，东西各州的一些官员就被借调来巡查，其中就包括王钦若，他负责巡视太康、咸平二县。

王钦若巡视的结果是：天气确实干旱严重，老百姓没什么收入，开封府只免除七成田租是不够的，应该全部免除。

但没过多久，在别县巡查的官员却奏报说，他们看到的灾情不是很严重，免税免得太多了，很多县甚至要求追缴免除的那些赋税。

很明显，这和王钦若巡视的结果完全相左。

时任开封府尹的真宗也为自己捏一把汗，害怕被投诉有造假行为。造假不要紧，但是作为“准皇储”，若是靠减租这种方式来收买人心，则是十分危险的“不臣”的信号。

还好，太宗没有深究。

事后真宗告诉宰辅大臣：“王钦若只不过是个小官，却敢于特立独行，孤身为百姓伸张正义，这才是朝廷大臣的节操所在啊！”

除了处理政事出色之外，王钦若还以他的文采震撼了真宗。他考中进士之前，为真宗幕僚的门客。有一天晚上，真宗忽然驾临这位幕僚家里，大家没有料到他会来，只得手忙脚乱搬出纸屏风来挡风。

真宗四下看看，在屏风上发现了一联诗："龙带晚烟归洞府，雁拖秋色入衡阳。"

真宗指着这两句，问是谁的作品，并赞叹道："此诗落落有贵气！"幕僚回答说是门客王钦若，真宗就将他找来谈话。

正所谓"风云之会，实基于此焉"。其实这两句得意之作第一次出现是在另一个场合，那时候王钦若还是个穷秀才，生活窘迫，为了吃顿肉，讨要别人祭祀剩下的冷猪肉。

众人问他："你有何本事，也来打秋风？"

王钦若说："我是秀才。"

众人又问他："秀才有何本事？"

王钦若答："会写诗！"

因为当时没有带纸笔，他就拿起一块木炭在猪皮上写下：龙带晚烟归洞府，雁拖秋色过衡阳。

大家一看吃惊不小，没想到这个貌不惊人的小子文采出众，写出来的诗句竟然有宰相气度。

一个和王钦若齐名，名叫丁谓的人，紧接着也出现在历史舞台上。此人早年在王禹偁的吹捧下，在文学界已经有了一定的影响力。

丁谓和王钦若的情况比较类似，这两人有一个共同特点：长得丑。

王钦若状貌短小，脖子上有一个大疣子，被人称为"瘿相"；丁谓则常年一副营养不良的样子，好像从来没有吃饱过饭，江湖术士称这种面相为"真猴形"。更有甚者，传说大神仙吕洞宾曾经遇到过丁谓，告诉他："你长得像唐代李德裕，功名富贵也和他一样。"这也隐晦地点出了丁谓后来被贬黜的命运。

丁谓的发迹，还要从王均兵变说起。

王均是四川军人，但他此时的长官已经不是张咏了。张咏当时在京城担任御史中丞，咸平二年（999），以工部侍郎出任杭州知州。

张咏为人刚强，也很有智谋。那年因为粮食严重歉收，老百姓只能靠贩卖私盐谋生，官府出去搜捕，抓回来一大批。张咏看到监狱里人黑压压一片，皱着眉头吩咐手下，教训一番就算了，统统放他们回家去。

手下人说："如果不绳之以法，恐怕以后这类事难以禁绝！"

张咏说："钱塘十万人家，十之八九吃不饱，你要这样处理，迟早酿成民变，那时候才追悔莫及呢！"

由此可以看出，张咏在处理底层民众问题上，还是很有政治经验的。和张咏形成鲜明对比的是后任益州知州牛冕。他政务懒散，对大部分事情不闻不问。而益州钤辖[①]符昭寿对军队也没有控制力。

当时，担任成都守卫的神卫军有两个指挥，分别是王均和董福。董福治军严格，给养也跟得上；而王均喜欢饮酒赌博，军队物资都被变卖一空，挥霍掉了。

咸平二年（999）十一月，朝廷在成都郊区进行了大规模的阅兵，两支神卫军的装备和衣服一新一旧，对比十分明显。王均的部下很不满，灾祸的隐患也就由此埋下了。

神卫卒赵延顺早就联合了几个人，计划杀死钤辖符昭寿，但是一直没敢行动。

符昭寿的父亲是开国元老符彦卿。算起来，符昭寿还是真宗的舅舅。作为"高干子弟"，他每天的工作就是戴着纱帽、穿着素氅衣在后院休息，又找了许多织锦工匠在家里夜以继日地织锦。但凡有所需求，便径直到街上去抢，自我感觉十分良好。

---

① 重要州、郡或路屯禁兵统制官。

次年正月初一，朝廷使者自峨眉山还京。符昭寿吩咐驭吏准备好鞍马去送一下，赵延顺几人便找到了机会。他们将马厩里的马全都放了出来，让马在院子里奔跑喧嚣，制造噪音做掩护，然后迅速冲进大厅，取了符昭寿的人头。

赵延顺只是个普通守卒，根本没什么智慧和气魄。现在杀了人，抢了兵器，占了仓库，接下来怎么办？

知州牛冕虽然平时“缓弛无政”，但性命交关之时，跑得比兔子还快。他和转运使张适摇身一变，成为“特种兵”，拽着绳子就从城墙上溜了出去。坚持和叛军作战的，只有都巡检使刘绍荣。

赵延顺看到骁勇善战的刘绍荣迎面走来，眼前不禁一亮，敬佩之心油然而生。他急忙上前说：“别人都跑了，就剩下你一个，不如这样，你来当我们的领袖？”

刘绍荣虎目圆睁，弯弓搭箭怒道：“我本来是燕地人，背离乡土归顺朝廷，岂能和你同为叛逆，你来杀我吧，我绝对不会背叛朝廷！”赵延顺欺软怕硬，硬是没敢动刘绍荣一根汗毛，灰溜溜地回去了。

彷徨无计的赵延顺没走多远，就看见赶来讨伐他的都虞候王均。

赵延顺看到上级感到格外亲切，他一手拿剑，一手提着符昭寿的人头，带着士兵欢呼雀跃说：“都虞候来作统帅吧！”

据历史记载，王均是个憨厚老实之人，没什么智谋，但是如果现在不答应，估计片刻之间就会没命，所以被迫应允了。

王均就这样建立了大蜀国，改元化顺。

王均之所以接受赵延顺等人的拥戴，还有一个原因，就是他手下有一名狗头军师——张锴。

张锴本名张美，原来是个普通卒子，后来成为神卫小校。当时的军人文化素质普遍较低，这个张锴因为稍懂一点阴阳算命之术，就给王均灌输了一些“天命有归”的观念，所以王均比较器重他。

但是张锴性格狡狯，为人极不可靠。王均曾经向他交底说：“如果朝廷军队来了，我就直接出去迎接，向他们说明情况，我本来也是被胁迫的。”于是张锴派了很多亲信轮流值班，以防王均和外人接触。

在这种情况下，朝廷用弓箭射到城里的招降书，也统统被张锴销毁，甚至朝廷把王均家族子弟押到城下，胁迫他投降的事，王均也压根儿不知道。

占据成都后，王均先去攻打绵州，希望扩大地盘。但是攻击受阻，于是转战剑门，想要守住入川的门户。

他不知道，剑门已经严阵以待很久了。

因为连日来刮风下雨，叛军无处掠夺衣食，所以只能吃一些剩菜剩饭，加之天寒地冻，剑门守军不但杀了王均的一些部下，还依靠强大的思想攻势招降了千余人。

与此同时，真宗在京城得到消息后，特派雷有终前来讨伐。

沮丧的王均还在回成都的路上，就得到一个坏消息，令他心惊肉跳——蜀州知州杨怀忠组织了一支叫“清坛众”的部队，正在攻打自己的老巢。

杨怀忠和王均各自率军队在江渎庙大战三百回合。由于清坛众的大部分士兵原来只是地方上缺乏训练的乡兵，战斗力过于薄弱，所以竟然被王均的部队打败。无奈之下，杨怀忠率兵退到了江原。王均抚着胸口大呼幸运，马不停蹄地跑回了成都。此后不久，杨怀忠又一次拉起队伍，卷土重来，给王均造成了一定程度的麻烦，无奈之下，王均只好关上城门，躲在里头以求自保。

二月十九日，肩负重任的雷有终仔细观察后，惊奇地发现，成都城门是打开的！对此他很乐观，一厢情愿地认为王均是因为害怕，弃城逃跑了，所以带领部下大摇大摆进入城中。士兵们即刻自动解散，在街上寻找发财门路。当大家抢得差不多了，回过头来，才发现情形不对劲，城门已经被王均关闭。街上也摆满了床榻等物作为路障，士兵们根本无法正常撤退。一场混战之后，官兵死伤无数。

王均“瓮中捉鳖”的计策很成功，差一点就活捉了雷有终，后者拽着绳子溜出城墙，退到了汉州。

从咸平三年（1000）四月开始，双方一直保持着交战状态。官军不断修建战棚攻城，义军则频繁挖地道偷袭，有千余官军在护城河里被淹死。直到九月中旬，官军挖开一道暗门，经过艰苦奋战，方才进入城内。

王均带领残部突围，后来被杨怀忠带领的虎翼军打得走投无路，自缢了。

在平定王均兵变过程中，朝廷曾经调遣施、黔、高、溪等地的少数民族子弟来防御。但王均死后，这些人中的一部分因为熟悉山川道路，反而转变为盗贼，攻打县衙，抢掠百姓。

咸平五年（1002），真宗任命丁谓为夔州转运使。

丁谓到任后，要求地方政府罢兵休战，自己则亲自去拜会少数民族首领。这些少数民族居民都生活在溪洞之中。丁谓坐着船，每过一条河流，就会减少一些随从，最终到达少数民族聚集地时，身边只剩下两三个随从了。

少数民族百姓没见过这么大的官，急忙宰牛摆酒慰劳他。在吃饭的时候，丁谓就耐心地给大家宣读朝廷的政策。首先说明，朝廷不会治你们的罪，但如果你们继续这样对抗下去，对谁都没有好处。语重心长、推心置腹的交流后，首领们保证不再作乱了。

丁谓趁热打铁，热情邀请少数民族首领们到夔州走一走。

在坐船回去的路上，也是一样，每过一条河流，丁谓就让首领们减少一些随从，不动声色地解除了他们的武装。到达夔州馆舍之后，丁谓按照级别赐给他们锦缎银币，招待非常热情。

住了几天后，少数民族首领们想要回去，丁谓不表态，还是一如既往地热情。他暗中派人给他们传话："丁大人没有别的意思，只不过想让你们把掠夺走的汉人百姓放回来，他们回来了，丁大人一高兴，就送你们回去。"

原来是个鸿门宴。

没有别的选择，首领们唯有下令，将汉人男女都放回来。每回来一名汉人，丁谓就赐给首领们一匹绢，如此赎回了一万余人。

丁谓的才干与魄力，由此可见一斑。

就在这年三月，朝廷举办了一次科举考试，这一科的状元叫王曾。王曾考上状元后，有人恭喜他："考上状元后，一辈子就衣食无忧了！"王曾顿时心情大坏，辛辛苦苦考上状元，难道就是为了混口饭吃？于是冷冷回答："平生之志不在温饱！"

千里之外的丁谓大概没有意识到，这个人注定要成为他人生的噩梦。

现在丁谓还顾不上想这些。他工作很努力，每天起早贪黑，所以这一段"经画夔州，功刊名柱"，算得上是一个好官。

虽然后世对丁谓的定论是"奸臣"，还把他和王钦若等人一起列为真宗朝的"五鬼"。但是我们不能因人废言，说到奸臣就认为其一无是处，这有失公允。

事实上，丁谓才智出众，正史记载他机敏有智谋，为人诙谐，善于谈笑，且数千言的文章，看过一遍就可以背诵，画画、博弈、音律等无不精通，尤擅长写诗。

某次，真宗请大家在太清楼吃饭，席间谈到了喝酒，真宗问：“哪里的酒比较好？”众人回答：“南仁和酒肆不错。”于是差人买来，果然味道出众。真宗询问了酒价后，忽然问：“不知道唐朝的酒价是多少？”

大家面面相觑，谁都说不上来。只见丁谓从席间站起，拱手回答：“唐朝的酒是三十钱一升！”真宗好奇道：“你从何得知？”丁谓回答：“我记得杜甫有一句诗：‘速须相聚饮一斗，恰有三百青铜钱。’所以算下来，应该是三十钱一升。”

真宗忍不住夸奖丁谓有文化，同时感叹：“杜甫的诗，简直称得上是一时之史。”

真宗每年都要召请群臣一起赏花钓鱼，作应制诗。君臣坐在一起聊聊天、钓钓鱼，不但增进感情，还可以顺便商量一下国家大事。

那天不知道怎么回事，鱼儿们似乎商量好了，真宗眼睁睁看着身边的臣子们将鱼一条一条钓了上来，但鱼就是不往他那边去，他心里干着急，脸色也不好看了。

这时善解人意的丁谓，急忙献上一首诗，为皇帝进行了精神按摩，诗里有这样一句：“莺惊凤辇穿花去，鱼畏龙颜上钩迟。”说真宗之所以钓不上来鱼，是因为鱼害怕真龙天子的威严。

此诗一出，真宗立刻龙颜大悦。

其实在封建社会，臣子们拍皇上马屁是天经地义，甚至是理直气壮。

我们知道，唐太宗手下有一个很有名的人，叫魏徵，这个人不但自己不拍马屁，而且禁止别人拍马屁，老是让唐太宗下不了台。所以有时候唐太宗就很生气，回去脱了衣服，光着膀子挥舞拳头，嘴里嘟嘟囔囔：“总有一天，我要杀了这个老匹夫！”

魏徵还经常教育唐太宗，一定要远离佞人，唐太宗心里就很纳闷，到底谁是佞人呢？有一天，唐太宗带着一帮人在散步，走到一棵树下，随口说："这真是一棵好树啊！"话音未落，身边跟随的宇文士及立刻旁征博引，从各个角度论证这棵树为什么好，好在哪里，好得有什么重要意义。

看着唾沫横飞的宇文士及，唐太宗忍不住皱着眉头说："魏徵总叫我远离佞人，原来我不知道是谁，现在知道了，看来你就是个佞人！"

宇文士及吓得脸色煞白，不过他脑子转得很快，即刻为自己辩解："南衙的臣子们经常给您提意见，提的意见很尖锐，而且还当面和您吵架，经常让您龙颜不悦。我作为侍臣，经常在您身边，如果还不顺从一点，您这皇帝当得有什么意思呢？"

英明睿智的李世民一听，简直太有道理了，满腔怒火顷刻消失。

就连唐太宗都架不住戴高帽，更何况年轻的赵恒，所以丁谓的种种表现，在真宗看来都是合情合理的，而且有头脑、有见地、有个性。

丁谓年轻的时候，到处"投诗索米"，拿着文章到读书人家里，别人看他文章写得不错，就会给一点银两或者请吃个便饭，表示对他的钦佩重视。当他到胡则家里时，胡则当时只是个县级干部，家里很穷，但对他还是很热情。

住了一段时间，某一天吃饭的时候，丁谓发现平时的精美餐具、樽罍等物都不见了，全换作简陋的陶器。丁谓心里就不是滋味了，觉得可能是胡则讨厌自己了，吃完饭就准备告辞。胡则来送他的时候，拿出一盒白银说："家里穷，只有饮器还值点钱，我换成银子给你。"

丁谓这才恍然大悟，明白为何要换陶器吃饭，内心极为感动。等他后来发达，对胡则大力提拔，以致有人检举说："……胡则，丁谓党也，性贪巧，不可任利权。"

后来丁谓被贬崖州，树倒猢狲散，身边的宾客随散零落，只有胡则一个人，间或派人到海上看望丁谓，一如平时。

对朋友知恩图报，对那些得罪过、中伤过自己的人，丁谓也自有处理办法。

他功成名就之后，回到家乡看望自己的老师郁先生。见面后，他让两名官员架着老先生，深深跪拜。老先生急忙喊道："拜杀老夫矣！"

坐下后，丁谓又意味深长地说："我小时候不成材，多亏了老先生教诲，对我毫不手软，我才能有今天的一点成绩，谢谢你啊！"

一般古人说话都很隐晦，更何况是对长辈，所以老先生听了这话，心里更加不是滋味，知道丁谓是在正话反说，难受起来，没几天就一命呜呼了。

第二章 沉默的大多数

某次，王旦奏事完毕出门，真宗目送他离去，感叹说：“为朕致太平者，必斯人也！”由此可见，此时王旦已经具备了良好的舆论基础，得到文官体系与权力巅峰的皇帝的认可。这也从侧面说明，他之所以能在相位坚如磐石稳坐十二年，绝非偶然。

在《宋史·王旦传》最后的评论里是这样说的：宋朝到真宗之时，号称为盛世，得人亦多。此处所说的“得人”，就是说不可多得的人才。

这个词在宋史书中频繁出现，每每有人被选官，就有人啧啧感叹，谓之“得人”。这些“得人”中，有烧过册封妃子的诏书，为平复西夏之乱出谋划策，无愧于宰相之任的李沆；有当宰相的时间最久，长达十二年，办事公正干练，推荐人才众多，而且遭到诬陷从不辩白，为帝国的稳定立下了汗马功劳的王旦；有为官清廉，洁身自好，拜相之际，喜愠不形于色，可谓真宰相风范的向敏中。

在正式叙述历史事件之前，我们有必要翻一翻这些臣子的履历表，看看是什么样的际遇造就了他们的个性。

所谓“沉默的大多数”，并非贬义，而是想表明，这些杰出的臣子所追求的是“无为而治”，他们所充当的是朝廷的基石和润滑剂，没有他们，帝国的凝聚力就会在顷刻间丧失殆尽。

王旦，字子明，大名莘县人。其父名王祐，“少笃志词学，性倜傥有俊气”，一生历后汉、后周和宋三个朝代，主要功绩就是干了三件事。

第一件事是后汉时，杜重威移镇睢阳，左右环顾，心里有点躁动不安，想要反叛。王祐曾经专门去劝说，杜重威不听，他自己却因此被贬为沁州司户参军。王祐为此写了一篇“辞气俊迈”的文章，一时为人称道。

第二件事发生在太祖“杯酒释兵权”时，此时王祐是太祖的知制诰。当时符彦卿镇守大名，据说在民间胡作非为，与民众关系很不好，民间多有怨言，久而久之就传到了太祖耳朵里。太祖派王祐去调查，临行前饱含深意地说：“等你回来后，让你坐王溥的位子。”

王溥当时是宰相，很明显，这是赤裸裸的利诱，太祖只不过是在借机收拾符彦卿而已。

王祐到符彦卿那里仔细考察后，回来奏报：“符彦卿是个好官，没问题！”

太祖生气了，那么明显的暗示，难道你不明白吗？于是威胁道：“你敢担保符彦卿没事吗？”

王祐身正不怕影子斜，他并没有拿符彦卿任何贿赂，只是接受了两个家童，便于照顾生活、帮助工作而已。所以他大声说：“我家和符彦卿一家一样，都有百余口人，我愿以这一百口人，担保符彦卿的清白！”

王祐不但不配合，反而还教育赵匡胤：“五代各国就是因为君臣之间互相猜忌，所以才享国不永，希望陛下可以吸取这个教训，不要随便怀疑臣子！”

赵匡胤脸黑了，他当即下令把王祐贬到华州去了。

王祐心里也觉得郁闷，就放话说：“今天我做不了宰相，我家二儿子必然要做。”他的二儿子，就是王旦。

王祐之所以如此自信，是因为他在华州，遇到了那位风靡整个大宋的“神仙”——陈抟，即希夷先生。

在华州时，王祐曾经带着全家去拜访陈抟，陈抟没有出门，只是坐在屋里接见他们，沉默良久后，才问道：“你有儿子不？”

王祐说："二儿子在家里。"

陈抟说："把他带来见我。"

王旦一出现，陈抟就立刻出门迎接，扶着他说："二十年太平宰相！"随后又说："麻烦您以后掌国，能减免此地的税租。"

王祐所干的第三件事，是在卢多逊大战赵普之时。卢多逊曾经多次暗示王祐，希望他可以协助自己把赵普拉下马。王祐非但不从，还反过来教育卢多逊，并且用唐代宇文融排挤张说的例子来对比，暗示卢多逊将来没有好下场，令其很不开心。

这三件事令王祐颇为自得，所以他在自家门前种下了三棵槐树，并预言说："我的后代之中，必然会有人位列三公，成为大人物。"

史书上载："祐知贡举，多拔擢寒俊，毕士安、柴成务皆其所取也。后与其子旦同入两制，居中书。"毕士安后来做到参知政事，比王旦当宰相还要早。除此之外，王祐还和寇准、杨亿及吕端有较好的交往。

> 王嗣宗，"以文谒王祐，颇见优待"。
>
> 李若拙，"举进士，王祐典贡举，擢上第"。
>
> 柳开，"王祐知大名，开以文贽，大蒙赏激"。
>
> 杨徽之，"徽之寡谐于俗，唯李昉、王祐深所推服"。

这一串名单说明，王旦之所以仕途走得比一般人平顺，有一部分功劳应该属于他父亲。不仅如此，王祐还以自己为人处事的风格，深深影响了王旦。

太平兴国五年（980），王旦进士及第，为大理评事、平江知县。故老相传，平江县官署有怪物凭戾，经常出来作乱。就在王旦到达前一天，守吏们听到有群鬼呼啸喊叫："宰相就要来了，赶紧回避吧！"此地自此安宁。

就在平江知县任上，王旦也迎来了自己的终身大事。

在那个年代，每一科进士张榜公布后，朝廷官员和富商们家里就开始忙活。凡是家里有闺女的，无不积极打听新科进士的出身和长相，以及是否婚配，一旦发现才貌双全者，立刻出动人马去提亲。这样一道奇特的风景，被戏称为“榜下捉婿”，可谓形象又生动。

对一般士子而言，能够被高官挑中也是一种荣幸，多半不会拒绝，所谓“天子门生宰相婿”，人生立马进入新的境界。有些富商竞争不过高官，就只好以重金相许，凡是上门女婿，立刻给千余缗安家费，堪称货真价实的“钓金龟婿”。

这种事还闹出了一些令人喷饭的笑话。有个叫韩南的士子中举之后，立刻有人上门提亲，韩南并未直接拒绝，而是幽默地写了一首诗：“读尽文书一百担，老来方得一青衫。媒人却问余年纪，四十年前三十三。”去找七十三岁的进士做女婿，看来这家人的前期调查工作没做好。

我们用心分析就会发现，朝廷官员之间，经常存有这种翁婿关系，随便就可以举出几个例子来：名相富弼是晏殊的女婿、状元王曾是李沆的女婿、范祖禹是右仆射吕公著的女婿……

选女婿是看中了新进士的才华，但这并不意味着这个年轻人以后就一帆风顺、步步高升了。原因有二：

一是岳父未必会徇私。比如，王旦后来把二女儿嫁给了苏耆，苏耆的父亲，就是前朝深受太宗宠爱，后来死于酗酒的苏易简。苏耆通过会试后，参加殿试，真宗不知道这个人就是王旦的女婿，转头问王旦：“这小子如何？”王旦面无表情，不表态，于是苏耆落选，岳父“害”了女婿。

二是宋代辅臣之间有“回避”制度，一家人，或者有姻亲的两名官员，是不得共掌权柄的。比如王旦的岳父是赵昌言。赵昌言做转运使时，路过平江县，看到王旦气宇宏大，绝非一般人物，就将自己的女儿许配给他。到太宗淳化四年（993）十月，赵昌言为参知政事，王旦为知制诰，因为知制诰属于中书省管理，为了回避，王旦曾上书要求解职，得到太宗嘉许。

在地方上工作了一段时间，淳化二年（991），王旦被召回中央，担任高级文秘知制诰，真宗即位后，又拜中书舍人。虽然王旦和真宗本人并没有什么特殊渊源，但此时朝廷的整个局势对王旦很有利。

真宗即位之初，吕端还是宰相，随后真宗又提拔了自己当太子时候的辅臣：李沆和李至。吕端和王旦的父亲关系不错，李至对王旦的父亲也是钦佩有加。至于李沆，和王旦就更加亲密了，他俩是同榜进士，属于同学交情了。

此外，同知枢密院事钱若水对王旦的评价也很高：“王君凌霄耸壑，栋梁之材，贵不可涯，非吾所及。”而且断言，王旦日后一定会做宰相。于是在钱若水辞官时，就有了这样的一番对话。

真宗：“朝廷这些臣子当中有谁堪当大任？”

钱若水：“中书舍人王旦有品德、有名望，可以委以重任！”

真宗：“这和我的想法一样啊！”

某次，王旦奏事完毕出门，真宗目送他离去，感叹说：“为朕致太平者，必斯人也！”由此可见，此时王旦已经具备了良好的舆论基础，得到文官体系与权力巅峰的皇帝的双重认可。这也从侧面说明，他之所以能在相位坚如磐石稳坐十二年，绝非偶然。

在朝廷得到广泛赞誉的王旦，此后就一帆风顺，有空位就立刻补上，逐步进入权力核心。咸平三年（1000）二月，枢密使王显被罢官。

就在当天，王旦即刻被任命为同知枢密院事，此后一年，又被任命为副宰相参知政事。

综观王旦一生的为官技巧，一是无私心，一心为公；二是有气度，从不说人坏话，也不轻易发怒。总的原则就是“忍”。

都尉李和文喜欢交朋友。一天，他把手下从官们都找来，又找来很多歌伎，在家里饮酒作乐到午夜，被台谏在真宗那里参了一本，说他成天不干正事，只知道腐朽享乐。

杨亿就此事给王旦通了个气。王旦并不说话，回去后，反而用红笺给李和文写了封信，说自己因为公事繁忙，没能参加他们的酒会，实在遗憾云云……

第二天上朝，真宗拿出台谏告状的奏折，给王旦看，王旦说：“我早知道了，也给他写信了，很遗憾没能去参加，这就是太平盛世的景象吧！”真宗便不再追究。

为了保护同僚，王旦不惜挺身而出，以致整个朝廷都知道他是个宽厚之人，都乐于与之接近。但仁厚归仁厚，王旦却不是软柿子，也绝不会为了私人交情而破坏朝廷制度。他和李沆、寇准的关系都不错，但这两人在他那里也碰过钉子。

某天，王曾、李维和薛映三人一起去拜访王旦，王旦却躲在家里托病不见。薛映脸色就不好看了：“我好歹也是一时名士，你有多大的架子，一点面子都不给。”过了几天，薛映见到王旦的女婿韩亿，就把这件事对韩亿说了。

韩亿回去告诉岳父王旦：“上次三位大人来找您，您躲在家里不出来相见，他们意见很大。”

王旦微微一笑说：“这个薛映啊，还是年轻，考虑不周。他怎么就不想想，王曾和李维都是李沆的女婿，他们一起来找我，恐怕是想干涉朝政。如果所求事情不可行，那我就拒绝了，但如果可行，我怎么回答？朝廷官员在家里商议公事，这是执政大忌。”

果然没几天，李沆就私下来找王旦商量事情了。

即便面对王钦若之流的奸贼，王旦也大智若愚，以不动声色处之。有一次，久旱逢甘露，真宗龙颜大悦，连着写了两首《喜雨诗》，赐给臣下欣赏。王旦揣着皇帝的诗回去，悄悄告诉同事们：“我发现，皇上这诗里有一个错别字！”

王钦若说：“这也无伤大雅，不要紧的。”

谁知道第二天，王钦若一早就给真宗打报告，指出错别字这个问题。真宗很不开心，对王旦说：“昨天我的诗里有错别字，你们都看了，为什么没有奏报上来？”言下之意是，你们是不是想看我笑话？

王旦只好赔罪说：“昨天回去后，没有再详细看一遍，有失奏报，实在是不胜惶恐！”说完，苦笑着带领大家再次叩拜。

当然，有人会认为，王旦这些表现都是官场老油子的明哲保身。其实设身处地去分析，在“五鬼”惑乱朝纲，举国癫狂的时刻，朝廷确实需要这样一位忍辱负重的臣子，来保全正义之士。

王旦确实也做过一些违心之事，但他内心又何尝不难受呢？在年老临终之前，他给家人留下遗嘱：死后剃掉头发，穿上僧衣入棺，棺中不要放金玉之物，用僧人的荼毗火葬法烧掉。据说，他之所以如此安排，是对以前所做违心之事的忏悔。

王旦和他的同侪都是在太平兴国五年（980）中进士的，这一榜，就是历史上赫赫有名的“龙虎榜”。援引张咏的一段话，或许更有说服力：“我们这一榜中，‘得人’最多。慎重有雅望，无如李沆；深沉有德，镇服天下，谁都不如王旦；在朝廷敢于和皇帝、大臣们面折廷争，风采照人，属寇准最厉害。”

我们还可以再补充两点：强悍任侠，政治经验丰富，数张咏为最；深受皇帝宠爱，文采风流，就是这一榜的状元苏易简。他们都是那个时代的精英，每个人都极富魅力，千百年来令人敬仰。

如果说王旦的政治生涯是坐直升机上去的，那么李沆坐的就是火箭，他当宰相比王旦足足早了八年。原因很简单，他曾经当过真宗的老师，师生感情深厚，所以真宗即位后，就把他提拔上来当宰相了。

人们总会认为，和其他强人一样，既然贵为宰相，那他的童年定有一些神奇的经历。

王曾曾经记载，他的父亲去舒州，李沆随行，在船上忽然风浪暴作，几乎有翻船的危险。其中有一姓王的军校说："这个人[①]面有异相，谁敢加害于他？肯定平安无事。"后来果然平安到达。

李沆中进士之后，在地方上干了八年，被太宗召回担任知制诰。知制诰这个位置非常关键，很多人都是从这个位子上开始平步青云的。太宗自己也说："挑选词臣，是古今都很重视的。我早就听人说，每当任命一个知制诰，亲戚们都来庆贺，号称是'一佛出世'，难道说容易吗？"

从知制诰到翰林学士，然后再到参知政事，李沆的晋升可谓相当顺利，在参知政事位子上工作两年后，淳化四年（993），朝廷官员大换血，他被罢政。

罢政期间，李沆"丁内艰"，也就是母亲去世要离职丁忧，随即被召用知升州，一年后，成为太子宾客。这里的太子，就是真宗赵恒。

太宗对李沆的评价比较高："李沆风度端凝，真是个贵人啊！"所以任命他和李至一起以"礼乐诗书之道"教育太子。

① 指李沆。

太子宾客是李沆政治生涯的新起点，他在这个位子上和真宗建立了深厚的感情。我们都知道，真宗是在极为复杂的背景下成为太子的，所以他必须事事小心谨慎，对李沆、李至两位太子宾客执老师礼，每见必拜，动皆咨询。

太宗在晚年陷入了“和平主义”的怪圈，把畏惧粉饰为爱好和平，所以对太子的教育也要“文化”而不用“武力”。这个教育的效果就是，后来真宗的执政风格，明显带有李沆等人的个人色彩，追求黄老之学的清静无为，以保守求稳健，缺乏大刀阔斧的改革。

大智若愚的吕端将真宗扶上皇位后，过了一年，因为健康问题被罢政。接下来谁做宰相，就成为真宗不得不仔细斟酌的问题。他甫登大宝，对别人又不熟悉，所以只好在两位老师里选择。但吕端罢政后，李至也因为视力问题罢政。现在只剩下李沆了。

李沆的执政风格和他本人性格一样，沉默是金。他很少说话，终日里沉默寡言，堂下花槛颓塌破坏，也从不过问。他夫人跟他说了好多次后，他这才慢悠悠道：“你想用这个小事情，动我一念乎？”

甚至有传闻说，李沆薨后，在盛夏里颜色不变，吐香如莲花，七日不灭。这便是他终生清静无为的修为所致。

胡旦因为诋毁赵普，触怒太宗，被贬到了商州。胡旦在商州很苦恼，忽然有一天，听说以前同为知制诰的同事李沆当参知政事了，他急忙摊开纸笔，写了一封信。

这封信是胡旦的心血之作，在信里他恶毒攻击了四个人，这四人都是李沆的前任，都曾任参知政事。他们是吕余庆、郭贽、陈恕和辛仲甫。胡旦列举这几个人的目的，是为了衬托李沆的伟大与高尚。

胡旦首先攻讦的是吕余庆。《宋史》载：“开宝六年，与宰相更知政事印，旋以疾上表求解机务，拜尚书左丞。”就是说在开宝六年（973），太祖令参知政事吕余庆和薛居正与宰相赵普轮流执掌大印，以达到分权的目的。没多久，吕余庆就托病申请辞职，结果拜尚书左丞。胡旦的评价是："吕余庆没什么功劳，所以被解除职务，成为左丞。"

郭贽是个直率之人，曾经为受到污蔑的曹彬极力辩护，深受赵普器重。他曾跟太宗说："我受到朝廷的重视，唯有以愚直来报答！"

太宗打趣道："愚直又有什么用？"

郭贽肃然回答："即便如此，也比奸佞要好多了。"

胡旦却点评道："郭贽这个人，因为饮酒过度，宿醉不醒，在应对皇上问话时语无伦次，所以被贬为秘书少监。"

至于陈恕，是因为多嘴犯了事。他当参知政事时，太宗听人说户部使樊知古吏治不严，决定敲打他一下，就与陈恕商量。但陈恕与樊知古私交不错，当即捎信过去，让其做好准备。

不料樊知古政治经验欠缺，得到消息后大惊失色，急忙跑去找太宗辩解，太宗纳闷道："我这边还没下命令，你怎么就知道了？"

樊知古脱口而出："是陈恕告诉我的！"

太宗顿时火冒三丈，朝廷机密居然这么快就泄露出去，大臣之间互相勾结到如此地步，简直太恐怖了，当即下令将陈恕贬到江陵府。对此胡旦也有评价："陈参政新上任没多久，就因为泄露机密被退到地方。"

胡旦对辛仲甫所下的结论是："这个人没什么本事，因为病退所以才优拜尚书的。"

总之在胡旦眼里，这四个人不值一钱，所以下场都不怎么好。紧接着他笔锋一转，用生花妙笔大拍李沆马屁。意图很明显，希望李沆能提拔他。

不料李沆看到此信后"愀然不乐"，对左右说："我难道比这些人都要杰出吗？只不过是大家际遇不同而已。作为别人的后继者而讥讽别人，这非我所为，何况是为了显扬自己而贬低别人？”即便后来李沆官至宰相，也没再起用胡旦。

因为平时不爱说话，所以江湖上给李沆送了个外号，叫作“无口匏”，也就是“没有口的葫芦”，即“闷葫芦”。

有人把这个外号告诉给了李沆，李沆淡淡地说：“我又不是不知道。”过了一会儿又说，“我没什么过人才华，朝廷内外大小利害之事，唯有通报而已，以此为国家做一点贡献。”

李沆最喜欢读的书是《论语》，别人问为什么，李沆回答：“我做宰相，《论语》中‘节用而爱人，使民以时’都没有实施。圣人之言，要终身读诵！”

虽然不爱跟别人说话，但李沆教育起皇帝来，是不厌其烦的。

综观李沆对真宗的教育，是“恐吓为主，礼义为辅”，他想尽一切办法让刚即位的真宗明白，皇帝不是那么好当的，当皇帝需要超越常人的忍耐与辛劳，并不是什么事情都可以随心所欲。

每次见到真宗，李沆像一只忠实的乌鸦，一开口，必然是四方水旱、盗贼、不孝、恶逆之事，真宗听后心情很不好，经常“惨然不悦”。退下来后，有同僚觉得他这样做不对，就问他：“我们掌权，所幸天下无事，但丞相您每次都以这种不好的事来扫皇上的兴，这些事都是有司常规奏报，也不必你面奏吧？”

李沆一开始并不解释，被问次数多了，才说：“人主岂可一日不知忧惧，如果不知忧惧，那以后就要无所不为了！”

李沆也向王旦表达过同样的意思：“人主年纪轻，应该让他知道民间疾苦。不然的话，他血气方刚，要么留意声色犬马、沉湎酒色，要么大兴土木、动辄用兵，或者迷信鬼神，祭祀祈祷之事便会逐步抬头。我已经老了，可能见不到了，但是参政你还年轻，这都是以后的忧虑啊！”

果然让李沆说中了。他去世后，在王钦若和丁谓这两个人的怂恿下，真宗为了重建信心，降天书、封泰山，策划了很多巨典盛仪，劳民伤财，民怨纷起。

此时王旦每每想起李沆的话，忍不住重重叹息：“文靖，圣人也！”文靖即李沆的谥号。

正是这种如履薄冰的为政态度，使得李沆对人君与帝国的脉搏把握得十分到位。他识人极为精准，这一点，就连寇准也不得不服。

当年丁谓依附寇准，寇准很看重这个人，屡次给李沆推荐，但李沆见过丁谓后说：“我看他的为人，岂能将他置于众人之上？”

寇准针锋相对说：“以丁谓的才华，相公你能抑制他，令他长期位于众人之下乎？”

李沆笑了笑说：“以后等你后悔的时候，应该会想起我的话。”

在后来的岁月里，寇准被丁谓整得连连遭贬，孤身面对茫茫大海，在茫然失措之际，应该也会发出和王旦一样的慨叹：“文靖，圣人也！”

更有甚者，李沆还直截了当拒绝过真宗的非分要求。

某天深夜，李沆正在家中休息，忽然内侍紧急求见，带来了皇帝的手札。在手札里，真宗遮遮掩掩地提出一个要求，希望册封刘娥为贵妃。

刘娥以前是走江湖卖艺的，曾结过婚，在极为重视出身的士大夫眼里，属于引车卖浆之流，所以李沆根本没犹豫，接过手札直接烧掉了，从容奏道：“但臣沆以为不可！”真宗只好作罢。

李沆对真宗一片赤诚，真宗也知恩图报，对他无比信任，处处维护。

咸平三年（1000）初，面对契丹扰边，真宗首次御驾亲征。此时他即位不久，根基不稳，威信也尚未完全建立，所以心里就有顾虑，万一在他亲征路上后院起火，哥哥元佐被拥立，怎么办？

考虑再三，真宗留下他最信任的李沆监国。史载李沆“为东京留守，不戮一人，而辇下清肃”。真宗亲征回来后，李沆带人到郊外迎接，真宗“命坐置酒，慰劳久之”。这君臣、师生二人深厚的感情与信任，尽在不言中。

有人给真宗上书，以天旱为由，要罢免李沆，真宗看后很不高兴，对大家说：“这些人都不是什么好东西，只是想要自己获得进用而已，应该警告他们。”

可以预见的是，如果不是五十八岁那年因病去世，李沆会一直在宰相位子上坐下去。

他的去世对真宗是个巨大的打击，真宗“临哭之恸”，而且废朝五日，追赠太尉、中书令，谥文靖。李沆还享受了唯有赵普和曹彬才能享受的礼节，真宗特意“诏特择日举哀”，此后也成为宰相去世的定制。

就算在死后很久，李沆的言行还一直影响着真宗。以前真宗问过李沆：“治理天下之道，应该以什么为先？”

李沆说：“不要进用那些浮薄轻狂、喜欢惹是生非之人，这是最要紧的。”

真宗紧接着问：“你具体说说都有谁？”

李沆说出了两个人：梅询和曾致尧。真宗默默记在心里。

李沆去世数年后，有人给真宗推荐，说梅询可以用，真宗立刻摇头，解释说：“我老师李沆说过，这个人德薄望轻，不是君子。”

梅询也是一位名人，他是著名诗人梅尧臣的叔父。所谓“人生识字忧患始”，对这一点梅询深有体会。他当翰林学士时，成天绞尽脑汁起草诏书，斟酌词句起草布局，脑袋都快被挠秃了。公事之余出来散步，看到一个老兵坐在台阶上伸懒腰，意态十分悠闲。

梅询说："你过得真舒服啊！"

老兵莫名其妙，回头看看这个读书人，心想：伸个懒腰有什么舒服的？

梅询继续问："你识字不？"

老兵摇头说："一字不识！"

梅询一拍手掌大声感叹："我的天，那你更舒服了！"

梅询之所以如此努力工作，并不是爱岗敬业，为君分忧，乃是为了像蜗牛一样"一步一步往上爬"。虽然李沆曾经打压过他，说他不是君子，但他终究还是遇到了贵人，这个贵人就是吕蒙正的侄子——吕夷简。

梅询曾在岳神庙里祈梦，祈祷过后，梅询果然做梦了。他梦见三头牛在庭院里争斗，同时有声音说："宰相前来拜见您！"他醒后觉得莫名其妙。

后来，他到濠州做官，官署里竟然有三头石牛，没过多久，吕夷简来做通判。

梅询想起多年前的梦境，那三头石牛说明是在濠州，而来拜见自己的这个人，应该就是宰相了，所以对吕夷简很照顾。后来吕夷简辅政，也没有亏待他，屡次提拔他。

梅询因为在仕途上用心良苦，所以对官位富贵极为贪恋。

在他晚年的时候，大家退朝路过中书省，看到箱子里有一个锦轴标记"胡侍郎致仕告身"。"告身"里面主要包括两方面内容：一是吹捧此人为官政绩如何巍巍如泰山，灼灼似北斗；二是指出朝廷为了表示感谢，给他赏赐了多少安家费，通常这都是一笔巨款。

这一队人看到这个"告身"，就拿起来准备看看，不料梅询如见蛇蝎猛虎，吓得跑出老远，别人还以为他犯了病，问他为何反应如此之大。

梅询摸着胸口，心有余悸说："这里面说的都是好话，而且还给不少钱[①]，这是在引诱我致仕还乡，我才不看呢！"大家哈哈大笑，没想到这个老头子对禄位贪恋到如此地步。

在七十岁的时候，梅询真的告老还乡了。回顾一生，他不检讨自己的缺点，反而摸着他的一双病腿，十分幽怨地说："是这双腿里面有鬼，使我终生不得进入二府[②]！"

梅询有一匹马，他十分喜爱，晚上甚至舍不得拴上，反而让五个人轮流牵着，就害怕马系绊受伤，每天晚上要出去看好几次。

他曾经把这匹马牵出来准备骑，忽然想起了什么，十分伤感地拍着马背说："你这个畜生，我的命本来就已经够薄了，难道你也没有披上绣鞯的命吗？"

随着时间的推移，另一个人逐渐进入历史的视野。他的光芒正处于酝酿阶段，很快，就迎来一生最为辉煌的绽放。他就是我们的老熟人——寇准。

唐代诗人、风度翩翩的刘禹锡放归后，写了一首扬眉吐气的诗，其中有两句是："种桃道士归何处，前度刘郎今又来。"

大概寇准也是这个心情吧。

---

① "币重言甘"。

② 指中书、枢密这两个最高权力机关。

第三章

城下之盟何惶惶

澶渊之盟是在宋军占据军事优势的情况下，签订的一份“赔款”合约，所以历来被部分史学者所诟病，认为是丧权辱国。历史不能假设，今天我们再来讨论这个盟约的利弊意义不大，但就当事双方而言，此举无疑是“双赢”的。

对寇准感情颇为复杂的太宗驾崩时，寇准并不在朝中，尽管是他促成了赵恒被封为太子，但是真宗即位过程中，他没有直接参与，所以只能等一等，让真宗的恩人吕端、老师李沆和前朝宰相吕蒙正、张齐贤先当几年宰相。

不过，寇准并没有闲着。

新皇帝上任之后，寇准先是“迁尚书工部侍郎”，咸平初年（998），徙河阳，改同州。咸平三年又徙凤翔府，迁刑部，同时权知开封府。咸平六年，迁兵部，为三司使。

从这段履历不难看出，寇准一直在从外地向京师、从地方层到中央运动着。

他在这些职位上都获得了良好的政治声誉，所有人都认为，寇准再次出任宰相，是指日可待的事情。寇准在开封府任职时，和文坛宿将王禹偁的儿子王嘉祐有过如下一段对话。

寇准：“现在外面对我寇某人评价如何？”

王嘉祐：“外面人都说，您当宰相是早晚的事。”

寇准：“你觉得呢？”

王嘉祐：“以我的愚见，您还是不要当宰相了，再当宰相，恐怕于名声有损啊！”

接着王嘉祐解释了自己的看法。他认为自古以来那些贤相之所以可以建功立业、普泽民生，重要原因是他们可以和皇帝“相得皆如鱼之有水”，所以皇帝对他们言听计从，于是功名美矣。作为晚辈，王嘉祐又委婉地指出：寇老师您“负天下重望”，如果当了宰相，人人都希望您可以致太平。但是寇老师，您能和皇帝建立良好的关系吗？您不能，所以恐怕以后于名望有损！

寇准那时候还不知道“性格即命运”这道理，但他已经隐隐感觉到，自己仕途大起大落，和性格是有莫大关系的。

但是，谁又能够拒绝功名富贵的召唤呢？

特别是寇准这样一个豪放直爽、自许天下奇士的人，急切地渴望轰轰烈烈的事业，还有彪炳千古的名望。所以，一旦真宗向他摇动橄榄枝，他便不会有丝毫犹豫。

咸平六年（1003）六月初八，真宗任命老臣毕士安为参知政事，毕士安入宫谢恩时，真宗跟他说：“我还想任命你为宰相，你看有谁可以和你一起进相位呢？”

毕士安回答：“作为宰相，必须要气宇宏大，才能居其位。寇准胸怀忠义，能够决断大事，有魄力，这个是我所比不了的！”

真宗说：“我听人说寇准这个人好胜刚烈，过于意气用事，这个怎么办？”

毕士安继续为寇准说好话：“寇准不顾自身利益，全力为朝廷效力，奉行直道，痛恨奸邪，所以被那些流俗之人嫉恨。现在我国北方辽朝尚未臣服，寇准这样的人，应该得到重用。”

真宗回答得也很有意思：“好！那就这么定了，不过，需要你的老资格来镇住他①！”

---

① 原文为“当藉卿宿德镇之”。

可见在真宗心里，寇准不啻为一匹难以驾驭的烈马。真宗与毕士安这对君臣可能想不到，这匹烈马很快就要发威了。

不知道真宗出于什么考虑，要安排寇准和毕士安掌管中书省。他的这个决定，阴差阳错之间，挽救了自己的帝国和皇权，使他“太平天子”的称号可以长久持续下去，也使得治下臣民有了一百年的时间来休养生息。

这一百年的和平，给我们带来了灿烂的文化、摄人心魄的诗句，还有不计其数的文人佳话……

提到毕士安，有一件趣事值得讲讲，聊博一笑。

毕士安有个女婿叫皇甫俶，年轻时放荡不羁，每天忙着赌博玩耍，毕士安屡次规劝教育都没用。

毕士安想，自己身为宰相都拿他没办法，就只好求助上级——真宗皇帝，希望让天子出面来吓唬吓唬这小子。

某天上朝后，毕士安拱手给真宗上奏：“臣有女婿皇甫俶……”

刚一开口，外面忽然奏报，说有边境急报传来。国事大于家事，毕士安只好住嘴。

改天上朝，毕士安再次奏报：“臣有女婿皇甫俶……”很不巧，又被别的事情打断了。

同样的事连着发生了三次，最后一次，真宗大概是急着如厕，卷起袖子急匆匆离开，远远地给毕士安说：“你好多次说起女婿皇甫俶，是不是想给他转个官啊，那就转一个吧，你去办！”

皇帝这样说了，毕士安也不敢怎样，拱手而退。

于是赌棍皇甫俶就此交上了好运，立刻转为殿丞，此后又历任大州长官，最后以尚书右丞赋闲在家，享年八十五岁，活得很滋润。

从这一件趣事可以看出，真宗和毕士安的关系确实不错，所以，既然毕士安强力推荐寇准，真宗就算有所顾虑，最终也会采纳的。

在景德元年（1004）八月初七，寇准迎来了人生中的大日子，真宗命他和毕士安为宰相。

当时辽朝小股流动骑兵经常入侵边境，扫荡一番就即刻远遁，呼啸往来，搞得朝廷很头疼。针对这种情况，寇准对真宗说："这些人纯粹是在玩弄咱们，咱们应该选择骁勇善战的精锐部队，守卫在要害之地防备这些家伙！"

真宗这个人性格温顺，比较能忍，没采纳寇准的意见，继续不闻不问。

寇准拜相的消息迅速在各地传播开来，没多久，就传到了成都。

寇准的老朋友张咏在其他地方干了几年后，因为成都位置特殊，又被真宗派来当知州。真宗对张咏说："有你在蜀地镇守，我西顾无忧！"张咏在成都听说寇准当宰相了，他没有喜形于色，反倒略显担忧道："寇准真宰相也！可惜，苍生无福！"

他的门人问道："为何发出这种感慨？"

张咏说："别人一千句都说不清楚的，寇准一句话就可以说完，才思不可谓不敏捷。但是他做官太早了，得到重用也太早，来不及好好学习啊！"

张咏的话虽然不好听，却是事实。寇准"十九中高第，弱冠司国章"，很快就得到朝廷重用，不像一般官员，一步步从基层上来，所以寇准缺乏常规的官场历练，对做官的技巧学习掌握不够，这是张咏所担心的。

据说张咏和寇准的私交很好，经常当面批评他，两人都做了大官后，也是如此。后来寇准被贬为陕州知州，张咏从成都任满归来，路过陕州，寇准大摆筵席招待他，二人把酒言欢，共话江湖夜雨。

等张咏要离开了，寇准送他到郊外，才开口问这个奇人："您对我还有什么要教导的？"

张咏沉吟片刻，徐徐道："《霍光传》不可不读。"

寇准不知道什么意思，回去仔细研究后，发现有"不学无术，暗于大理"的评价。他嘿嘿一笑说："张公这是在说我啊！"

当然，张咏说寇准"不学无术"，并非现在"不学习，没本事"的一般含义。他指的是，寇准这个人性格过于直率，而且喜欢专权，不大擅长与上司、同僚处理关系。

在此前的咸平年间，宋辽双方也有军事摩擦，但是规模不大，互有胜负。到了景德元年（1004）十一月，积蓄力量很久的萧太后终于迈出了一大步，她和辽圣宗带领二十万大军南下，以摧枯拉朽之势席卷边境，很快到达了澶州以北，似乎随时会渡河袭掠首都开封。

边事危急，告急文书一天之内连来五封，别人都慌作一团，唯有寇准不慌不忙，甚至都不打开察看，宴饮谈笑，神态自若。

这里要说明的是，在宋初，枢密院和中书省是严格分开的，但是从李沆辅政开始，宰相就直接参与军事，可以掌握军事动态，并且给出解决方案。

次日一早上殿，同僚将边关状况上奏，真宗大惊失色。他父亲太宗虽然军事能力一般，但大部分时候还是主动出击，现在自己却被别人打到家门口来了，这该如何是好？幸运的是，还有一个强硬的宰相可以依靠，真宗立刻请寇准发表看法。

寇准满不在乎地说："陛下您要结束这场战斗，不过五天时间而已！"

真宗顿时面露惊喜，让他说来看看。

寇准的锦囊妙计就是，让真宗"御驾亲征"，亲自带着军队到澶州。

其实五年前真宗已经"御驾亲征"过一次了，那次他慢悠悠走到边境，听到在边境掠夺完毕的辽军已经撤退，不由暗自庆幸，急忙摆驾回宫。但这次的二十万大军不是开玩笑，绝非小事。为了龙体安康，也为了自己的身家性命，寇准的同事们多持反对意见，真宗内心又何尝不害怕，特别是听说辽将萧挞览已经包围了定州，而定州距离开封只有十几天路程，他又面露难色，打算回宫拖一拖。

就像当初对太宗一样，寇准把真宗拦住说："陛下一旦入宫，我们就不能再次面见，大事也就完了，希望您不要回去，直接上路出发吧！"

真宗思考片刻，勉强同意了。

太宗去世之后，新晋的这批大臣大部分是文士出身，对战争有一种本能的鄙视和恐惧，但他们不敢和寇准直接对抗，只好去做真宗的思想工作。

参知政事王钦若，这个江南人劝真宗到金陵去避一避，免得被辽军擒住丢人。而枢密院的陈尧叟是四川人，则劝真宗到成都去避难，那里山道崎岖，还有剑门天险阻隔。

王钦若出主意让真宗躲避，应该是出于私心，因为他这个人事事都只考虑自己。至于陈尧叟，因为陈氏家教的缘故，他完全遵循了"重文轻武"的基本国策，认为"万般皆下品，唯有读书高"。

陈尧叟也不是一般人物，他还有两个弟弟：陈尧佐和陈尧咨。且看他们的履历——端拱二年（989）陈尧叟中状元，陈尧佐中进士；咸平三年（1000）陈尧咨也中状元。"神仙"陈抟，也曾经给这三兄弟相过面："兄弟三人皆做将相，尤以老二尧佐为最，富贵且长寿！"

如果要挖掘陈尧叟不想打仗的思想根源，还要从他弟弟陈尧咨说起。

欧阳修写过一篇叫作《卖油翁》的文章，开头说："陈康肃公尧咨善射，当世无双……”说的是有一个叫陈尧咨的人，擅长射箭，技艺确实高超，他可以用铜钱做靶子，距离百步，一箭贯穿中间的方孔。身为状元，又有这个绝活儿，所以陈尧咨“颇自矜”，觉得“老子天下第一”。

某天，他又在大庭广众之下表演，可能是因为有风，所以十箭只射中了七八箭，但水平也是相当惊人了，围观的“粉丝”们不停喝彩。陈状元注意到，边上有一个卖油的老头子，先是略带鄙视地“睨之”，然后又“微颔之”，在热闹的人群中显得鹤立鸡群。

陈尧咨觉得遇上高人了，上前问道：“您也懂射箭？”

卖油翁淡淡地说：“没什么了，只不过是手熟而已！”

陈尧咨怒了，道：“你居然敢轻视我的技艺！”

卖油翁说：“我从酌油的过程中知道的！”

说完，老头取出一个葫芦，然后用铜钱覆在葫芦口上，舀起一瓢油倒下，油从铜钱方孔中穿过，却一点都没有沾到铜钱。老头笑了笑说：“没错吧，手熟而已！”

陈尧咨这才怒气全消，哈哈一笑，打发老头走了。

因为射箭技艺高明，所以朝廷内外都知道这样一个文武双全的人才。后来朝廷想找一个人陪伴外国使者射箭，因为是外交活动，所以选人必须慎重。真宗思来想去，觉得陈尧咨挺合适。

真宗跟翰林学士、神童晏殊说：“陈尧咨如果愿意改为武职，我就授予他高级职务，你跟他说一下！”

从真宗这句话就可以看出，此时武官的地位要远远低于文官。甚至有的读书人因为不能直接考上文进士，就先去考武官，考上之后，再去参加朝廷举办的内部考试，进一步转为文职。

陈尧咨是个孝子，家教很严，所以回复晏殊说：“我得回去跟母亲请示后再说。”

他的母亲冯氏一听儿子想转为武职，勃然大怒，拿起拐杖就打，训斥道：“你当年也是状元出身，而且父子均以文章立朝，成为名臣，可你现在为了高官厚禄，竟然要辱没门风，变成一个舞枪弄棒的莽汉，这还得了？”陈尧咨只得作罢。

从《宋史》可以看出，作为一个孝子，直到母亲去世之后，陈尧咨才从龙图阁待制转为观察使，成为武将。另有一种说法，陈尧咨转为武官后，要求佩戴高级官员才能佩戴的金鱼，以显示自己的优异，但金鱼带回去后就被他母亲捣碎了。但这个说法与《宋史》记载的时间存在冲突，应该不足信。

可能因为由文转武，史书才说：“三兄弟中，尧咨最没有文化，但是以气节自任。”说一个状元没文化，这是很难令人信服的，由此可见修史者对武将也是很鄙视的。

大概是因为家学渊源，陈尧叟建议真宗不要动武，也在意料之中。但是寇准很不开心，他估摸着肯定是王钦若、陈尧叟二人的主意，就当着他们的面对真宗说：“是哪个吃剩饭长大的家伙，给您出这么个馊主意，简直就应该砍头！”

“当今天子圣明神武，武将文臣同心协力，如果御辇大驾亲征，敌寇自然会溃败。如其不然，则应该用奇计挫败辽军，坚守城池，令敌人劳师费财。彼劳我逸，利弊迥别，绝对可以稳操胜券。为何又要舍弃祖宗社稷，流亡到楚、蜀之地呢？”寇准继续这样说。

张咏说得不错，寇准确实可以用寥寥数语将很复杂的事情表述清楚。他这段话不但分析了目前态势，还为将来的进一步战略部署指明了方向。真宗说不过寇准，就搬出“儒不知兵”来，转头把武将高琼找来问话。

高琼虽然没什么文化，但当时年事已高，人老成精，他便顺着真宗的话头说："王钦若的建议有点道理，金陵远离边境，比较安宁，坐上楼船，用不了几天也就到了。"

真宗喜笑颜开，点头道："好，你说得很好！我同意。"

不料高琼话锋一转："只可惜陛下您如果离开京城，恐怕城中就会换主子！士兵和官吏们都是北方人，谁也不愿意跟您到南方去，陛下您走得到金陵吗？"

真宗这才受到刺激，同时一腔豪情被激发出来，还没开打就往后龟缩，确实有点说不过去，于是下定决心，亲征！

在出发前，寇准还干了一件事，把自己的绊脚石踢开了。

他的绊脚石就是王钦若。王钦若害怕寇准，但寇准面对王钦若的狡诈也要忌惮三分。正好此时真宗问寇准："天雄军[1]被截断在敌人后面，谁可以去镇守？"

寇准不假思索道："古人说得好，良将不如福将，我看参政王钦若福禄双全，以后还有享不尽的荣华富贵，所以是一员福将，他去绝对好使！"

寇准同时"语重心长"地告诉王钦若："主上御驾亲征，岂是臣子们避难之时？这个道理我不说你也懂吧？"说完大杯斟酒，和王钦若一饮而尽，这一杯酒叫作"上马杯"，王钦若喝完，当即辞行出发了。

无可奈何、表情茫然的王钦若在走了一段路之后，耳边还在回荡着寇准的承诺："参政你好好干，回来后，就和我同列宰相之位了！"

王钦若无论多么足智多谋，终究没有从军经验，到了天雄军，发现四面八方全是辽军，吓得心跳加速，什么都不敢干了，只是"屯塞四

---

① 治所在河北大名。

门，终日危坐”。就这样度日如年地熬了七天，真宗那边谈妥了，辽军退去，王钦若才从鬼门关收回一只脚，从此和寇准算是结下了梁子。

真宗于景德元年（1004）十一月二十正式出发，北上澶州。

这一天天气不错，真宗心情也好了一点，因为司天监的人上奏说：“日晕抱珥，充满了黄色气团，这意味着此仗可以避免，最后将达成和解，这是不战而退兵的祥兆啊！”

和解是真宗巴不得的结果，他这一次本来就走得不情愿。令他略感安慰的是，前方战况不错，捷报频传，连着打了好几次胜仗。宋军在城楼上箭矢如雨，把辽军射得跟刺猬一样。

而就在十一月初十，京师登闻鼓院传来了震耳欲聋的鼓声，原来是一百多个落第举子，主动请缨要到前线去建功立业。

真宗无可奈何。

事实上，在真宗心里还有一个秘密武器，那就是他的老部下——王继忠。

王继忠的人生可谓跌宕起伏。他六岁那年，父亲在瓦桥关战役中被辽军杀死，他被送到当时还是王子的赵元侃[1]府中做亲吏。

真宗当皇帝后，也没有亏待王继忠，一路将他提拔为殿前都虞候。可惜王继忠在咸平六年（1003）作为前线统帅，被辽军俘虏了。噩耗传来，真宗悲伤得几乎五内俱伤，按照烈士待遇诏赐大同军节度使，而且给他的四个儿子都授了官。

古时候信息不发达，直到很久之后，真宗才知道王继忠没死，在辽朝不仅娶妻生子，还被任命为户部使。据说已改姓耶律，封为吴王。

真宗忽然想起了一件往事，本来就迷信的他，现在更加迷信了。

---

① 即后来的真宗赵恒。

那还是在真宗任开封府尹的时候，他到街上找来一个算命盲人，让手下的张耆、夏守赟等人过来，给他们依次摸骨算命。等算到王继忠时，盲人的表情十分震惊，半晌合不拢嘴。

“这个人太奇怪了，半生食汉禄，半生食胡禄！”盲人自己也莫名其妙。真宗没往心里去，把盲人打发走了。

现在宋辽两国势同水火，王继忠觉得机会来了，他不能对不起赵恒，但也不能辜负萧太后。他的任务就是在中间寻求“第三条道路”。

王继忠的任务就是促成宋辽和解，所以在两军对峙的初期，他就给真宗写过一封信，表达了和平的愿望。真宗求之不得，当即回信说：“我也不想穷兵黩武，你向辽朝表达一下议和的意思，一起来商量罢兵之事。”

于是我们看到，在真宗浩浩荡荡出发“打仗”之前，肩负着和平使命的崇仪副使曹利用，已经出发到天雄军去了。

因为心里不情愿，所以真宗行动得比上一次还要慢。辽军在进攻天雄军受阻之后，派王继忠再次给真宗写信要求谈判，同时王继忠听说曹利用被天雄军扣押了，就不让他过来谈，而是催促真宗再派人来。真宗回复说：“不要着急，曹利用会去的。”

走到韦城时，不知道听了谁的建议，真宗又动摇了，想要躲避到南方去。

这时寇准刚进门，听到宫人对真宗说：“群臣想让您到哪里去，怎么还不赶紧回京城？”真宗看到寇准后，问他说：“南巡金陵如何？”

寇准火气一下子就上来了：“这帮家伙怯懦无知。现在敌骑日益逼近，老百姓提心吊胆过日子，您只可尺进而不可寸退，否则万众瓦解，敌人会趁机追击，哪里还有什么机会南巡？”

自己说完不解气，寇准又把高琼找来，两人一唱一和教育真宗，目的就是让真宗认识到，还没到金陵，皇上你就将真成“寡人”了，身边一个追随者都会没有的。所谓“困难像弹簧，你弱它就强”。是故，当前最合理的选择就是，克服您脆弱敏感的神经，前进吧！

随着战场态势的变化，对萧太后来说，一开始雄心勃勃、不达目的誓不罢休的决心也发生了微妙转变。她意识到大宋虽然这几年军力一般，但毕竟瘦死的骆驼比马大，一时半会儿肯定拿不下来，所以她的战略就转变成了“以战逼和”，用战场的优势来勒索大宋，争取自己利益的最大化。

萧太后再次让王继忠给真宗上书，请求另派人来和谈，真宗令参知政事王旦给王钦若下诏，要求曹利用快去谈判。

双方统帅虽温情脉脉商量谈判，但前方战事可一刻都没有停止过，双方都很清楚，战场胜利就是最大的筹码。就在这个僵持阶段，发生了一件决定性的事，令萧太后的万丈雄心顿时跌落尘埃。

辽朝仅次于耶律休哥的军事天才、驸马爷、南院大王萧挞览，被宋军射死了！

在阵亡前一刻，萧挞览正带着手下的小股部队登上高处观察地形，他要攻击的就是此次战役的最前线——澶州。守卫澶州的是李继隆，他早就派人在要害位置布下了强弓劲弩。

萧挞览也是艺高人胆大，以为位于弓弩射程之外，就明目张胆登上高处巡视，由于服装和士兵不同，城内的宋军很快就发现了他。士兵们迅速把这个“意外的惊喜”报告上去，虎威军头张瑰立刻招呼手下，隆重请出了秘密武器——床子弩。

作为游牧民族的将军，萧挞览确实有点忽视科技的力量，他根本不知道这个床子弩的可怕性。这东西放在当时，也算是一件重型兵器了。它是将多张大弓固定在大型木架上，然后由三个士兵用脚上弦，箭身长而重。最要命的是，射程达到了令人恐怖的五百米。

就在萧挞览雄心勃勃指点江山之际，宋军数弩齐发，一下就射中了他的额头。萧挞览当即跌落马下，被手下人七手八脚抬回营帐，当晚就死了。

得知噩耗的萧太后顿时呆在当场。她亲临萧挞览的灵车，放声恸哭，一方面是哭一员良将魂归西天，一方面是痛心此次南征要铩羽而归了。因为萧挞览是南征战役的主要谋划者，他一死，整个战争就将陷入僵局。

至此，萧太后才真正下定决心议和。

二十六日，步履缓慢的真宗终于到达澶州城南，以驿舍为行宫。澶州城以黄河为界，被分为南北两部分，北城现在正在打仗，南城相对要安全一些。

然而，寇准不答应！

他继续去找真宗交涉："圣上，您必须过北城去！您不过黄河，人心就越发不稳，就无法扬威取胜。现在杨延昭、王超带领一支劲旅屯兵中山，卡着敌人的咽喉，李继隆和石保吉则摆开大阵，牵制敌军的左右手，其他各镇的援军也不日到来，您还有什么忧虑的呢？"

高琼也在一旁帮腔："圣上，您要是不过河，老百姓就好像死了亲人那样伤心！"力请真宗过河。

枢密院的官员冯拯看真宗面子上过不去，就出来圆场，训斥高琼道："你怎敢如此粗鲁无礼？"

高琼大怒，满腔的郁闷终于找到了发泄口，他瞪眼针锋相对："你靠写文章成为二府大臣，现在敌骑充斥、气焰嚣张，你怎么不做一首诗来令他们退却呢？"

真宗看身边的大臣开始干仗，也只好点头同意渡河。

高琼指挥士兵将真宗的车辇搬到门口台阶上，然后驱驾过河，车走到浮桥上，忽然停了下来。高琼唯恐真宗反悔，心急火燎掏出鞭子，抽打驾车人的脊背，训斥道："怎么还不快走，已经到这里了还犹豫什么？"

就这样，真宗皇帝被座下一文一武两位大臣"胁迫"着，走到了战争的第一线。

到达北城之后，真宗登上城楼，高高悬挂起黄龙旗。宋军一看，士气大振，欢呼万岁的声音传出了好几里地。

到现在为止，整个局势对宋军都是有利的，但真宗还是不想打仗，他望眼欲穿地等待着一个人——曹利用。

等待的日子是漫长的，真宗心里没底。万一辽军所谓"议和"只是虚晃一枪，那后果将不堪设想……

每天，真宗都要派人去观察寇准的反应，看看寇准葫芦里卖的什么药。探视的人回来报告说："宰相每天晚上和杨亿赌博喝酒，歌谑欢呼，白天睡觉，看来没什么心理压力。"

看寇准如此胸有成竹，真宗稍稍放心，又往城外远方痴痴望了一眼，等待曹利用。

曹利用确实已经到达了辽军之中，辽朝之旅令他大开眼界，和中土风物果然迥异。太后、皇帝和臣子们混杂在一起行走坐卧，等级观念不明显，也没有那么多繁文缛节。

萧太后和她的宰相韩德让乘着一辆车，接见了曹利用，他们把木板横在车辕上当饭桌，请曹利用用餐，一边吃一边谈判。

双方都提了条件，但曹利用此次出行纯属试探行为，真宗也没有给他交代底线，所以他什么都不敢答应。辽朝也只好派遣左飞龙使韩杞跟他一起回来，让真宗做决定。

不出真宗所料，韩杞带来的国书上，果然提出了非分要求——辽朝要求把瓦桥、益津、淤口这三关以南的“关南”之地，割让给他们。这块地方属于历史遗留问题，当初儿皇帝石敬瑭把这里献给了契丹，后来又被周世宗收回，所以辽朝始终认为这里是属于他们的。

看了国书，真宗心里又开始着急上火。他惴惴不安，对左右大臣说：“你看！怕什么来什么。我原来就害怕他们要这块地方，现在果真如此，怎么办？”

臣子们商议后，上奏真宗说：割地是绝对不可能的，但每年给他们一点钱，倒是可以考虑，如果他们不识好歹，非要割地，那就只有刀兵相见了。意见统一之后，形成文件，交给韩杞。

在接受诏书时，负责接待工作的赵安仁发现了一个小问题，韩杞打算穿着自己带来的辽朝衣服去见真宗。外交无小事，事关国家荣誉，赵安仁问韩杞：“我们圣上不是赐给你衣服了吗，你怎么还穿着辽服？”

“贵国皇帝所赐衣服实在是太长了，我穿着不好看！”韩杞回答。

“你要登殿接受诏书，和我们皇帝面对面站立，你居然不穿他给你的衣服，你怎么好意思呢？”赵安仁带着鄙视的表情质问他。

这一次赵安仁胜利了，维护了大宋尊严。韩杞换了衣服，接受诏书后，带着曹利用回辽朝去了。一路上，曹利用心里也是波澜起伏，忐忑不安，他心里已经有底线了，只是不知道，萧太后是不是满意这个底线。

在临出发前，曹利用向真宗请示：“我知道绝对不能答应割地，但给钱的话，多少合适？”

真宗沉吟片刻说：“如果实在没办法，一年给一百万吧。”

曹利用领命而回，刚走出去没几步，就被寇准叫住了。

寇准把曹利用叫到自己帐中，面色冷峻道："虽然皇上说一百万可以，但我告诉你，你如果胆敢超过三十万，我定取你项上人头！"

曹利用一听这杀气腾腾的话，想死的心都有了，思想压力一下就涌了上来，一路上都在思考怎么办。从这一刻开始，寇准和曹利用之间的梁子也算是结下了。

心怀忐忑的曹利用二度使辽，一开始，萧太后还是索要关南之地，曹利用连连摇头说："贵国如此兴师动众要议和，每年我们资助一些金帛，还可以谈一谈，土地决计不可！"

这时，辽朝一个中书舍人迫不及待跳出来发难说："我们来这里，就是要谋取关南之地，倘若空手而归，恐怕在老百姓那边不好交代吧！"

"我来也是为了解决这个问题，实在不行，那你杀了我吧！"曹利用想起寇准恶狠狠的脸，只好使出最后一招。

萧太后看这家伙的脸色凝重，不像是作假，知道动动嘴皮子拿下关南是不可能了，于是退而求其次，追求更大的经济利益。

谁知道，曹利用死活咬住底线不放松，最后以绢二十万匹、银十万两的价码谈妥了。

这点钱对辽朝来说可能比较重要，但对富庶的大宋而言，无关痛痒。

澶渊之盟是在宋军占据军事优势的情况下，所签订的一份"赔款"合约，所以历来被部分历史学者所诟病，认为是丧权辱国。历史不能假设，今天我们再来讨论这个盟约的利弊意义不大，但就当事双方而言，此举无疑是"双赢"的。

萧太后痛失爱将，而且远程作战，给养困难，早有休兵之意。

宋真宗是被臣子们"挟持"来的，内心一直悬在半空，唯恐萧太后不同意收钱。和他勇猛过人的伯父太祖一样，现在，他也渐渐习惯了用钱来摆平问题。不同之处在于，他伯父是给自己人发钱，他是给别人“发钱”。

从这个意义上说，与其说曹利用是谈判使者，不如说他是“行贿专员”，因为史书上把这笔款叫作“岁赂”。

这次行贿取得了巨大的成功，曹利用略带疲倦又满面春风赶回来时，真宗正在吃饭。考虑到自己的心理承受能力，真宗派遣一个内侍作为缓冲，先去打探消息。

内侍小跑过去问话，曹利用莫测高深道：“国家机密，要直接面奏圣上！”

真宗心急火燎想知道答案，又派他去问，内侍再次小跑过去，央求说：“您就先说个大概吧，皇上很着急！”

曹利用伸出三根指头，神秘地晃晃。

内侍急速跑回去说：“曹先生就伸出三根指头晃了晃，不知道什么意思！”

“三百万！”真宗叹息说，“太多了！——不过，也算把这件事给了了，三百万就三百万吧！”看来真宗心理素质还不错。

说这番话的时候，真宗是坐在帷帐所搭建的行宫里的，从他坐处到门口也不远，所以真宗的喜怒哀乐，曹利用听得一清二楚，他露出了志得意满的笑容。

真宗用餐完毕后，召见曹利用。一见面，曹利用就装模作样再三谢罪，连声说：“微臣有罪啊，答应他们的财帛实在太多了！”

真宗说：“到底是多少，三百万？”

曹利用起身谦恭地回答：“一共是三十万！”

人生的大起大落，实在是太刺激了。心理再次受到挑战的真宗差点要拥抱曹利用了，大笔一挥，重重赏赐了一笔。这份功劳也为曹利用以后的升迁，铺了一条阳关大道。

第二天，真宗激动地作了一首《回銮诗》，表达了要回京城的强烈愿望。

可惜，就在他回去之前，京城出事了。

在真宗离开京城时，留下他的兄弟雍王赵元份留守。现在忽然传来急报：赵元份病重。真宗思忖再三，选择参知政事王旦暂代东京留守之职，命令他火速回京，以免后院失火。

受命于危难之际，王旦对真宗说："请把寇准找来，我有话说。"

寇准进来后，王旦问真宗："我回去之后，如果十天之内没有消息，怎么办？"

真宗知道他的意思，沉默良久后说："立皇太子！"

有寇准做证明，又有皇帝本人亲口允诺的政治底线，王旦便日夜兼程，快马加鞭赶回京城，悄无声息地进入宫内，严令任何人不许声张。

就这样，一直到真宗銮驾回京，很多人到郊外去迎接，这里头也包括王旦的家人，他们在人群中搜索半晌，也找不到王旦。忽听背后有车马之声，一回头，却是王旦从容出宫而来，不由吃了一惊。

从这件事可以看出，此时王旦已经获得了真宗的高度信任，后者敢于将监国重任交给他。

对于和谈这件事，寇准是持保留意见的。他对真宗发牢骚："如此一来，恐怕几十年后，敌人又要惹是生非了！"

兴致勃勃的赵恒是个乐观主义者。他宽慰寇准说："不要紧，几十年后，自然就有捍卫国家的人出现，我现在是害怕老百姓生灵涂炭，所以暂时答应讲和。"

从另一件小事，我们也能看出真宗对于和平的渴望，简直达到了虔诚的地步。议和的盟约谈妥没几天，他就下令将各路军改了名字。帝国的军队，立刻从杀气腾腾变得宝相庄严，俨然成了和平的护法善神：威虏军改广信军、静戎军改安肃军、破虏军改信安军、平戎军改保定军……

如此行为，真宗认为是绝对必要的，而且这个信念越来越坚定。因为在次年（景德二年），真宗去参观宋军所缴获的辽军装备时，看到刀剑锋利、护具坚韧，而且在数寸宽度的城墙悬板上，居然聚集了二百支箭。

再后来，听说疏通高阳壕沟时，又清理出辽军四十万支箭！

真宗不能不在内心大呼庆幸，当时要是没有议和，后果可想而知。

终于熬到边境无战事，真宗太平天子做得颇为惬意，景德二年（1005）过得很稳当，这期间只发生了两件事。

第一件事，王钦若被寇准摆布之后，知道不是寇准的对手，为了安全起见，也为了以退为进，坚决要求不干参知政事了。

第二件事，真宗兴致勃勃地录取了两个神童，其中那个十四岁的江西孩子，在中国词坛鼎鼎有名。他那句“无可奈何花落去，似曾相识燕归来”，流传大江南北，把无数文人搞得妒火攻心。他就是晏殊。

晏殊年纪虽小，但才思敏捷，辞藻富丽，真宗十分喜欢，决定赐他同进士出身。寇准又不愿意了，他有自己的一套理论——南方人轻浮狡诈，北方人敦厚，所以他坚决反对重用南方人，他建议真宗重用另一个神童，十二岁的河北孩子姜盖。

真宗实在是太喜欢晏殊了，就用大道理来压寇准：“朝廷取士，唯才是举，如今四海一家，还分什么远近？唐代的张九龄，不就是南方人吗？”于是赐晏殊同进士出身。

不知道是出于什么原因，寇准对南方人有一种根深蒂固的敌意，在多年后的大中祥符八年（1015）的科考中，即便不是宰相[1]了，他还是进行了人为干预。

那一年状元的候选人有两位，南方人萧贯和北方人蔡齐。寇准对真宗说："南方鄙远之地，不能出太多的第一名，应该让蔡齐做状元！"

真宗说："那好吧，南北均衡一下，就定蔡齐了！"

出门之后，寇准大舒一口气，对同僚说："我今天，又为中原夺得一个宰相！"

在不同的时间段，寇准提出类似的建议，为什么真宗的态度截然相反，一次驳回，一次同意呢？

原来，在科考结束后，成绩还没有出来，真宗做了一个梦：他梦见自己床下有郁郁葱葱的一苗青菜，长得和大殿的基础齐平，生机盎然，十分喜人。

等把新科进士们的名单递上来，真宗一看——"蔡齐"——一棵菜和大殿基础平齐，当即下定决心，就是此人了。刚好此时寇准要选蔡齐，真宗也就顺水推舟，答应了。

就在这一榜进士名单确定之后，真宗问宰相王旦："有没有比较有名的，或者熟人？"

王旦说："没有，这些名字我都没听说过，所谓科考，不就是要搜求民间贫寒的俊才吗？"

在对待科举士子这件事上，我们就明显看出了寇准和王旦的差距，王旦唯才是举，寇准则以个人好恶来干预。

当然，景德二年（1005）的寇准还不知道之后要发生这些事。他依

① 寇准时任枢密使。

然沉浸在“澶渊之盟”的巨大功勋和荣耀里。他不知道，越是光环灿烂的事物，其背后的阴影就越发浓重，危险也就更加不易察觉。

王钦若正在悄悄积蓄着力量……

第四章 举国君臣若癫狂

从旁观者和局外人的角度而言，真宗和丁谓这君臣二人煞有介事，为了几只根本不存在的所谓仙鹤，装腔作势费嘴皮子，似乎有点可笑，但设身处地一想古人的迷信程度，我们也就理解了。一开始，真宗或许是造假了，但随着周围臣子的推波助澜，他已经成功把自己骗住了。

“澶渊之盟”后，王钦若暂时蛰伏起来，卸掉参知政事的担子，开始韬光养晦。某天上殿之后，真宗惊奇地发现，王钦若居然站在翰林学士李宗谔的后面，他询问近侍道：“王钦若好歹也是当过副宰相的，现在为何如此落魄？”

近侍回答说：“按照惯例确实如此。”

王钦若趁机向真宗申诉：“微臣之前是以翰林学士的身份充任参知政事，后来无罪罢官，比原来的官阶低了一等，所以这算是一种贬黜。”

真宗恍然大悟，立刻觉得心存愧疚，前段时间在前线，王钦若好歹也算临危受命，深入敌后，在天雄军镇守了一段时间，现在竟然混得连个翰林学士都不如了。

真宗当即决定设立“资政殿学士”，专门为王钦若安排这个位子。但是宰相寇准规定，“资政殿学士”地位还是比翰林学士低。王钦若无奈，又去找真宗诉苦。真宗说：“这个好办，愁什么，我罩着你！”当即为王钦若又加了一个“大”字，“大学士”终于排到了翰林学士前面。这件事是确确实实写在《宋史》里面的。

另有一种说法，是因为资政殿离皇帝最近，便于皇帝召见王钦若。

可见，王钦若的失势只是暂时的，他早晚会东山再起。真宗对他的宠爱简直无以复加，只要看到他就开心。每次授予他官职，他次日到宫中谢恩，真宗就会很体贴地问："怎么样，这个职务你满意不？"

王钦若怎能说不满意？他也是个苦孩子，苦苦奋斗到今天不容易，每次在事业上得到进步，以前的种种心酸往事，就一次次在眼前浮现。

当年获得乡荐，去京城考试，老宰相张齐贤任江南西路转运使，给他写了一封推荐信，让他去京城拜谒钱易。这是那时候文人的惯例，先和前辈们混个脸熟，以后好建立关系网。

钱易，字希白，文才高，出身好。他的父亲本来是真正的吴越王，但被大将胡进思废了，其从弟钱俶被拥立为王。钱俶登基后，给众人加官晋爵，唯独没有考虑钱易兄弟。

从政治斗争的残酷性来说，钱易兄弟能活下来，实属不易。

吴越纳土之后，钱易成了大宋臣民，他坚信"知识改变命运"，通过努力学习，十七岁参加科举，在崇政殿考试，运笔如飞，才思泉涌，还没到中午，就写成了三篇雄文。但是，他遭到了一些人的攻击，会试三场，只考了一场就被取消资格，剩下两场都没让进门。

这有点奇怪，"倚马千言，一挥而就"本来是中国文人孜孜不倦追求的。比如说曹操的两个儿子，曹植遭曹丕迫害时，被迫在七步之内写下了《七步诗》，从而流传千古。

那为何才思如此敏捷的钱易，会遭到攻击呢？

从钱易这里引申开，我们有必要费一些笔墨，简单介绍一下宋朝科举考试里一些有趣的东西。

钱易被贬，还要从当时的文人风气说起。一开始的时候，大家确实以快为荣，在太祖朝和太宗朝前期，很多状元，比如杨砺、胡旦、苏易简、陈尧叟等都是以第一名的速度交卷，从而成为状元的。

但是在钱易参加考试这一年（淳化三年），风向变了，首先是采取了“糊名考校”；其次，太宗认为单纯追求速度、靠草率成篇来博取美名，已经严重影响了知识分子的学风，所以特地指示，要打压那些运笔如飞的人。

为了达到这个目标，这一年殿试题目出得有点生僻，从《庄子·寓言》中摘出“卮言日出”四个字，让大家以此作赋。这次先交卷的人叫李庶几，他根本都没有搞清楚这四个字的出处，就心急火燎地凑了一篇文章交上，满以为状元稳拿。

背后有人告诉太宗：“这个李庶几很嚣张，省试的时候，交卷较晚的孙何拿了第一名，他不服气，就纠集了一帮人，在京城著名的一个饼店搞比赛，号称在厨师摊一张饼的时间内，就可以写出一韵诗，旁若无人，大吵大闹，影响很恶劣！”

太宗勃然大怒，当即下令废黜了李庶几。

这一榜的结果，还是那个王禹偁最看重的孙何，因为行动迟缓，“文思苦迟”，同时又“文理可观”被点为状元。孙何是宋代第一个“连中三元”的人。

长久以来，大宋朝，乃至于中华民族，都是以稳重、敦厚为荣的。太宗整顿文风之后，文人之间迅速刮起了一阵“反快、反轻浮”之风，同时更进一步，对于那些刻意标新立异、单纯追求速度的家伙，毫不留情，一棒子打死。

比如在景德二年（1005）的科考中，状元郎叫李迪。李迪发迹有点晚，在年近四十岁的时候，还是个普通群众。那时候，擅长射箭的陈尧咨是他的地方长官，李迪和他多有交往，每每写诗唱和，总要题上“布衣李迪捧砚”，混得很不得志。

就在参加考试前一天，李迪做了一个“噩梦”——他梦见自己一副漂亮的须髯，忽然被人剃得一干二净！心里“咯噔”一下，就被惊醒了，心想完蛋了，夜梦不祥，指定落榜！但是第二天他去咨询专业人员，擅长解梦的先生告诉他：“这是好事，本来今年省元[①]叫刘滋，‘滋’者，‘髭须’也，髭须被剃，说明你将代替刘滋，成为第一名，状元有望啊！”

于是中年人李迪再次怀揣信心上京考试。他不知道，在考试幕后，还发生了一系列有惊无险的事。

最初的时候，李迪和贾边在文坛很有声望，但是考完之后，礼部奏报录取名单，这二人居然都落榜了。

主考官拿出两人试卷分析，原来李迪写的赋失了韵，而贾边论“当仁不让于师”时，把“师”字解释成了“众”，与注疏的解释不同，有故意标新立异的嫌疑。主考把这个情况奏报真宗，鉴于两人的声望，防止遗失人才，真宗还是决定，把两人召来殿试。

王旦对真宗说：“李迪之所以失了韵，是因为写完后没有仔细检查，而这个贾边故意显示自己的与众不同，是绝对不能允许的，如果录取了他，恐怕以后的读书人都会放荡不羁，没了规矩。”

于是运气还不错的李迪，终于应验了自己的梦境，被点为状元。

我们再把注意力拉回到钱易身上。十七岁的钱易写完得意文章，却受到大家的攻击，觉得他轻薄肤浅，于是被罢，但他的名声已经传出去了。

太宗曾经和苏易简讨论唐代的文人，感叹当世没有李白，苏易简说：“现在有个钱易，我看他写诗不比李白差多少！”

从文采过人的苏易简的评价来看，钱易的文笔绝对出众，眼光也很

① 并不是省里的第一名，而是“省试”第一，该考试由尚书省主持。

高。所以当王钦若去拜见他时，并没有引起他的注意，当时钱易“以才名独步馆阁”，正是锐意进取之际。这时，他忙着另一件大事——算命！请了一个术士在家里，卜算前程，任何人不许进来拜会。

王钦若穷小子一个，在门口局促良久，终于发脾气了，大声呵斥守门人，要强行闯入。里面的算命先生听到王钦若的声音，大吃一惊，跟钱易说：“这是谁啊？”

惊愕片刻后，这算命先生自言自语说：“从声音来判断，此人贵不可言。倘若他的长相和声音符合，世上是不可能有如此富贵之人的！所以，此人长相应该比较寒碜，不妨请进来看看。”

钱易眼前的王钦若，头上连冠巾都没戴，干瘦如猴，穿着一件皂衫，拖一根邋遢的黄带子，声音嘶哑，喉结巨大，脖子上还长一个大痦子，一举一动，俨然是个粗俗的乡巴佬。

这就是王钦若给才子钱易留下的第一印象。

钱易拉着算命先生，让他继续测算，别理会这穷小子。

但是算命先生不理他了，径直站起来，“悚然侧目”去瞻仰王钦若，仔细看了好几遍，方才叹息说：“人世富贵，真的有如此十全的啊！”

被冷落的钱易顿时很郁闷，反问道：“中书省里，难道有这样的宰相吗？”言下之意，人世富贵的顶点，无非就是宰相，但这小子的长相，实在难登大雅之堂，皇帝绝对不会任命他做宰相的。

算命先生白了钱易一眼，徐徐说：“你说啥呢？宰相年年有，没什么稀奇，但是这个人不做则已，他要是当了宰相，天下康富，君臣如鱼得水，简直太了不起了！不过美中不足的是，此人将来恐怕无子。”

钱易呵呵一笑，轻蔑道：“难道他将来还要管我们不成？”

“不用等将来，此事指日可待，希望您不要忘了！”算命先生最后循循善诱教导了钱易，很客气地向王钦若作揖道别。果然，算命先生说得分毫不差，直到王钦若做了宰相，钱易依然是个翰林学士。

王钦若成为资政殿大学士，和朋友陈彭年并列。陈彭年也并非什么好人，江湖人送外号“九尾野狐”，可见其狡诈程度。君子王曾曾经给这几个人下过定义：“钦若与丁谓、林特、陈彭年、刘承珪，时谓之‘五鬼’。”

一天深夜，王钦若和陈彭年在资政殿值班，寒夜漫漫，无心睡眠，两人烫壶小酒，一边闲聊一边喝着。忽然有内侍拿钥匙打开殿门，单独召见王钦若进殿，同时告诉陈彭年：“您不要等了，自己洗洗睡吧。”

王钦若跟着内侍进殿后，真宗已经备好了酒，君臣二人举杯共饮，喝得酩酊大醉。喝好之后，真宗叫侍从们举着蜡烛送他回去，很多根蜡烛在夜色中灿若繁星，场面蔚为壮观，王钦若以为自己是在梦中。

王钦若半醉半醒回去，已经四鼓凌晨时分，陈彭年还在“危坐伺之”。

王钦若笑着说：“同院您还没有睡着？”

陈彭年道：“恭候司长，岂敢先睡？”

王钦若喝多了，动作僵硬，坐在那里脱鞋和衣服都有点困难，半天才收拾妥当。

他躺在那里，抚着肚子扬扬得意说：“本人只是个江南寒士，适逢其会，恰逢明主，才有了今天。刚才，主上用巨觥与我对饮，抵掌笑语，和同事、朋友没什么分别，难得啊，难得！”说完这话，王钦若沉沉睡去。

第二天醒来，王钦若想起昨晚自己的所作所为，觉得十分不妥，就把陈彭年拉过去小声道：“昨晚喝多了，忘了回来早晚，没什么失礼失态之处吧？”

陈彭年说：“没有！”

两人走出殿门后，王钦若还是不放心，再次叮嘱道：“昨晚之事，你一人知道即可。”

转眼又是一年，景德三年（1006）二月，寇准继续把持朝政。他做事完全凭借自己的喜好，想提拔谁就提拔谁，完全不按照例簿来。中书省的人如果拿着例簿去找他，寇准就说：“宰相的职责就是进贤退不肖，如果一直按照例簿来提拔官员，只不过是胥吏所为，不是我寇某人的风格。”

寇准自以为为国家立下了盖世奇功，而且真宗对他也十分器重，不经意间，他总是流露出高人一等的神态。

终于有一次，群臣朝见真宗，寇准有事提前退朝，真宗目送他离开，王钦若瞅准时机，悄悄凑上去说：“圣上您如此敬畏寇准，是因为他对朝廷有功吗？”

真宗点头说：“是啊，澶渊结盟之事，如果没有寇准的坚持，今天你我还不知道能否站在这里呢。”

王钦若阴险一笑，反问说：“澶渊之役，皇上您不以为是国家耻辱，反而认为寇准对朝廷有功，我不明白这是什么道理。”

真宗听他话里有话，陡然一惊，问道：“你这是什么意思？”

“您知道订结城下之盟，是春秋史书里面引为耻辱的，圣上您贵为上国天子，却和敌人在澶渊订了城下之盟，还有比这更耻辱的事吗？”王钦若的语气越来越强硬，而真宗心里的火苗子也在逐步蔓延，他沉下脸，心情又不好了——被人“挟持”过，任谁都不会留下美好回忆的。

真宗回忆起在澶渊的那段时间，确实有点屈辱的感觉，自己所处的位置，前有辽朝后有寇准，浑似风箱里的老鼠，两头受气。

看着皇上脸色铁青，王钦若知道自己的计策已经奏效。他继续火上浇油说："您知道那些疯狂的赌徒，当钱快要输光的时候，就会把剩下的所有钱都投进来，这叫作孤注一掷。当初在澶渊，陛下您就是寇准的孤注，何其危险！"

聪明的王钦若不经意间，在谗言陷害寇准的同时，又为中国文化作出了贡献，发明了"孤注一掷"这个成语。在他的描述下，寇准为了自己的荣华富贵，以皇上和帝国安危为赌注，进行了一场十一世纪的大豪赌。

没过几天，在二月二十五日，寇准的宰相职务就被罢免了，贬为刑部尚书，出知陕州。也就是在这个时候，他遇到了从成都回来的张咏，后者劝他读一读《霍光传》，无疑是让他自我反省一下，为什么在如此短的时间内，他就被罢免了。

接替寇准位子的是王旦，他就此开始了长达十余年的宰相之旅。这在宋朝是比较罕见的，因为之前为了防止专权，宰相都是干几年之后就会被换掉。

王旦接替寇准之后，真宗专门找他谈话："朝廷对寇准也不薄，但是他过于追求虚名了，没有大臣的气派与体统，我之所以把他换下来，是为了保存其晚节，免得以后犯别的错误。"

自从王钦若进了寇准谗言后，真宗经常一个人闷闷不乐、垂头丧气的。过了一段时间，真宗问王钦若："事已至此，现在怎么办才能挽回影响？"

王钦若知道真宗胆小，就故意吓唬他："这个也简单，陛下只要用兵于幽蓟，兴兵把失去的土地夺回来，面子就有了，也就洗刷了耻辱！"

真宗一听到要打仗，倒吸一口凉气："河朔的老百姓刚刚得到休息，我怎么忍心再让他们牺牲呢？"

王钦若的目的达到了，他要的就是这句话。"如果不想用兵征战，那就应该做一番大的功业，或许可以镇服四海，向外族显示大宋的力量！"王钦若说。

真宗："怎么算是大的功业？"

王钦若："封禅！历来伟大的帝王都会封禅，不过，封禅需得有祥瑞才可以。"

沉默，死一样的沉默……真宗处于思考之中。

王钦若再次开口："但是，祥瑞并不是想有就有的，前代也有靠人为来制造，陛下您觉得《河图》《洛书》真有其事吗？那只不过是圣人用神道设置教化罢了。"

王钦若一语点破了千古神秘文化的渊源。他认为那些虚无缥缈的神道，都是圣人的人为设置而已。

他在提示真宗，古代圣人可以人为制造祥瑞，您也可以！

王钦若也不是突发奇想。他是受前段时间一件小事的启发——在几个月前，汀州有个黥卒[①]叫王捷的，号称在南康遇到了一个姓赵的道士。道士拿出一把小环神剑交给王捷，同时透露说，自己就是司命真君。

宦官刘承珪将此事上报真宗，真宗颇为兴奋，当即给王捷赐名中正。没过几天，那个真君再次降临王捷家，自称赵家的老祖宗。王钦若知道这件事后，借题发挥，决定利用迷信活动制造一些影响，挽回帝国的形象，同时给自己张罗一些政治资本。

① 士兵脸上刺黑字，防止其逃跑。

当时真宗脑子没转过弯来，一时还不好厚着脸皮自己骗自己，便将此事暂时搁置。直到景德四年（1007），真宗终于下定决心，但心里还是有些顾虑，他害怕宰相王旦会反对。

王钦若拍胸脯保证："我给他做工作，这是朝廷脸面问题，他应该没什么意见的。"

真宗还是犹豫了。

这晚，真宗迈步走到秘阁，里面只有杜镐在值班。

真宗知道这个老先生有文化，博闻强记，但凡查阅什么典故，他就告诉书吏在某书第几行，毫无差错，人称"杜万卷"。

二人见礼后，真宗忽然发问："知道你知识渊博，精通典籍，古书上说河出图、洛出书，真有这回事吗？"

杜镐是个老书生，实话实说，回答道："这只不过是圣人借用神道，教化百姓而已！"

出于对知识分子的尊敬，真宗很重视杜镐的意见。当初出发去澶渊亲征，因为前方战况严酷，军民百姓都人心惶惶，真宗车辇从京师出发，六军作乐。真宗顾问左右："国难当头，你们如此欢天喜地奏乐，不太好吧？"

杜镐当时说："武王伐纣，后舞前歌！"于是，真宗就这样鼓乐喧天出发了。

现在，杜镐的说法和王钦若不谋而合，对真宗的思想变化起到了决定性作用。他就此下定决心，导演了十一世纪帝国最大的一场闹剧。

但是据王钦若反映，他给王旦做工作时，王旦比较勉强，真宗决定亲自出马，来解决这个问题。

他把王旦找来喝酒，两人喝得很开心，绝口不提造假之事。

喝好后，真宗叫人拿出一樽酒给王旦，说："这酒好喝！舒经活络，益寿延年，回去和妻儿共享吧。"

王旦把酒搬回去，一打开，惊呆了，满满一樽珍珠！

真宗为了完成自己的"宏伟蓝图"，竟然用珍珠来堵臣子的嘴。

王旦还能怎样？

大中祥符元年（1008）正月初三，真宗把宰相王旦、知枢密院事王钦若找来谈话，告诉他们："在去年十一月二十七日，将近半夜，我正准备睡觉，忽然，整个房间都亮了起来，我惊醒了，坐了起来……"看着王旦和王钦若好奇的表情，真宗继续信口胡诌，"这时候，有一位星冠绛袍的神仙出现在眼前，他告诉我：'下个月在正殿设黄箓道场一个月，到时候要降下《大中祥符》三篇大书，千万不要泄露天机！'于是十二月初一，我就建好道场，雕木为车，用金银珠宝装饰，恭候神人降临！"真宗的表情严肃、神圣起来。

"然后呢？"王钦若和王旦忍不住问。

"刚才，皇城司奏报说，在左承天门屋的南角，有黄色的丝绸挂在鸱吻之上。我让内侍看过了，说那条黄帛两丈余长，包着一个类似书卷的东西，用青丝缠绕三匝，封口处隐约可见字迹。"说完这话，真宗就用热切期待的眼神，望着面前这两位大臣。

因为提前打过预防针了，王旦和王钦若都知道该怎么做，当即倒头就拜，嘴里还不停絮叨："陛下以至诚敬奉天地，以仁孝敬祖宗，谦恭爱人，朝夕求治……"

真宗命内侍周怀政等人登上屋顶，将黄帛捧下来。王旦跪下接受，然后再捧给皇上。真宗是帝国一号人物，面对上天也不敢托大，恭敬跪下接受，放回车上。

一行人再次神情异常凝重、神圣地回到道场，由陈尧叟来启封。

“赵兴命，兴于宋。居其器，守于正。世七百，九九定。”这就是天书的具体内容。

意思很清楚，姓赵的要振兴大宋，江山万年永流传。

就因为这几封天书，真宗当即改元“大中祥符”。

事情一旦开头，就很难再刹住。三月份，兖州父老一千二百多人进京请愿，强烈要求真宗效仿古来那些伟大的帝王，去封禅。真宗令曹利用回复大家：“封禅大典，历史上很少举行，现在不能答应你们的要求。”

老百姓不答应，不依不饶继续纠缠，似乎皇帝如果不去泰山奏功报喜，就是上天的不肖子孙。真宗还是没答应。

兖州知州邵华率领部下上书要求封禅。真宗也没答应。

宰相王旦率领文武大臣，共计二万四千三百七十人，连着上书五次，要求封禅。真宗依旧没答应。

四月初一，上天再次降下天书。真宗这才同意，当年十月到泰山去了。

这样反复推辞，是不是真宗真的不打算封禅了？非也，此乃中国古代文化一种游戏规则，任何事不能一拍即合，一定要推辞，反复推辞才让人感觉有诚意。

比如说老皇帝驾崩后，新皇帝要即位，必须由手下臣子轮番上书，皇帝推辞好几次说：“因为先皇辞世，心里难受，暂时不能接受！”臣子们就说：“国不可一日无君，愿您节哀顺变，化悲痛为力量……”如此三番之后，方才即位。

真宗也是遵循这样一个古老的游戏规则，大家心知肚明，所以封禅是迟早的事。

其实在应允之前，真宗就悄悄问过权三司使丁谓：“封禅的经费能不能解决？”

主管后勤的丁谓回答：“绰绰有余。”

“那你就去做个预算，安置好粮草。”真宗告诉丁谓。

六月初五，天书又来了一次，这一次指名道姓表扬真宗：“赵恒，鉴于你崇尚孝道，培养百姓广赐福祐，现在给你降下祥瑞，让老百姓都知道。密守此言，善解我意，国运久安，享寿高年。”

八月份，王钦若带来灵芝草八千株。

九月初二，真宗下令将各地进献来的芝草、嘉禾、瑞木都陈列在天书车前，并陈列于太庙六室。

九月初三，皇城使刘承珪来送新制作的天书法物时，告诉真宗，有十四只仙鹤飞来。丁谓也告诉真宗说：“有两只仙鹤飞过天书车，飞舞了很久，才恋恋不舍离去。”

第二天，真宗非常严肃地跟丁谓说：“昨天你看到的仙鹤，只不过是从天书车上飞了过去而已，你说它们盘旋很久，可能与实情不太符合吧，你把报告改一下！”

丁谓急忙跪拜，也很庄严地回答：“陛下您以最大的诚意来对待上天，不欺瞒事物，改动这几个字事小，但是意义极为重大，希望交由中书省，写在《时政记》上！”真宗欣然应允。

从旁观者和局外人的角度而言，真宗和丁谓这君臣二人煞有介事，为了几只根本不存在的所谓仙鹤，装腔作势费嘴皮子，似乎有点可笑，但设身处地一想古人的迷信程度，我们也就理解了。一开始，真宗或许是造假了，但是随着周围臣子的推波助澜，他已经成功地把自己骗住了。

丁谓是个滑头不假，但是要注意，丁谓并没有列在《奸臣传》中，他附和天书之事，迎合真宗，有一半是为了自己的前程；另一半原因，就是他自己也很迷信。

王禹偁曾说过，丁谓与孙何是天下奇才，文章惊天动地。科考的时候，孙何排在第一，丁谓第四名。在大殿之上，丁谓就表示了不满，说："我和孙何在江湖上排名并列，现在他竟然考到我前面，而且还是相差好几名的距离，简直难以接受！"

太宗知道后，也幽默了一把，说："甲、乙、丙、丁，你姓丁，不排第四排第几？"

丁谓却没这么轻松，他觉得人生都是命运安排，所以想尽一切办法，去探寻命运的秘密。《枫窗小牍》记载，丁谓平时最喜欢占卜吉凶，早上起来听鸟雀鸣叫，晚上看灯芯爆花，出门回家也要悄悄听人说话，根据这句话来卜吉凶。

如果早上一出门，抬眼就看到一只喜鹊在枣树上，好了，这天肯定有喜事；反之，如果是一只大乌鸦，丁谓的瘦脸就立马冷若冰霜。晚上出门回来，如果进门第一句听到人说："高一点，再升高一点！"这肯定就是升官的前兆！

因为丁谓有酷爱占卜的爱好，就被一些有心人利用了。有个无赖叫于庆，家里实在太穷了，过不下去，就去请教一位落第的老儒生，让其给自己指一条明路。老儒生告诉他："你要是想发达，必须把名字改了！"

于是，这个无赖就改名为"丁宜禄"，到丁谓府上去谋取差事。丁谓并不认识这个人，但是下人一通报，丁谓就喜出望外，哈哈笑着把这家伙招进去，安排了一个职务。之后没多久，丁谓就做了宰相，这个丁宜禄因为十分受宠，所以把持关节，有人想要得到丁谓的召见，就必须给他送钱，没多久就家财万贯。

《宋书·百官志》里记载，"宜禄"本来只是宰相府上一名普通佣人，因为叫习惯了，所以后来就成为宰相府上仆人的统称。可以想见，当丁谓见到这个“丁宜禄”后，肯定是心花怒放的。因为这个预兆显示，自己将要做宰相了。

迷信的丁谓遇到迷信的真宗，立刻产生神奇的化学反应，整个天地为之震撼。赵安仁、王钦若不断进献五色金玉丹、紫芝草等物。丁谓则专心研究仙鹤，在他看来，任何一次醮祭或者天书降临，仙鹤都不得缺席。

十月初四，真宗的车驾正式从京城出发，一路上神奇的事情依然层出不穷，略去不表。二十三日天还没亮，真宗穿好通天冠、红纱袍，乘坐金车走到泰山山门，然后乘轿登山。封禅是非常大的盛典，所以场面极为壮观——仪仗警卫密密麻麻列于山下，黄麾仗卫士和随从士卒从山脚排到山顶，每两步一人，彩绢绣帛随风飘舞，整个泰山被包裹得花团锦簇。

到山顶，真宗身着衮冕祭奠供献，完毕后，饮下供神福酒。王旦跪称：“天赐皇帝太一神册，周而复始，永安天下百姓！”三次献祭完毕，真宗登台检阅。

据说在祭天间隙，真宗还带人观看了历代君王在泰山留下的碑刻，中间有一块碑写道：“朕钦若昊天……”真宗特意把王钦若找来，跟他说：“看来封禅之事早已前定，这上面写的就是我和你！”

祭祀完毕，一行人浩浩荡荡又往京城赶，从奉符县走到太平驿，方才开始恢复正常饮食，之前整个队伍都在吃素。

到兖州回銮驿的时候，真宗在延寿寺酺赐群臣，有很多小虫子在小孩衣服上游走，这种虫金黄色，榆荚大小，有翅膀能飞，长得有点像乌龟，而乌龟在古代是代表长寿吉祥的，所以丁谓就告诉真宗：“又是祥瑞！这虫子千年难遇，适逢圣上东封方才出现。”

其实从描述中很容易看出，什么祥瑞，这就是一般的金龟子！丁谓欺负真宗生长于深宫，没见过什么昆虫，还将这件事记在史册中，贻笑千古。

这一次的天书事件和封禅，寇准因为不是京官，所以没有参加。在这个热闹非凡的场合，他一个人落寞地在陕州饮酒作乐，恢复了少年时候豪饮奢宴的一贯作风。

真宗回到京城后，任命寇准为知天雄军兼驻泊都部署。

天雄军在河北大名，和辽朝的距离很近，有辽使路过天雄，知道寇准在这里镇守，见面后就刻意打趣他："寇相公声望天下闻名，为什么不在中书省，反而来这个小地方？"

寇准冷笑一声，沉着冷静地回答："圣上认为朝廷平安无事，国泰民安，所以不需要我在中书，而大名府是朝廷的北门锁钥，十分关键，这才派我来镇守。而且，还非我寇准不可！"

其实，寇准也就是嘴上讨点便宜，他内心又何尝不是苍凉一片？

朝廷的热闹非凡、中书的大权独揽，每每都出现在他的梦境之中。从现在的局势判断，坚持自己那一套，似乎是不明智的，只有顺着皇帝的意思，方才有可能再次进入权力核心。

第五章

官迷、神童及其他

事后杨亿觉得很不舒服。作为文人，他认为这是一种侮辱，就上书要求辞职，因为按照前朝的制度，学士文章如果有改动，就说明此人不称职，应该引咎辞职。看到杨亿的辞呈，真宗感慨地说：“杨亿不通商量，真有气性。”

有一个词叫作“刀笔吏”，说的是以笔代刀，可以杀人于无形的胥吏们。同样是用笔作武器，但分三六九等，其中最强的当然就是皇帝身边的文人了。

这些文人有很多分类，有翰林学士、有知制诰，也有专门负责进言的台谏官员。他们看起来似乎职位不高，但是一举一动、一言一行，都在无形中影响着皇帝的思维与判断，可以说是刀笔行当中最顶尖的人物。

我们简单分析一下真宗座下的各色人物。

从泰山回来后，朝廷相对平稳了一段时间，此时政府的人员结构，大致可以分为三派。

首先是王旦，他不拉帮结伙，自成一派。他也不和任何人作对，还时不时挺身而出，袒护一下同僚，可以说是真宗政府的顶梁柱。

第二类，就是以杨亿、王曾为代表的人物，他们个性鲜明，甚至诙谐幽默，却并非胡旦之流的浅薄之辈，自有一股正气，是朝廷潜在的“清流”。

第三类，则以丁谓和王钦若为首，没有迹象表明这二人之间有什么大的矛盾，反倒在无形中合作融洽[1]。在他俩背后，还跟着一票人马跑龙

---

① 只在《王钦若传》中有一句“与宰相丁谓不相悦”，不过那都是后来的事了。

套，构成了“五鬼”小集团。

其中，林特和丁谓的经历差不多，十岁那年，在袖子里揣着自己的文章去见江南李璟，令李璟十分惊喜，命他再写一篇赋，林特“有顷而成”。他入仕之后，始终在三司工作，虽然人品不佳，但是非常有敬业精神，特别喜欢办公室工作，终日伏案不起。因为林特“天性邪险，善附会”，所以丁谓对他很是爱护。

刘承珪是个宦官，没什么特别的事迹，更多是做一些幕后工作，略去不述。

至于陈彭年，他既然有“九尾野狐”的称号，就绝对不是一般角色，和张洎、樊若水、钱惟演一样，他也属于宋朝臣子中一个特殊的群体——江南文人。实事求是地说，当时从江南过来的文人，除了徐铉还留有一点气节外，其他人似乎都不怎么样。

陈彭年一生对名利的孜孜追求，简直令人感动。他聪明伶俐，小时候酷爱读书，因为是家中独子，母亲娇惯他，不忍心他晚上读书太辛苦，陈彭年就将灯火遮住，悄悄学习，不让母亲知道。

十三岁时，陈彭年写下《皇纲论》万言书，为江左人士传为美谈。李煜曾将他召到宫中，与儿子仲宣作伴。南唐归宋后，陈彭年拜徐铉为师，并于太平兴国年间参加进士考试，因为才思过于敏捷——骑驴出游，从东华门走到阙前，已经口占数千言，反而惨遭不测：因为主考官宋白知道此人“佻薄好嘲咏”，便频频将其贬黜，直到雍熙二年（985）他方才考上。

大中祥符年间的那一系列闹剧中，陈彭年跟在王钦若和丁谓后面，参与了所有的礼仪制定、改革，甚至对于以前所没有的制度，他也能推引依据编出来。在这个过程中，他展现了惊人的才华和创造力，只要有问题，他总能找到答案，颇得真宗和丁谓的欢心。

大中祥符六年（1013），真宗曾经作歌赐给陈彭年，并且对向敏中说："陈彭年文辞出众，最近担任清要近职后，越发谨慎严密。经常让他考察典章旧故，质文正义，每件事必定要找出经史子集出处，方才罢休，若非博闻强记，岂能如此？"

向敏中只好回答："是啊，陈彭年还具有器度见识。"

这时丁谓适时插嘴，吹嘘他的好帮手："陈彭年是个全才，岂止于文雅雍容。在参议时务时，也能提出与众不同的见解来！"真宗深以为然，因为他和陈彭年多次交流过。

真宗有一次看书遇到问题，问陈彭年："墨智、墨允为何人？"

陈彭年随口应答："说的就是伯夷、叔齐二人。"

真宗又问："哪本书里这么说的？"

陈彭年回答："《春秋少阳》。"

真宗不相信人类的脑袋能有这么强的记忆力，较起真来，令人从秘阁中取出该书，陈彭年说在某版某部分，一查果然一点不差，令人大为叹服。

由于陈彭年的知识丰富到恐怖的程度，特别是对于古代的礼仪制度极为熟悉，一般人根本不敢和他对抗。他曾经担任太常卿，车驾误走到黄道之上，负责看守的官员上来拦住他："这不是你该走的地方，错了要受罚！"

陈彭年不慌不忙，回头正色道："我没错，此事自有典故！"

该官员看他神态自若，心想朝廷郊庙礼仪都是人家制定的，既然这么说，肯定是有依据的，于是讪讪而退，不敢再为难他。

陈彭年在仕途进取上付出了极大的努力，"竭精尽思，以固恩宠，赞佞符瑞，急希进用"，专心到甚至对天气的寒暑燥湿都没有感觉。某次，休沐日有空，他好不容易得闲在家里的廊庑下闲庭信步，放松片刻。忽然，他看到脚下有红花残蕊，就问左右："这是什么东西？"

左右回答他："石榴花。"

陈彭年茫然抬头，感慨地说："多年以来，我竟然不知道这里还有石榴树！"这个地方是他每天朝夕所处，竟然毫不知情，可见其"锐进专一，醉心吏务"的程度。

陈彭年的这些表现，明眼人看得一清二楚。大中祥符六年（1013），陈彭年被召入翰林，充学士兼龙图阁学士。他去拜见王旦，王旦看不上这个人，推辞不见。

第二天，王旦见到向敏中，向敏中掏出陈彭年所上文字给王旦看，一向宽厚仁慈、不说人坏话的王旦竟然"瞑目不览"，慢慢地说："这有什么看的，不过是兴建符瑞，以便得到重用而已！"

王旦心里正为自己委曲求全、迎合真宗感到苦恼和羞愧，当然对这个陈彭年也就极度反感了。

这件事可以和张齐贤的评价互为呼应。当初陈彭年仕途不顺，要求到大理寺担任详断官，当时是老宰相张齐贤秉政。张宰相一看陈彭年的文字，当即拒绝了他的要求，有人问为什么，张齐贤断言："此人在朝中，必然要扰乱国家大政！"

升入内阁之后，李宗谔和杨亿都在陈彭年后，后来李宗谔辞世，杨亿病退，什么事都需要陈彭年来做，事务实在繁忙，令陈彭年"形神俱耗"。因为脑力消耗实在太大，没有多久他似乎就有了老年痴呆的症状，举止失措，胡乱穿衣服，连自己家人都不认识了，不久之后，猝然去世。

陈彭年去世后，从他家里取出的平生著作有二十余轴，因为他写字特别快，一天可以写一万多字。要知道在古代用的是毛笔，一万字的工作量相当巨大，所以质量难以保证，字迹细碎急草，一般人根本不认识。

后来好不容易找了一个叫赵亨的人，能识别陈彭年的字迹，这才整理出全部文章，送到杨亿那里去校改，无一字差错。之所以要送到杨亿那里，是因为在当时，唯有杨亿的才华才可以和陈彭年相当，二人俱为一代学术大师，只不过站在了不同的队列。

说起杨亿，可以说是所有神奇人物中最为神奇的，有宋一代文人，没有谁比他更有传奇色彩。苏东坡固然厉害，但是就坊间传言来看，他似乎没有杨亿的来头大——尽管后者在历史上并没有留下太大的名气。

杨亿，字大年，祖父杨文逸，曾任南唐玉山县令。在杨亿将出生之前，杨文逸梦见一个道士，自称怀玉山人，前来拜谒。没多久杨亿出生，把全家人吓了一跳——一个毛茸茸的小怪物！小家伙的体毛足有一尺多长，过了一个多月才落干净。

这是《宋史》正儿八经、言之凿凿的记载。另有《春渚纪闻》上说，刚出生时杨亿身上没有毛，却只看到一双鹤翅包着一块肉蠕动，家人如遭鬼魅，赶紧要拿出去扔掉。刚出门，遇见了杨亿他奶奶，老人家把鹤翅打开，里面一个可爱的玉孩儿呜呜而鸣。

总而言之，杨亿一来到人世，就显示了他的不平凡。

七岁的时候，杨亿已经可以很熟练地写文章，家里来了客人，他完全就像大人那样与客人交谈，显得十分少年老成。

因为年少体弱，又有神童之誉，所以他生病时，经常有郡县官员前来探望。有人曾经见过少年杨亿病愈后，给那些探望他的官员所写的感谢信，文章极为老练。

十一岁的时候，杨亿的名声终于传到了朝廷，太宗命江南转运使张去华去“面试”他。杨亿写诗赋五篇，下笔立成。太宗又让内侍都知王仁睿送他到中书省，杨亿再次赋诗一章，宰相震惊，急忙“削章为贺”，恭喜朝廷又“得人”！

第二天，朝廷下诏：“汝方髫龀，不由师训，精爽神助，文字生知。越景绝尘，一日千里，予有望于汝也。”请注意这个诏书的评价，反复强调了杨亿“不用老师教导、文字生而知之”的天才性，在历代朝廷诏书里，是绝无仅有的。

同时太宗还授杨亿“秘书省正字”。两人聊天的时候，太宗说：“你离开家乡已经有一段时间了，难道不想念你的父母吗？”

杨亿落落大方回答：“我看到陛下，就好像看到了自己的父母！”

太宗听了“叹赏久之”。

淳化三年（992），赐杨亿进士第，为光禄寺丞。次年三月，太宗在后苑携群臣宴游，因为杨亿此时还没有贴职①，所以没有资格参加。

他还年轻，当时只有二十岁，私底下发牢骚，写了一首诗说：“闲戴宫花满鬓红，上林丝管侍重瞳。蓬莱咫尺无由到，始信仙凡自不同。”

这首诗乍一看没什么特殊含义，但是放在那个特殊的情境下，就可以这样翻译：“我在这里无所事事，你们却头上戴着红花，在丝竹管乐陪同下，伺候重瞳②宴饮，蓬莱仙境③离我只有咫尺之距，但因为仙人和凡人的不同，我却没资格参加。”

当时没有手机和网络，但小道消息尤为发达，不一会儿太宗就知道了这首诗，他也讶然了：“神童杨亿呢，他怎么没来参加春游集体活动？”

有官员回答说：“没有贴职，不能参加。”

太宗当场下令“即日直集贤院”，而且此命令当即生效，免除了次

① 所谓“贴职”，指的是以他官兼领诸阁学士等职名及三馆职名。

② 意指君王。

③ 暗指宴游的后苑。

日入宫谢恩的繁文缛节。就这样，由于太宗的器重，杨亿在最短时间内，迅速出现在了宴游集会上。

在真宗即位后，杨亿和钱若水编修《太宗实录》。该书共八十卷，而杨亿独自完成了其中的五十六卷。不久之后，杨亿被召为知制诰，随即判史馆，和王钦若共修《册府元龟》。

其实一开始，真宗是想用梅询做知制诰的，但是他的老师李沆说了一句："梅询险薄，不可用。杨亿有盛名！"

真宗恍然大悟，惊喜道："几乎忘了此人。"

在后来编修《册府元龟》的过程中，杨亿就开始了他和王钦若的隐蔽斗争。他很鄙视王钦若的为人，所以在编修过程中，即便两人同在史馆工作，但只要王钦若进来，不管在忙什么，他必然径直走开。

杨亿不是偏执狂，不会无缘无故就鄙视王钦若。原来在编修君臣事迹[①]时，真宗让大家分工合作，每个人都把自己的名字签在自己编修的部分，以后也好论功行赏，知道谁勤快谁懒惰。

王钦若此人不地道，每次只要皇帝褒奖的部分，他就赶紧上表致谢，说是自己写的，如果出了什么差错，就让手下人报告真宗："这部分是杨亿写的。"

正是这段时间的交恶，令二人产生了难以弥补的裂痕。后来王钦若犯了忌讳，和占卜算命的人走得很近，所以被贬，以太子太保出判杭州，同僚都有诗相赠送行，唯独和王钦若在一起办过公的杨亿一个字都没写。

非但如此，杨亿还时不时逮着机会嘲笑王钦若。

王钦若家里的厅堂，自号"三畏堂"，这个典故出自《鲁论》："君

---

① 即后来真宗赐名的《册府元龟》。

子有三畏：畏天命，畏大人，畏圣人之言。”杨亿却说：“王钦若家里应该叫作‘四畏堂’，三畏太少了！”众人都迷惑不解，王钦若就亲自问他：“为何这样说？”

“因为你怕老婆啊，家里都不敢有姬侍等其他女子，所以应该加上一个‘畏妻’，不刚好是‘四畏’吗？”杨亿很严肃地回答，把王钦若搞得哭笑不得。

除了王钦若，上面说过的陈彭年，也是杨亿的潜在敌人。史称“陈彭年方以文史售进，忌亿名出其右，相与毁訾”。某一段时间，杨亿发现了一个很反常的现象，每次他编修好新的几卷《册府元龟》交上去，几天后再拿回来，上面总有“签帖”，哪怕是再小的错误，也都给指了出来。

杨亿身上汗毛不由立了起来，皇帝简直英明到了不正常的程度——多么生僻的典故都知道，多么细微的错误也瞒不过他的法眼。

又静下心来想想，这不可能啊，皇帝就算再聪明，他每天事情那么多，怎么可能把我文章中最小的错误都找到呢？

于是杨亿在私下悄悄打听后，方才知道，交上去的书卷都是陈彭年审查的。从前面的描述我们知道，陈彭年的才华绝对没水分，而且他现在正盯着杨亿找缺点，所以查得格外起劲。

知道问题症结就好办了，从此杨亿总是盛赞陈彭年的文才，同时申请让陈彭年来一起编修，自此之后，就再也没出现过什么“签帖”了。

景德三年（1006），杨亿三十三岁，被任命为翰林学士。

某一天，他正在玉堂午休，忽然梦见一个道士来拜访，此人就是他祖父曾梦到过的怀玉山人，也就是他的前世。道人坐定后，从袖子里拿出一张诰牒说：“内翰加官。”

杨亿取过来看，上面草书“三十七”，惊问道人：“莫非是我的命数？”道人微笑点头。杨亿在梦里算算，没几年了啊，又问道人：“能添不？”道人再次点头，于是改为“四十七”。杨亿确实活到四十七岁而终。

此梦真假已难知晓，诚如庄子所云，人化蝶或者蝶化人，难以分辨，梦里的杨亿与朝堂之上的杨亿，究竟哪一个在做梦，他或许更有感触。

杨亿这个翰林学士从景德三年（1006）干到大中祥符五年（1012），其间写文章无数。作为一个有风骨、有气节的文人，他要保持自己的独立人格，是一件很困难的事。慢慢地，他和真宗之间有了少许龃龉……

他曾经起草过一份给辽朝的诏书，中间有“邻壤交欢”的字句，稿子交上去后，真宗在边上恶意批注道：“朽壤，鼠壤，粪壤。”意思是对这个“壤”字十分不满。虽然杨亿名满天下，但是皇帝不高兴，那也只好改成“邻境”。

事后杨亿觉得很不舒服。作为文人，他认为这是一种侮辱，就上书要求辞职，因为按照前朝的制度，学士文章如果有改动，就说明此人不称职，应该引咎辞职。看到杨亿的辞呈，真宗感慨地说：“杨亿不通商量，真有气性。”

自己的文章就算皇帝也不能随便改，一般人就更不要说了。杨亿的文章要是被中书省的人改了，他就把文中被改过的地方用浓墨画成鞋底样子，在边上题“世业杨家鞋底”，通俗解释就是：“杨家祖传，专做鞋底子。”

有人不解，杨亿愤怒道：“我的文章上，全是别人修改的脚印！”

此事在儒林一时传诵，乃至于后来有中书舍人的文章被废掉，大家就戏谑此人道：“又遭了鞋底。”

因为杨亿“性耿介，尚名节”，再加上王钦若、陈彭年二人的挑唆，真宗对杨亿也越来越不满了。

大中祥符五年（1012）某夜，真宗忽然将杨亿召到小阁赐茶。坐下寒暄片刻后，真宗忽然拿出几盒文稿，半开玩笑半认真说："你认得我的笔迹，这些可都是我亲自起草的，从没有让谁代笔！"

皇帝没来由这一句话，一下把杨亿搞蒙了，惶恐不知如何应对，只好顿首再拜而退。回去后过了一段时间才明白，是王钦若、陈彭年一党在皇帝面前进谗言，说杨亿污蔑皇帝不会写稿子，都让手下代笔。

这件事虽然不大，但是足以令杨亿胆寒，他第一次真正意识到了政治斗争的残酷性，开始有了隐退之意。

在此之前，某些小人曾经拉拢杨亿"入党"，被他严词拒绝。来人说："君子知微知章，知柔知刚。"

杨亿才思敏捷，当即回答："小人不耻不仁，不畏不义。"

真宗的态度进一步提示杨亿，此处正在慢慢变质，绝非久留之地。即便有王旦的照顾，即便另一个小人丁谓对他也还不错。

丁谓和陈彭年不同，他不以文章立世，所以对天才杨亿更多的是抱一种爱惜的态度。杨亿渊博的学识与奇迹般的急智，给他留下过深刻的印象。

朝廷曾经派杨亿去祭奠北朝[①]皇后，辽人可能是想捉弄一下大宋，递给他一张白纸，让其朗诵祭文，杨亿不慌不忙出口成章："惟灵巫山一朵云，阆苑一团雪，桃源一枝花，瑶台一轮月。岂期云散，雪消，花残，月缺！伏惟尚飨！"文辞意境俱是上选。

更神的说法来自一代文宗欧阳修的记载。醉翁在他的《归田录》里讲过，杨亿写文章，并不像一般秀才，要闷在家里憋上好几天，酝酿发

① 辽朝。

酵许久，才弄出短短一篇。他写文章，必然要门人一起饮酒赌博，投壶[①]对弈，场面极其喧闹热烈时，用细笔在小方纸上挥翰如飞，文不加点。每写满一副，就叫门人拿下去抄录，因为写得实在太快，总是令门人疲于奔命。欧阳修曾感叹说："真一代文豪也！"

就在这段时间，丁谓也没闲着。他忙得够呛，作为皇帝和上天沟通的使者，他修宫殿、祀汾阴、建会灵观，担任总工程师完成了很多大工程。修建昭应宫时，丁谓做计划，是按照整个国家的财力来设计的，准备搞得富丽堂皇，给真宗一个惊喜。

因为投资实在太大，很多近臣都表示反对，真宗也犹豫了，找丁谓来商量。

丁谓的优点就是敢于给皇帝撑腰，他振振有词："陛下富有四海，建一座区区宫殿给上天，有什么不可？何况现在您还没有子嗣，在皇宫的乾地修一座大殿，不是刚好可以祷告上天赐福，生个太子。如果有人敢于妄加阻拦，您就这样答复他！"

不久之后，王旦因为这件事再次密奏劝谏，真宗就用丁谓的话来堵他。王旦一听此事关系到帝国接班人，只好离开，绝口不提"浪费、挥霍"了。

丁谓的付出得到了他所期待的回报，大中祥符五年（1012），他被任命为参知政事。

丁谓拜参政后，同僚们都去祝贺，杨亿不屑一顾道："有什么值得庆贺的！只不过是掷骰子选中他而已！"言下之意，丁谓是"瞎猫撞死耗子"才当上参政的。

但丁谓对杨亿，始终是抱有一分敬意的。某次早朝归来，丁谓和杨

① 一种游戏，用箭远投，以投入壶中为胜。

亿开玩笑："内翰拜时须扫地。"因为杨亿有一副漂亮的大胡子，俯下身子叩拜时，胡须自然就会扫在地上。杨亿当即应声而答："相公坐处幕漫天。"

丁谓是个聪明人，当然知道杨亿是在讥讽自己城府太深，做事不够透明，但他并不生气，反倒为杨亿的机智所折服，大加赞赏。

总的来说，丁谓虽属于小肚鸡肠的人，但他有才华，有底气，对于才子有惺惺相惜之感。而王钦若属于典型的嫉贤妒能，缺乏自信，比丁谓还要下一等。

就因为丁谓爱才心切，在后来寇准重出江湖后，杨亿参与了一件大事，结果不幸败露，寇准被一贬再贬，而杨亿没受到多大的打击，古人说这是因为"晋公[①]爱其才，终不忍害"。

在被真宗叫去谈过话后，大中祥符五年（1012），杨亿因病告假，希望免除在皇帝身边工作的职务，真宗不允许。

第二年，又发生了一件事。

杨亿在阳翟有一座院子，有段时间他母亲去察看时，忽然病了，杨亿知道消息后，当即写了张假条，连夜赶往阳翟。与此同时，真宗也知道杨亿母亲病了，就派遣使者带着钱币和药物去探望。

对这件事，朝廷议论纷纷，认为大臣这样擅离职守，实在是不成体统，太不像话。真宗也忍不住发了几句牢骚，于是在王旦建议下，以"侍从近职不可居于外地"为由，免除了杨亿的近职。

所谓"物以类聚，人以群分"，在退隐江湖的这段时间里，杨亿和王旦还是保持着良好的交情。真宗曾经跟王旦讲："论文化，杨亿无人能敌，但是他喜欢私下里对朝政大发议论，这可如何是好？"

---

① 丁谓即丁晋公。

王旦正色回答："杨亿有时候可能开玩笑有些过度，但是毁谤怨恨朝廷之言，我保证他没有讲过！"

在汝州任职期间，杨亿曾经给王旦写过一封信，上面这样附注："山栗一秤，聊表村信。"给他寄过去一堆汝州特产的山栗子，由此可见，二人之交，已完全"忘形"，真可谓达到了"君子之交淡如水"的境界。

虽然杨亿在后世名气不大，但是后人对他的评价并不低，范仲淹曾经说过："王旦居宰辅十余年，未尝有爱恶之迹，称得上'大雅'；寇准有澶渊奇功，左右天子如山不动，却戎狄保宗社，谓之'大忠'；马知节慷慨立朝，有犯无隐，天下人都称他'大直'。杨亿与这三位君子相交很深，情同金石，他的人品正直可想而知。"

这段时间，还发生了一件喜事。

不知道是不是丁谓苦心修建宫殿真的感动了上天，大中祥符三年（1010），真宗终于解决了一个很大的心病——他有儿子了！

这年四月十四，开封府尹周起去找真宗奏事。刚一进门，就看到真宗满面红光，十分激动地说："你知道我有喜事吗？"

周起估计在心里嘀咕："莫非又有神仙来找您聊天？"但他不敢说，只是摇头说："不知道陛下什么喜事。"

真宗大声宣布："我刚刚得了一个儿子！"这个儿子得来可不容易，不过有一点小小的缺憾，他不是真宗最喜欢的刘娥所生，而是刘娥身边的宫女生下来的。

此事说来话长。几个月前，真宗去刘娥那里聊天。在洗手的时候，注意到那个端脸盆的宫女李氏，皮肤白里透红、与众不同，心里就起了涟漪。

李氏来自杭州，自古出美女的地方，人也很乖巧，当即奏报说：

“臣妾昨晚做了一个梦，梦见一个赤脚道士从云端跳下说：‘来做你的儿子！’不知道是什么意思啊？”

这个梦触动了真宗的神经——神仙、道士和儿子，这都是他的最爱啊！于是哈哈大笑，当晚就宠幸了李氏，果然李氏就怀孕了。

怀孕之后，大肚子李氏曾经跟着真宗在大内游玩，走到砌台，忽然头上的玉钗跌落。

真宗看到玉钗落地，就在内心暗暗占卜：“如果这个玉钗跌下去还是完好的，那就是个儿子，否则就是女儿！”等左右把玉钗捡起来递上，真宗心花怒放——完整无缺，这预示着儿子。

《挥麈后录》记载说，这个小皇子生下来就与众不同，因为是“跣足羽士”投胎，所以从来不穿鞋袜，经常光着脚在禁掖乱窜，宫内都称他为“赤脚仙人”。

由于不是刘娥所生，而刘娥又觊觎着皇后的位子，所以民间就编造了一个“狸猫换太子”的故事，说刘娥把李氏的儿子抢走，换了一只被剥皮的倒霉狸猫，说李氏生了个怪胎云云。

其实这都是子虚乌有的事，刘娥没那么坏。

第六章 凋零

两个人的交情，就是这样奇怪，可能有龃龉，有争吵，但是若干年后回头再看，却无端生出些许感慨失落——寂寞跋扈如寇准者，这世上确实没有几个知己，张咏算一个，杨亿算半个，王旦则是迟到的那一个。

大中祥符六年（1013）岁末，文德殿大厅中人头攒动，并不时传来赞叹的声音。

原来，大宋朝的灵芝草展览正在进行。各位官员一边看着这些奇形怪状的植物，一边不得不违心地说出令人肉麻的歌功颂德的话。

这些芝草都是丁谓从各地搜罗来的。以丁谓的本事，连金龟子都可以说成“神龟”，整一点奇特的花花草草做绿化更不在话下了。

对于丁谓的所作所为，官员们皆是敢怒不敢言，除了一个小年轻——夏竦。在一次宴请百官的时候，有人表演手技①，丁谓看得高兴，对夏竦说：“舍人你文采过人，来一篇助兴？”

夏竦即席赋诗：

舞拂跳珠复吐丸，遮藏巧使百千般。
主人端坐无由见，却被旁人冷眼看。

显然，丁谓使尽种种手段欺骗真宗的行径，在这里遭到了绝妙的讽刺。

① 杂技、魔术一类的节目。

连夏竦都敢于向丁谓叫板，另一位大人物——寇准，此刻却低下了高傲的头颅。

今天这场盛大的典礼，就是在寇准的建议下举行的。寇准认为真宗惊动上天的英明神武，应该在帝国深入人心，达到妇孺皆知的地步。而丁谓所发现的灵芝草，就是最直接的证据和标志，应该拿出来展览。

这件事虽小，意义却很大，表明寇准已经及时调整了思路，开始向主流思潮靠拢。

有了臣子们的衬托，真宗在装神弄鬼的道路上高歌猛进，再接再厉地向亳州出发了。丁谓在那边建好了宫殿，他又去祭奠了一番。

在回来的路上，真宗进行了微服私访，王曾向真宗推荐了雍丘隐士邢惇。真宗兴致勃勃地将邢隐士找来，做出一副明君的样子促膝长谈，咨询治国的道理。

邢惇却一言不发，默默地听真宗一个人说。

真宗着急了："你怎么回事，我跟你说话呢，没一点起码的礼貌！"

邢惇这才缓缓开口："陛下您东封泰山、西祀汾阴，都已经做完了，我还有什么可说的？"

听到这话，真宗极为高兴，任命邢惇为许州助教，送回家去。很显然，他把这位视名利如粪土的世外高人的回答，看成了褒奖。

邢惇回到家后，衣服起居与以往一模一样，周围的邻居都不知道他有了官职。等他去世之后，别人才发现，他把委任敕书和废纸堆在一起，放在房梁上，供给啮齿类动物磨牙。

由此可见，真宗头脑已经发热到了一定程度，别人所说的话，他都会一厢情愿认为是赞赏与阿谀。这样带来的一个好处就是，寇准的种种表现都被他看在眼里，再加上王旦的推荐，所以当枢密使王钦若被罢免后，寇准就及时补了上来。

王钦若被罢免，是因为和马知节吵架引起的。马知节一直看不惯王钦若的所作所为，屡次在朝廷上找碴儿。终于两人吵了起来，事情闹得不可收拾，真宗只好把他们都罢免了。

其实一开始，真宗是看不上寇准的，这个人在他脑海里，是一个怒目圆睁的金刚护法，和平年代不需要这种人。但是王旦的一席话改变了他的看法。

王旦曾经患病不起，很久不见起色，真宗叫人用轿子把他抬到大殿内，慰劳问候许久之后，问王旦："你现在病重，也很辛苦，将来谁可以接替你做宰相呢？"

王旦："了解臣子的，莫过于他的君主了，希望圣上自己选择！"

真宗："张咏如何？"

王旦不说话。

真宗："那么马亮呢？"

王旦还是不说话。

"那按照你的意思，说说看。"真宗把皮球踢给王旦，让他推荐人选。

王旦久病，身体羸弱，挣扎着坐起来举起笏板，郑重其事说："依臣下愚见，没人能比得上寇准！"

真宗在内心暗自大骂：真是哪壶不开提哪壶，我被寇准"挟持"过，天下人尽皆知。现在，却又要把他召回来控制我！

确实，这正是王旦的意思。王旦看到现在丁谓之流得势，真宗被牵着鼻子走，被蒙蔽得跟傻子一样，也只有寇准这样的强势人物，才可以把真宗强行从迷梦中拉回来。

王旦的建议对真宗是当头一棒。真宗神情沮丧，喃喃道："寇准生性过于刚烈偏激，再考虑考虑其他人吧！"

王旦闭上眼，轻声道："其他人，我并不了解！"

王钦若被罢免后，真宗想起王旦的建议，又考虑到寇准最近表现尚可，对神鬼、祥瑞之事也颇有研究心得，就让寇准担任了枢密使。

寇准在枢密院执事，经常和中书省有公文交流，中书省的公文到了枢密院，但凡发现不合格的地方，寇准立刻去真宗那里告密，然后真宗就把王旦找回来一通批评，他说："中书省门下办事都这样违反诏令，传播到地方，地方官员该怎么样？"

王旦只好跪下谢罪，中书官员也都受到了处罚。

与此相反，当枢密院的公文到中书省，每发现有规格不符合诏令之处，官员们兴高采烈拿给王旦："报仇雪恨的时机来了，你也去参寇准一本，给他点颜色看看！"

王旦只是默默一笑，将文书奉还给枢密院，让他们修改。这令寇准有些许惭愧。

但是寇准的这点惭愧时效性很差。没过几天，他又开始在真宗面前揭王旦的短。除了性格使然，我们以小人之心揣度一下，寇准也许是想把王旦扳倒，自己来当宰相，这都是有可能的。

寇准可能早就对王旦的"懦弱"与"迟钝"有所不满，想要自己甩开膀子大干一番。

真宗把寇准的攻击都告诉了王旦，王旦谢罪道："臣下我担任宰相时间很长，缺点和过失自然很多，寇准对陛下毫不隐瞒，这正是我器重他的地方。"

这些事，寇准当然是不知道的。

和前几次任职一样，寇准因为性格原因，这一次的枢密使也没干多久，因为和三司使林特争吵，引起了真宗的反感。

林特是丁谓跟前的红人，也是除寇准之外所有人的"开心果"。他极其擅长和人处关系，每次看到丁谓，必然会下拜，一天见三次，那就拜三次，绝不含糊。即便是和士兵、仆人说话，林特也是和颜悦色，唯恐伤害了谁，所以人人都喜欢他。

寇准和林特破口对骂，又骂掉了自己枢密使的帽子。

对于自己被罢免，寇准也隐约有预感。他提前去找过王旦，求王旦向真宗说说情，就算枢密使当不成，那就给一个“使相”的荣誉头衔吧。

他是这样说的：“遭逢最久，今出欲一使相，望同年主之。”

寇准的致命缺陷，第一是性格刚烈，第二就是荣誉感太强。

王旦听了寇准的请求，顿时吃了一惊。他最忌讳在家里谈公事，就不冷不热回答：“使相怎么可以自己来请求呢？”寇准碰了软钉了，只好气呼呼地回去了。

但是，当真宗问起王旦，该怎么安排寇准时，王旦说：“寇准不到三十岁，就被先帝提拔在中书、枢密这两个重要部门，有才能、有声望，如果给他授予使相，主持这方面工作，其风采足以为朝廷增光添彩！”

就这样，寇准得到了使相的任命，感激涕零地跟真宗说：“要不是皇上您圣明，哪里会有这样的任命！”

真宗微微一笑，说：“王旦了解你！”这才把王旦私底下的推荐与赞赏一一道来。

“王子明[①]的器量见识，绝不是我寇某人可以测度的。”倔强的寇准这才发出了真心感叹，知道世上的人，并不都像他一样睚眦必报。不久之后，王旦辞世，他专门请求到王旦坟前祭拜，悲哀恸哭很久，感叹知

① 王旦字子明。

已难逢。

两个人的交情，就是这样奇怪，可能有龃龉，有争吵，但是若干年后回头再看，却无端生出些许感慨失落——寂寞跋扈如寇准者，这世上确实没有几个知己，张咏算一个，杨亿算半个，王旦则是迟到的那一个。

寇准黯然退去。

大中祥符八年（1015），王旦年事已高，身体虚弱如风中残烛。

雪上加霜的是，张咏去世了，真宗的身体也到了崩溃边缘……

帝国进入了它短暂的“凋零”期。

张咏多年来一直辗转在地方为官，而且颇有政绩，这一点他也很自信。他曾经说过：“在地方上为官独当一面，我张咏不敢谦让。”再次出知益州后，他因为后脑上生了痈疮，无法在头上戴巾幞，而这是京官上朝必需的装备，于是张咏恳求真宗放他出去任地方官。

真宗一开始不想放张咏出去，特地允许他裹着软巾上朝，张咏说：“此事不可，怎能为了臣下一个人，而坏了朝廷的制度。”张咏这一生，都在为维护制度而努力，他再三恳请。

张咏希望到颍州去，而真宗认为颍州这个小庙容不下张咏这尊大神，就让他在青社和真定之间选择，张咏不去，最后定在了升州。陈抟老祖曾说：“乞得江南佳丽地，都应多谢脑边疮。”指的就是这件事。

张咏在升州工作了一段时间，后来实在看不下去丁谓、王钦若在“天书事件”上的胡闹，就接二连三上书给真宗，措辞极为严厉：“这几年来用完国家帑藏，竭尽民脂民膏，来建造那些没用的土木，都是奸贼丁谓和王钦若启发圣上的奢侈之心……”张咏的结尾可以用“触目惊心”来形容。他咆哮道：“恳请斩下丁谓的脑袋，挂在国门之上向天下人谢罪，然后，再斩下我张某人的脑袋，挂到丁谓家门口，给丁谓谢罪！”

真宗当然不会难为勤快的丁谓，他把张咏放到河南陈州去了。

张咏最后在陈州任上去世。但在赴任陈州之前，他就已经“预知时至”。

当年第二次从成都离任，张咏临行前，拿出一卷封好的卷轴交给好朋友文鉴大师，上面写着：“请于乙卯岁五月二十一日开。”

大中祥符八年（1015），新知府到成都，文鉴拿着卷轴去，请新知府打开。卷轴里是张咏自己的一幅小写真画像，画像上他身着黄短褐野服，手提竹杖，在边上题：“乖则违众，崖不利物，乖崖之名，聊以表德。徒劳丹青，绘写凡质，欲明此心，垂之无斁。”

这件事神奇的地方在于，“乙卯岁五月二十一日”正是张咏辞世那一天。

“乖则违众，崖不利物”，正是据此，张咏自号“乖崖先生”。这就是他对自己一生最好的总结，不合群，恃才傲物，走到哪里都是我行我素，就算面对寇准，也敢指责他“不学无术”，大概世上仅此一人了。

张咏也是寂寞的，不过他比寇准要幸福一点。他还有一个朋友傅霖可以交流，傅霖是世外高人，古称“逸人”，一辈子都没有出来当官。

古人喜欢和“逸人”交朋友，来涤荡自己在朝堂那颗疲惫倦怠的心灵。严格来说，张咏和寇准算是一类人，他们都觉得自己应该是个遁世的修行者，因为种种原因，却走上了仕途。张咏曾经恳求跟着陈抟出家。寇准则说过，他自己刚出生时，两耳曾有肉环垂下，好几年方才长合，所以他怀疑自己前世为僧，也很喜欢和僧人谈论禅真妙道。

傅霖少年时候和张咏一同游学，二人曾经会于韩城，通宵达旦谈天论道，隔壁邻居有犯疟疾者，也因为这二人的到来而顷刻痊愈。古人迷信，认为得了疟疾打摆子，是因为疟疾鬼在作怪，张咏贵为朝廷大员，驱逐个把小鬼是小菜一碟。

之后张咏走上仕途，步步高升，而傅霖则继续浪荡于山林之间。每当张咏有书信寄来，傅霖头一天晚上肯定会梦到，故而傅霖才有“剧谈驱夜疟，幽梦得乡书”的诗句流传。

晚年之后，两人渐渐失去联络。张咏在陈州，某一天手下人忽然报告：“青州傅霖前来拜见！”张咏惊喜之余，勃然大怒，训斥这个阍吏：“傅先生天下奇士，你竟然敢直呼其名！”

见面后，傅霖笑呵呵道：“别子一世，你还是童心未泯，这些人怎么知道世上还有我傅霖这个人呢？”

“你从前总是隐居，现在怎么忽然出来了？”张咏很奇怪。

傅霖说：“没什么事，你的时候到了，将要走了，跟你说一声罢了。”

张咏点头说：“知道，我早就知道了！”

两人就这样在淡定闲谈间，将生死之事交代清楚了，大有“快刀斩春风”的从容。唯有那些窥破了天地奥妙的人，才能把这尘世看得如此不值一提。对他们而言，一个人的死去，就像落叶飘零，只不过是回到了大地——它最初的来源。

坏消息接踵而来……

不久之后，真宗也病倒了。

真宗的病源自思想压力。在大中祥符九年（1016）秋季，发生了很严重的蝗灾，真宗第一个想到的，当然是他投入了很大精力与感情的上天与神仙，所以当即率领群臣到玉清昭应宫、开宝寺和灵感塔焚香祈祷。

结果出乎意料，祈祷竟无济于事。

上天不给面子，并不妨碍人民扯谎。很快各地就奏报说，蝗虫们知道了真宗和上天的关系后，很惭愧，就一个个很自觉地抱着草自杀了。

更有无耻的臣子，袖子里揣着一只被自己捏死的蝗虫，拿给真宗，让真宗给天下展示，蝗灾已经平息。

真宗此刻脑子已经接近糊涂，像个傻小孩一样，真的要拿着死蝗虫率领百官大肆庆贺。幸亏王旦出手阻拦，他劝真宗："蝗灾消除，只能说是幸运的事，有什么可以庆贺呢？"

就在此时，枢密院和中书省都跑来奏报，说蝗虫已经遮盖了天空，还有很多体力不支的，飞到一半就掉到了殿廷之间。

真宗这才明白，蝗虫这个动物太低级太固执了，没办法做工作，谁都没办法。

随即又回头庆幸地跟王旦说："如果我们正在庆贺，蝗虫们铺天盖地而来，那岂不是要惹得天下人耻笑？"

蝗虫滋生很快，没多久就覆盖了郊野，它们甚至成群结队飞过京城，好像是在示威游行。此时真宗正在吃饭，左右侍从惊惶失措地告诉他：蝗虫来了！

真宗站起来，走到窗边，抬头看到蝗虫遮天盖地，犹如黑云压顶，顿时思想压力大增，默默叫人撤掉饭菜，从此就病倒了。

也许是这一年太不顺了。次年，真宗诏令改年号为天禧，希望能冲一冲晦气，为帝国和自己的身体带来一些好运。可惜的是，再次事与愿违，改年号后，他颇为倚重乃至于依赖的老臣王旦，溘然长逝了。

多年以来，王旦一直揣着委屈，为帝国拼命操劳。他眼看着朝中的正直之士一个个被贬，心里也着急无奈，所以竭尽所能推荐人才、保护人才。

这一天，真宗忽然接到一个平民上书，此人在奏折中提到了朝廷内的很多事情。这些事都属于机密，一个平民如何得知？

追查之下才知道，此人是个职业算命先生，后来查封他家，在其中搜查出了很多朝廷官员的信件。毫无疑问，这些人写信给算命人，就是为了占卜吉凶、咨询一下自己的前程。

真宗很生气。他自己迷信可以，臣子们则不行，因为臣子们乱算命，有谋反或者篡权的嫌疑。

又是王旦。他再次挺身而出，请求将信件拿回去研究。第二天，他对真宗说："占卜算命，这乃是人之常情，没有涉及朝廷，不值得治罪。"

说完，王旦拿出自己年轻时候的信件给真宗。他表示："臣年轻时候不晓世事，难免也去占卜，如果非要治罪，也将我投进监狱吧！"

真宗看到王旦摆出这种架势，也只好打消了治罪的念头。

王旦回到中书省后，火速将抄家抄出来的书信全部焚毁。过了很久，大臣们因为互相倾轧，又有人搬出这件事来说事。真宗派人去中书省取信作证，王旦告诉他："很遗憾，信早被我焚毁了。"很多人因此而幸免于难。

在临死之前，王旦撑着病体仔细分析了国家形势，目前的人事变动很不乐观，令他陷入了深深的忧虑。

放眼大殿，唯一可以指望的少壮派，也许只有当初的状元郎王曾了。

可最近这段时间，王曾也过得很不好，因为王钦若阴了他一把。

早先时候，真宗设置了一个会灵观使的位子。按照顺序，这个位子应该是参知政事王曾的，但是王曾对此不屑一顾。他从一开始就对这些神神鬼鬼的事极为反感。

王曾看不上，王钦若对此却垂涎三尺。于是两个人就形成了鲜明的对比，一个执意推辞，一个眼巴巴盼着。

这让真宗很不开心：王曾他这是什么意思，怎么老是不配合我。于是就批评说："大臣们应该领会贯通国事，怎么忽然有异心了呢？"

王曾谢罪道："国君能虚心听取意见，叫作英明，大臣们尽心为国家干事，叫作恪守大义。陛下不因为臣才能低下，让我在政府中供职，我只知道秉公执义，不知道何为异心！"

真宗也知道，王曾是在和他软对抗。

从前看着珍禽异兽成群结队往京城跑，真宗非常高兴。王曾就上言说："这些祥瑞确实是国家承平、皇帝有德所致，但是最好推辞不接受，这样的话，如果将来出现什么灾难，免得别人说是您不修德所致。"

可惜，王曾这样的逆耳忠言，瞬间就被淹没在潮水般的阿谀之词中。

王曾辞掉会灵观使的职务，按说王钦若应该感激他才对，可王钦若不这么想。他深知"道不同不相为谋"，王曾对自己迟早是个威胁，还是早日挤下台才好。

正好王曾购买了贺皇后的旧宅子，皇后家人还没有撤走，王曾就把土都堆在了宅子门口。贺皇后当然出离愤怒，立刻进宫告状。王钦若不失时机，到真宗面前参了一本。真宗看王曾都欺负到皇亲国戚头上了，于是下令，将王曾的参知政事罢免了。

被罢免后，王曾心情郁闷，就到王旦家里去聊天，王旦以身体不好为由，没有见他。

虽然二人没有见面，但是王旦对这个后辈赞赏有加。他对家人说："王曾将来勋业会很大，虽然让出会灵观使有违皇上旨意，但是言辞直爽，口气缓和，心中一点都不害怕。他刚刚获得进用，就已经可以这样，确实不简单！"

接着，王旦又回忆起自己的经历："我自担任参知政事二十年，每次入朝回答皇上的问题，如果稍稍有违旨意，心里就会局促不安、难以自容，由此可见王曾的大度磊落。”

王旦再一次显示了自己的政治智慧，王曾这个人，他确实看准了。

首先，王曾的名字有相当的来历。“曾”这个字，代表历史上很有名的一个人——孔子的弟子曾参。相传王曾的父亲每看到破旧书籍，必定编辑整理好，一个字一片纸都不敢丢弃，这是古代文人的好习惯，谓之“敬惜字纸”。因为对文化高度尊敬，惊动了文圣人孔夫子，王曾父亲就梦见孔子告诉他：“你敬重书籍如此，我就派遣曾参来做你的儿子。”

是故，王曾取名“曾”。

孔夫子的弟子，确实出手不凡，后来就考中了状元。

王曾参加考试的时候，正是李沆当宰相。他很看好这个年轻人，对夫人说：“我找到女婿了！这个王曾，就算这一次考不上，以后也是宰相的材料。”

因为极负盛名，王曾成为朝廷贵官的重点关注对象。除了李沆，吕蒙正家也想把女儿嫁给他，但王曾知道李沆对自己的评价后，感慨地说：“李公知我！”就做了李家女婿。

王曾现在的身份，相当于一个沉默的卧底，他还有更重要的任务……

终于，在天禧元年（1017）九月十四日，一代名相王旦，推辞了真宗赐给他的白金五千两，留下四句话：“已惧多藏，况无所用，现欲散施，以息咎殃。”悄然离开了人世。

王旦这一生活得太不容易了，他性格平和淡泊，为了维持朝廷稳定，很多委屈都憋在心里。又因为他的个人原则，家里人没沾到什么光，就算有才华，也难以得到重用。真宗曾经想任命王旦的弟弟王旭担任三司判官，但是被王旦劝阻，因为他担任宰相，弟弟需要避嫌。

为此真宗对王旦感叹："我一直不知道你弟弟还穿着绿色的衣服呢！"

所谓"绿色"衣服，是低级官员的制服颜色，高级官员应该是紫色和红色，我们所谓"红得发紫"就是来源于此。

王旦的侄子王睦，写信叫叔叔推荐他去考进士，被王旦断然拒绝："我正因为权势太盛而担心害怕，怎么可能再替你争取呢？"

一直到王旦去世，他的儿子王素都还没有做官。

即便对于生活中的小事，王旦也是谨小慎微。家门口有人卖玉带，子弟们都围上去看，并拿给他看，王旦说："你系上，给我看看。"子弟系上后，王旦问他："你说好看不？"

对方回答："系在身上，我的眼睛怎么看得见？"

王旦呵呵一笑："你系在身上重，还要让别人看了都说好，累不累啊？"

王旦的辞世令这个阴历九月的秋天显得更加悲凉。那接下来还有谁呢？

王旦辞职后，王钦若就接替了他的位子。

本来真宗早就想让王钦若当宰相，但是被王旦阻止了。王旦认为此人放在别的位子上可以，但当宰相有些不妥。

是故，王钦若当上宰相后，头一天上班，坐在中书省的办公椅上，就摇头晃脑拍着椅子感慨："因为这个王子明，我晚当了十年宰相！"

那有谁可以勇敢站出来，支撑帝国的天空？寇准还在永兴军里面。他年纪大了，但人老心不老，一直坚持思考重出江湖的可能性。

当初被贬到陕州，为了发泄不满，他总是刻意搞出一些动作，以引起朝廷注意。他在陕州"因生日排山棚大宴，又服用僭奢"。

真宗知道后，皱着眉头跟王旦说：“寇准这样做，行不行？”

王旦回答：“寇准才华出众，就是有时候喜欢犯傻。”

真宗点点头：“然。不过，也就是犯傻而已。”

现在在永兴军，寇准又故伎重施，过生日“排设如圣节礼”，晚上穿着黄道服，簪花走马，简直肆无忌惮。有人到真宗那里告状，真宗大惊，问左右：“寇准莫非要造反？”

多亏有人替他开脱说：“寇准许大年纪，尚騃耳。”——騃者，痴也！

关于寇准重新回来工作，后人有很多评论，其中以一代文宗欧阳修的评论最为精妙。

若干年后，王曙接钱惟演的班，代西京洛阳留守。相对于钱惟演而言，王曙对手下人的约束过于严厉。

欧阳修和谢希深都是他的部下，这二人成天啥也不干，不是游山玩水，就是召歌伎玩乐。

王曙很气愤，训斥说：“你们觉得自己和寇准比，怎么样？寇准当年还不是因为奢侈放纵，从而惹火烧身，更何况你们？”

谢希深不敢回答，欧阳修则举手板而立，表示对上级的尊敬。他侃侃而谈：“我认为，寇准的祸患并不在一杯酒这么简单，他最大的失策在于，年老而不知退！”

欧阳修的话令王曙为之动容——相当有见地！

王曙没有反驳欧阳修，是很令人意外的，因为被欧阳修责怪“老不知退”的寇准，就是他的老丈人。

在寇准辖地永兴军任巡检的那个人叫作朱能。此人之所以官运亨通，能够从一名杂役步入仕途，完全是依赖一身装神弄鬼的本事。

他走的是后宫路线。当然不是拍皇后马屁，后宫除了皇后，还有太监。

朱能通过制造虚妄怪诞之事，获得了大太监周怀政的高度信任，而周怀政是真宗身边的得力干将。第一次天书出现，就是他取下来的。

此时朝廷正派人在终南山修建道观，朱能就协同一些人，又伪造了一封乾祐天书。真宗有点奇怪了，原计划里没这个啊，莫非是上天真的表态了？

他问左右大臣：“怎么又有天书了，赶快迎回来看看。”

有大臣说：“这次天书是在寇准的管辖境内，他素来不相信有天书存在，如果让寇准亲自来进献，就很有说服力，老百姓绝对相信。”

真宗派周怀政到永兴军，传达了朝廷的意思。

一开始寇准磨磨蹭蹭不愿意干，毕竟厚着脸皮在全天下人面前说谎，就好像没穿衣服一样，他还有点羞涩。但他的女婿王曙来了一封信，劝说他顺着朝廷的意思。

寇准何尝不知道此举的意义所在！

凭借他对朝廷政策的把握，以及自己纵横政坛多年积累下来的声望，只要把天书献上，宰相的位子手到擒来。

这是一个交换——政治前途与职业道德的交换。作为臣子，他的职责应该是和张咏或者孙奭一样，不厌其烦上书揭露天书真相①，这才是臣子的道德所在。

退一步，他也可以像王曾、王旦一样，沉默，软对抗。

但现在，他一脚迈出，就成了丁谓之流的吹鼓手，成了十一世纪最大的荒诞剧中走在前面的旗手。

寇准陷入了哈姆雷特式的矛盾——骗，还是不骗？

---

① 孙奭屡次疾呼：“天何言哉！天何言哉！”天怎么会说话，又怎么会写信呢？

最终他说服了自己。

其实，我们不应该过分苛责寇准，最起码，他的出发点是好的，只要最后不出那一点差错，他将达到自己人生的第二个巅峰。如果那样，本章的题目就不叫“凋零”，而应该改为“复兴”。

学生们知道了寇准的决定后，就有人直接找他说：“老师您此去，学生有上、中、下三策相赠！”

寇准：“哦，说来听听！”

学生：“上策，走到河阳[①]，就给朝廷写信说自己病了，坚决要求在外省补注官职！”寇准颔首，心想这个计策确实很妙，既避免了进献天书的尴尬，又不得罪朝廷。但缺点在于，自己的政治前途没了！于是他问：“中策呢，说来听听！”

学生：“中策，见到皇帝，当即戳穿朱能的把戏，揭示天书是伪造的。这样可以保全您一生忠直的名望。”

寇准心里有点不高兴，面无表情道：“下策呢？”

“下策就是您把天书献上，然后进入中书省做宰相！”弟子说完后，也不和寇准争辩，拱手退了出去。他知道老师是个刚愎自用的人，从来不会听取谁的意见。

确实，寇准的决定谁都不可更改，他选了下策。

所谓计策没有好坏，关键是谁来实施。如果王旦这样做，他绝对可以绝地反击，将宵小之辈一网打尽，还天下一个清明政治。但寇准不行，他的脾气和秉性，并没有随着年龄而改变。

但学生的话，还是令寇准稍稍有点不开心。他不开心的时候，就会想起那些“方外”的朋友，犹如傅霖之于张咏。寇准也有个好朋友，叫

① 就是“反天书斗士”孙奭的辖地。

作魏野。

魏野之所以出名，是因为“国际友人”的推荐。大中祥符年间，有个辽朝使者来京城，恳求真宗说：“我国人民都喜欢读诵魏野的诗，但是我们国家现在只有上册，希望您能把下册给我。”

从此时开始，“墙内开花墙外香”的魏野，才成为文化界的名人。

真宗祀汾阴时，为了体现对文人士大夫的重视，特地召见魏野，却被他无情拒绝。正史上说：魏野还懂点礼貌，给真宗写了封信，说自己是麋鹿一样野性难驯，没什么礼节，就不去惊吓皇帝了。

但民间的说法截然相反：听到真宗召见的消息时，魏野正在弹琴，一边弹琴还一边教仙鹤跳舞，听闻皇帝叫他，“噌”一下站起来，抱起古琴翻墙逃去。

使者把这些消息告诉真宗后，真宗居然不生气，反倒“甚叹美之”。

因为实在太有名了，魏野的诗，居然还有“提拔官员”的奇效。

话说魏野没有给真宗面子，抱琴而逃，真宗就派人去他的草堂索取作品。在他的一首诗里，有这样两句：“谁似甘棠刘法掾，来时乘马去骑驴？”

真宗很好奇这两句诗的含义，就问地方官怎么回事，官员解释说：“诗中的‘刘法掾’，就是本州的司法参军刘偁，他因为实在太穷了，罢官后没办法回家，就把马卖了，换成驴，才有盘缠回家，所以魏野才这样写。”

真宗捧着诗，对左右感慨良久：“小官竟然有廉洁贫困到如此地步的！”

从此刘偁就交了好运，从江南幕吏到京官，再到郎官，只用了短短几年。

王旦跟着真宗东封回来时，魏野曾有诗赠他：“圣朝宰相年年出，公在中书十二秋。西祀东封俱已了，好来相伴赤松游。”据说王旦拿到这首诗后，心里十分不安，有了急流勇退的念头。

魏野和寇准关系很好，两人经常在一起饮酒作诗。座中如果有美貌歌伎，魏野的诗情就会更加澎湃。有个歌伎经常和寇准一起饮酒，长得很漂亮，但是动作僵硬，人们叫她“生张八”。

喝高兴了，寇准对“生张八”说：“魏处士天下闻名，你应该找他乞一首诗。”

魏野当即挥毫，写道：“君为北道生张八，我是西川熟魏三；莫怪樽前无笑语，半生半熟未相谙。”此诗诙谐放荡，肆意而不做作，举座皆为之大噱。

眉头紧锁的寇准把魏野找来谈天，说起自己将要进京献天书的打算。魏野淡淡一笑，并不说话。寇准说：“毕竟相知一场，难道你就没有什么建议吗？”

魏野轻声诵出两句：“好去上天辞富贵，却来平地作神仙。”

寇准明白了，魏野叫他“上天辞富贵”，不要为宰相的位子所诱惑，老老实实回来，在这“平地”做你的“无事神仙”。但寇准的心意还是没有改变，他执意带着天书上京。

魏野的诗虽然不入耳，但寇准还是记在了心里。若干年后，他被贬到道州，想起当年的老朋友，就将这两句写在窗上，“朝夕吟讽之”。

做一个有担当的人，必须付出一点代价。

这边寇准刚一出发，那边王钦若就被罢免了宰相职位，因为有人告发他经常和一些有“特异功能”的人士交往。这些人据说可以用道术驱使六丁六甲神，属于极度危险的角色。

真宗追问王钦若，后者也自认有罪，于是被罢免，出杭州。

王钦若被罢相，他并不认为是自己道德人品缺陷所致，反倒归咎于风水，他一直很相信这类东西，所以才和那些人过从甚密。当初他当了宰相，真宗就问他："你家如何积德，才有今日的宰相？"

王钦若回答："术士说，是因为祖坟风水好。"

真宗命他把祖坟风水土拿来，果然好，堪舆书赞叹此类风水曰："通济桥下水朝流，世代出公侯；睦宦桥下水来冲，分土作三公。"

真宗取出毛笔，开玩笑般在坟前划了一道，说："水何不从此处走？"

皇帝金口玉言，土地爷岂敢不从，第二年，果然水决，王钦若遂罢相。

王钦若为寇准腾出了位子，真宗当即任命寇准为宰相。

除此之外，真宗还给寇准配备了两个"得力"助手——丁谓和曹利用。丁谓是寇准推荐的人才，曹利用则和寇准有着莫大仇怨——"澶渊之盟"时，曹利用被寇准以死胁迫，他至今想起来都不寒而栗。

寇准一贯瞧不起曹利用。他当枢密使的时候，曹利用是他的副手，每当曹利用有什么意见和他不和，寇准就怒目圆睁："你小子不过一介武夫，懂什么大道理！"无论如何，曹利用也是高级官员，被人如此训斥，面子上怎么挂得住。

除此之外，据曹利用的同党丁谓透露，他们二人还有一桩公案。

《事实类苑》记载，寇准被贬到雷州后，很伤心，就对朋友说："你们有谁见到丁谓，帮我问一下，我哪一点对不起他，竟然要被贬到天之尽头？"

等丁谓被贬到朱崖，有人问起这个问题，丁谓回忆说："寇准他为人太粗疏了，他这个人喜欢大杯喝酒，别人不喝还不行，不喝他当场就会跟人翻脸。在他家里吃饭时，他曾经给曹利用敬酒说：'某劝太尉酒！'曹利用不喝，连嘴唇都不碰一下，寇准就勃然大怒：'你一介匹夫，竟敢如此！’曹利用也不示弱，反驳说：‘皇帝提拔我到枢密院，而你叫我匹夫，明天到皇帝那里评理去！’”据丁谓说，这二人的过节就是这样结下的。

其实丁谓是在转移话题。别人问的是他和寇准的矛盾，他却拿曹利用来抵挡，丁谓是不好意思说，他也曾被寇准闹了个大红脸。

寇准当宰相，丁谓是参知政事，两人经常在一起吃工作餐。某次，中书省的官员聚在一起进餐，寇准素来豪放，他漂亮的大胡子上很快就沾满了羹汁，此时丁谓对他还很有感情，毕竟寇准对他有知遇之恩。

于是丁谓就站起来，走过去用手帕给寇准擦胡子，寇准却不领情，半开玩笑半训斥道：“你参知政事也是国家要员，为长官擦胡须也是你的工作吗？”

丁谓的瘦脸立刻变得铁青——士可杀，不可辱，从此他就发誓与寇准不共戴天。把寇准整得生不如死、凄惨无比，就成为他一生的奋斗目标。

有了计划之后，接下来就是联合同党，曹利用算一个，还有丁谓的儿女亲家，钱希白的堂哥——钱惟演。

钱惟演是个官迷，同时也是个投机分子，他主要的手段是联姻。

看到丁谓富贵逼人，逐渐有只手遮天之势，钱惟演就凑上来，主动和丁谓攀亲家，同时还抱了另一条大腿，将他的妹妹嫁给了马军都虞候刘美。

刘美是谁？似乎不是什么大人物，但你不要忘了，目前的刘皇后是二婚，她以前的丈夫就是刘美——本来叫龚美，但被刘皇后说成“哥哥”，只好改姓刘。

除此之外，钱惟演的儿子还娶了郭皇后的妹妹。他甚至企图再接再厉，和章懿太后[1]攀亲家，结果未遂。

对于钱惟演的这种表现，他的女婿盛度极为不屑。据《东坡志林》讲：后来钱惟演被罢免时，盛度为知制诰，在谪词里写“三星之媾[2]，多戚里之家；百两所迎，皆权要之女”，讽刺他只和权贵人士交往。

盛度是个很有意思的人，他也属于一个特殊的四人组合。和盛度同时代，算他在内有四个人，分别是“胖乎乎”的盛度、“瘦嶙嶙”的丁谓、“香喷喷”的梅询和“臭烘烘”的窦元宾。他们四人被士大夫称为“盛肥丁瘦，梅香窦臭”。

“真猴形”丁谓瘦骨嶙峋，这个前面已经说过了。梅询之所以浑身飘香，是由于每天早上起来，必然要焚香两炉，将公服罩在上面熏蒸，熏得差不多了，撮着袖子提起来穿上。因为古人衣袖宽大，所以梅询走起路来，必然伴随着阵阵香风。

窦元宾这人是个世家子，因为不修边幅，衣服垢汗，长久不沐浴，所以味道不佳。

关于盛度的肥胖，也有不少故事可讲，而对他的体形描述是：“丰肌大腹，居马上，前如俯，后如仰。”

话说有一天，盛度从大殿走出来，宰相就跟在他后面。他一开始不知道，发现后，急忙拖着自己硕大的身躯，跑步闪避，跑了百余步，方才避到直舍。结果遇到了那个喜欢开玩笑的石中立。石中立很严肃地问盛度：“怎么喘得这样厉害？”

盛度气喘吁吁说，遇到宰相了，所以跑过来躲一下。石中立继续问他：“宰相问你没有？”盛度摇摇头，说没有问。

① 仁宗的亲生母亲。

② “媾”者，好合之意，此处指婚姻。

两人说完话就分开了，盛度走出了十几步，方才反应过来，破口骂道："这小子，他是把我当牛了。"

此事有典故。

话说在春秋战国时代，有一位宰相，带着属下在街上闲逛，看到有人因为民事纠纷打架，他视而不见，绕了过去。但是一会儿看到有人牵的一头牛在喘息，他反而停下来问这问那，十分关心。属下殊为不解，问他说人打架你不管，为什么却对牛这么关心，这不是"以人为本"的做法啊。宰相解释说："打架的事，自然有相关部门来处理。但是牛喘息就是大问题了，耕牛是国家农桑的根本，作为宰相，我必须关心春耕……"所以石中立实际上是用这个故事来取笑盛度胖得像头牛。

这个水牛一样的体形，给盛度带来的未必全是坏处，或者说，盛度善于利用这个弱点。

某一次，盛度被仁宗叫去草拟诏书，盛度跟仁宗说："我身体实在太肥胖，根本无法伏下来写，恳请给我赐个小桌子。"

等小桌子一到，他即刻开动写作，顷刻之间就完成了。

其实，盛度这是要了个小心眼，利用身体肥胖需要小桌子为由，拖延时间来构思，这样就给皇帝留下一种"下笔千言、一挥而就"的印象。

这就是盛度。下面我们继续看看他的老丈人钱惟演。

一般来说，苏东坡只会记载那些有趣好玩的人物，由此判断，钱惟演也是个好玩的人。

钱惟演的一生，是为了权力和富贵苦苦奋斗的一生，不过"人生不如意十之八九"，在他的一生中还是留下了无尽的遗憾——他年老时叹息道："我这一辈子，最遗憾的，就是没有在黄纸尽处押一个字！"

所谓"黄纸尽处押字"，意指中书省宰相的公务。钱惟演终生为此奋斗，最终当了枢密使，这个职位其实和宰相平级，但他并不满足。

晚年钱惟演留守西京，去拜访了八十岁的郭延卿。郭延卿仕途困顿，年纪大了之后，也看破了功名富贵，俨然有长者之风。

二人在郭延卿的家中对花小酌，郭延卿就问起对面这个人是什么官，怎么那么多手下。侍从回答说："是留守相公[①]。"

郭延卿笑道："没想到相公可以来看我这个野人。"随即又问钱惟演："还能喝不？"于是欣然举杯。郭延卿继续谈笑自若，并没有因为钱惟演的身份而转变态度。喝到太阳西斜，送钱惟演离开，郭延卿说："年纪大了，身体不好，就不去您那边造访了，希望不要见怪。"

钱惟演出门登车，据说他"茫然自失"，对僚属感慨："这才是真正的隐者，荣华富贵在他眼里，算个什么东西呢？"

钱惟演可能不知道这个郭延卿的来历，他的学生中包括吕蒙正、张齐贤和钱若水等，什么样的大人物没有见过。再者，年纪大了，名利之火也就熄了，八十年锤炼后了知天命，岂是钱惟演的思想境界所能理解的？

欧阳修说，钱惟演生长于富贵之家，但是本性节俭，所以他家里子弟经常没有零花钱用。每当大家没钱了，就去偷钱惟演最喜欢的一个珊瑚笔格，笔格不见了，钱惟演在家里张榜："凡找到珊瑚笔格者，出十千钱购买。"

过一两天，果然有人把笔格送回来。这种事，一年内要发生五到七次，钱惟演都还不知道是大家在戏弄他，骗他的钱花。

为什么在欧公笔下，钱惟演丝毫没有贪婪势利之相，反倒平易近人，是个人人可以欺负的好老头子？

---

① 钱惟演是以使相的身份来留守。

答案很简单，钱惟演留守西京时，欧阳修是他手下的留守推官。

话说谢希深、欧阳修这二人喜欢游玩，冬天登泰山，从颍阳回来，到达龙门香山。忽然下起了雪，二人登上石楼远眺洛阳。

忽然，烟霭之间隐约有人策马而来，此人渡过伊水，很快到了面前，原来是钱惟演派遣了厨子、歌伎前来，并派人传话说："二位爬山旅游辛苦了，应该在龙门稍作停留赏雪，单位也没什么大事，不要急着回去！"

钱惟演和欧阳修关系很好，所以欧公当然不会说他坏话。

这就是历史，只要是人写的，它就带有感情色彩。也只有这样，一个个历史人物，也就瞬间鲜活，宛在眼前。

因为钱惟演有才华，而且为人贪婪，他死后，按照《谥法》规定：敏而好学曰"文"，贪而败官曰"墨"，所以谥文墨。这是个恶谥，他家人不满意，于是改为"思"，就是追悔以前所作所为的意思，他家人还不满意，若干年后，又改为"僖"。

所以宋人笔记中，钱惟演就有了两个称呼，有叫他"钱思公"的，也有叫他"钱文僖"的。

介绍完了各派人马，我们可以来看看目前双方力量对比。

> 正方：寇准、李迪、杨亿。
>
> 反方：丁谓、曹利用、钱惟演，以及许多小喽啰。

单从人数而言，寇准的处境就不乐观。虽然他年纪大、威望高，但是这并非单纯的两军对垒，最终的斗争结果，还取决于最高领导的态度。

寇准觉察到不妙，计划先下手为强，找真宗去进言。

这是一记昏招，他没考虑到，此时真宗已经患了风疾，脑子时而清醒时而糊涂，说话都很困难了，所以很多事情都交由刘娥来决定。

此时的刘娥，已经不再是当年怯生生的川妹子，在真宗心腹家中潜藏的那些年，以及长时间的宫廷生活，练就了她果敢干练、沉稳泼辣的做事风格。她主动参政议政，代替真宗决断大事。换言之，她已隐隐显露出了政治家的气质。

寇准看不起小人，看不起读书人，看不起南方人。当然，在重男轻女的封建社会，他也看不起女人。

所以当刘娥家里的亲戚仗势欺人，横行蜀地，侵占老百姓盐井时，寇准不顾真宗要求，坚决要求严格执法，这令刘娥很失望，本以为寇准是一个好帮手，没想到他一步跨到了对立面。

因为真宗身体日渐衰弱，随时可能驾崩，刘娥心里对此早有准备，所以她当前最重要的任务就是——结盟！

不管什么人，只要愿意帮助她巩固权力宝座的，那就是朋友。

第七章

搔首空歌

剎那间，现场的气氛就由凝重、压抑变成了欢快、恣肆。大家把中使晾在那边，旁若无人举杯欢歌。这顿饭吃了很久，直到华灯初上，都还有人陆续赶来。大家赶来都是为了和寇准说句话、喝杯酒。老相公就要走了。这一走，肯定是回不来了，雷州太远了，就像我们的前世或来生那样遥远……

寇准找了个机会单独求见。

他对真宗说："皇太子众望所归，希望陛下考虑到宗庙之重，早传皇位，以固万世之基。丁谓是个小人，不可让他辅佐少主，请另选正直的大臣。"

真宗无力地睁开浑浊的双目，看看慷慨激昂的寇准，这一幕依稀熟悉。他那残存的清醒告诉自己，这是为了赵家江山。于是他点头，算是同意传位给太子。

实际上，寇准这一次之所以敢于出手，是因为事先得到了内侍周怀政的通风报信。

真宗因为身体原因，睡眠质量很差，经常需要枕着周怀政的大腿才能睡着。在二人闲谈之间，真宗流露出了要太子监国的想法。周怀政将这一点告诉了寇准。

皇帝的态度令寇准大喜过望，当即找来翰林学士杨亿，命他起草章表，诏谕皇太子监国。寇准对杨亿是有承诺的，答应事成之后，让杨亿代替丁谓为参知政事。

杨亿虽然诙谐，但做事极为谨慎，再加上此事事关重大，他一直等到夜阑人静，才屏退左右，自己一个人研磨铺纸，郑重书写。其目的，就是要保证此事的绝对机密。

可是要命的纰漏，却出在了寇准自己身上。

得到了皇帝的首肯，寇准这就彻底放下心来，在家里燃烛备酒，兴高采烈地饮酒作乐。不难推测，寇准在喝多了之后，肯定说出了一些“扬眉吐气”的话。他坚信，明天开始，天下就是另一番模样，自己二度立功，天下谁人可比？

“酒后失言”再加上“言多必失”，寇准忠实地实践了这两条俗语。然后，不知道是哪个多心人，听到寇准的计划后，迅速判断出这是个投机的好时机，当即报告了丁谓。

丁谓大惊失色，急忙快步进宫，见到真宗后，竭尽所能贬低寇准，要求罢免寇准的相位。真宗稀里糊涂的，早就忘记了他对寇准的承诺，同样点头答应：“好，既然寇准如此可恶，就贬黜罢了！”

于是找到知制诰晏殊，命他草制。

晏殊回答：“不行，我是‘外制’，属中书门下，这件事不在我的职权范围内！”

这里所谓的“外制”，是和“内制”对应的。“外制”文人属于中书省，如知制诰；而“内制”则是皇帝自己私人班底，如翰林学士。

于是再召翰林学士钱惟演进来，因为事情高度机密，为了避免承担泄密的罪责，所以晏殊主动请求留下，当晚就住在了学士院。

这是惊心动魄的一夜……

钱惟演是丁谓的人。他进来后再次添油加醋，把寇准又污蔑一番，强烈要求把寇准赶出中书省。在这里我们可以看出来，翰林学士虽然地位不是很高，但是由于接近皇帝，他的思想往往会给皇帝以启发——特别是对脑力接近枯竭的真宗。

真宗大概被钱惟演怒不可遏的样子触动了，就问他：“给寇准一个什么官呢？”

钱惟演说："前面有王钦若的例子，授给太子太保吧。"

真宗说："给太傅。"旋即又说，"再优加一等！"

钱惟演就建议加封国公，从袖子里拿出备员名册给真宗，真宗在小国中指着"莱"字，意思是封寇准为莱国公。故后人称寇准为"寇莱公"。

钱惟演接着说："寇准一走，恐怕，还得再任命一个宰相。"

真宗没接这个话茬，淡淡地说："再议吧。"

就这样，寇准结束了他短暂的宰相之旅。接替他的，是李迪和丁谓。因为不久之前，老宰相向敏中已经去世，这就空下来两个位子。

寇准的坏运气并没有到此结束。一个月后，厄运再次降临，这一次还是因为他的"线人"周怀政。

找到一条可靠的内线，确实能提前得到消息，但这不能保证会有好的结果，辩证法在这里得到了极佳的诠释。

丁谓是多么聪明的人，他早就知道寇准的计策是基于周怀政的泄密。把寇准赶下台后，丁谓就屡屡上书谴责周怀政，要把他从真宗身边支开。周怀政很恐慌，坐立不安，直觉告诉他，要大祸临头了，却又一筹莫展。

他的这种感觉由来已久。一直以来，朝中总有大臣对他干扰朝政有所不满，只不过真宗碍于两人的感情，并没有处罚他，但也渐渐和他疏远了。

为了遏制这个局面，让大家相信他还是真宗的人，周怀政经常让小太监出来，假装宣布皇帝召见他，然后他快步走进去，在里面呆呆坐上半天，方才慢慢出来，给大家造成"他和皇帝关系依然亲密"的假象。

一个人对权力的渴望，现在变成了幻想。

不能再等了！思考许久之后，周怀政终于拿定了主意，使出最原始的一招——政变！

太监搞政变，一看就不靠谱，周怀政充其量算是个内侍，皇帝的贴心人，在政治方面几乎是两眼一抹黑，其计划幼稚而拙劣。

他的构思是这样的：怀揣刀子，趁丁谓不注意时，一刀将他干掉，然后推举寇准为相，奉真宗为太上皇，传位太子，废黜刘皇后。

可惜的是，周怀政找错了人，他联络的几个同事迅速变节，到丁谓那边告密。丁谓知道事态严重，当即改穿平民衣服，乘坐妇女的车子，秘密到曹利用家商量对策。

次日天一亮，曹利用入宫陈告，同时擒拿周怀政。

几乎不用怎么审讯，周怀政很快供认不讳。他对着真宗垂泪流涕，乞求怜悯。可这种事怎么怜悯？一个太监，居然斗胆干涉国家内政，而且还要动刀子，必死无疑！

周怀政在他生命的最后一刻，一定想到过一件往事，这件事确凿地暗示了他的下场。

太子年纪尚幼之时，闲来喜欢画马消遣，于是左右近侍都会索取，不论笔法如何，以后这就是皇上御笔，很有收藏价值。

周怀政和太子走得近，所以也恳请太子画一匹马给他，太子没画马，小孩子脾气发作，写了几个字赐给他："周家哥哥斩斩。"

现在，周家哥哥真的被凄然"斩斩"了！

被周怀政简单的头脑所累，潜在的"同党"——太子和寇准都应该受罚。从"动机论"的角度分析，如果事情成功，他俩将是最大的受益人。真宗无比愤怒，自己还没死，就要被儿子赶下台，是可忍孰不可忍！

在历朝历代，这种事的处理结果只有一个——废太子，甚至杀头。但是李迪的一句话，当头浇了一盆冷水，真宗怒火顿时消失无踪。

李迪说："陛下有几个儿子，还打算处罚他？"

真宗只有这么一个宝贝儿子，想想罢了。

太子是不能动，丁谓嘿嘿一笑："那寇准，就可以动一动了！"

相州知州，安州知州，道州司马，短短一个月不到，寇准就遭到三次贬官。第一次从太子太傅被贬到相州，是受到周怀政连累；第二次被安排到安州，是丁谓的主意。

丁谓的目标，就是把寇准赶到穷乡僻壤，从此和权力中枢失去联络，成为官场上的断线风筝。他把这个意思告诉了真宗，真宗脑子糊涂，再加上其他的一些因素，比如说皇后刘娥对寇准的恶感——修史者为尊者讳，一直到这里，刘娥都还没有露面，其实，她是丁谓的大后台，她对寇准不满，寇准就要倒霉——真宗便下了指示："将寇准贬到小州任职！"

丁谓回到中书省，就饱蘸浓墨，心情很愉快地在公文末尾批示："尊奉皇上圣旨，授予寇准偏远小处知州。"

李迪拿着公文说："不对，皇上原来的圣旨上，只说'小'，而没有说'远'。"

这一字之差，其实很关键，"小"不要紧，只要在京城周围，寇准还是有可能东山再起。为了防止这种可能，丁谓瞪着眼睛反驳李迪："你当面接受皇上的圣旨，难道现在还想擅自更改，来保护寇准？"

李迪虽然怒火攻心，却一时找不到合适的反驳之词。这两人的仇怨，就此结下。

赶走寇准，丁谓再接再厉，顺藤摸瓜揭发出来，那个由寇准进献、朱能制造的天书是个伪劣产品。

朱能很快就知道朝廷发生了变故——他的伯乐周怀政被诛杀，寇准也一挫再挫，于是狗急跳墙，赶在朝廷办案人员到来之前，率领手下走上了反叛之路。史书称这次小规模造反“旋即失败”。

朱能也找了一处山明水秀的桑林，自我了断了。

朱能死了不要紧，可怜寇准再次受到牵连，椅子还没坐热，继续出发，担任道州司马。司马的本意是掌管兵事，不过在这里，一般是安置贬谪及闲散官员，看来，寇准可以就此养老了，他重返朝廷的概率几乎为零。

这里，我们可以再次对比寇准和王旦二人。王旦也曾一起和周怀政出去办理公务。周怀政想和他见面说事情时，他一定要等随从全部到齐，然后穿上官服，在公堂之上商谈，谈完之后立刻退场，一句废话都不多说。

王旦这样做，并非因为他对周怀政有多尊重，而是为了避讳——历朝历代都严禁官员和后宫交通，不管是妃子还是太监，官员绝对不应该和他们商量私事。

寇准却截然相反，他私下和大太监商量国家大事，窥测后宫消息，怎可能全身而退！

虽然在仕途上节节败退，但是朝廷内外都知道，寇准是个好官。民间歌谣都传唱说：“欲时之好呼寇老，欲世之宁当去丁。”后来这句话被转变成白话：“欲得天下好，无如招寇老；欲得天下宁，须拔眼中钉。”这里的“眼中钉”，就是丁谓。

还有一件事可以说明寇准的民间声望。他去道州路上，经过零陵，因为前后护卫没有交接好，寇准遭到此处蛮夷的抢劫，蛮夷又没读过书，认钱不认人。但是他们的领袖听说过寇准，就训斥说：“怎可抢夺贤明宰相的行李！”命人急忙归还。

寇准慢悠悠走到道州，他在这里过得似乎蛮惬意的。

首先，他的到来得到了当地老百姓的热烈欢迎，初来乍到没有居所，老百姓就自发组织起来，竞相搬运砖瓦木材，很快，一座规模宏大的居所就营造完毕。

毫无疑问，这是一件好事，但是好与坏，也就是刀刃的两边，游走过一道肉眼几乎难以看到的锋芒，就完全变了样。

寇准满意了，但丁谓听说此事后，勃然大怒，就此埋藏下再贬寇准的种子——当你处于绝对的劣势时，哪怕一点点闪光的优点，都会引来黑枪的袭击。

寇准走后，丁谓开始在朝廷里长袖善舞，经营他的政治规划。首先，他要扫除一个个绊脚石，不幸的李迪首当其冲。

李迪早年跟随大隐士种放学习，种放推荐他去找柳开，而柳开是个奇人，种放这样评价："滑州柳开，奇才善士。"

不管柳开文章如何，他自视清高这是肯定的，因为他曾经吹牛皮说："我文章可以惊天地泣鬼神，胆气足以震慑蛮夷，天不怕地不怕！"但是牛哄哄的柳开看了李迪的文章后，竖起汗毛来赞叹："您的文章，需得沐浴才敢拜读啊！"

沐浴，是拜神或者大型祭祀之前的必备礼仪，由此可见，柳开是如何重视李迪的。

有一次柳开自己出题，让李迪和他的学生、门客一同作赋。他看完李迪的文章，再次感慨："你必定要大魁天下，而成为宰相！"然后把门下子弟都招来拜见李迪，嘱咐他说："以后可不要忘记这些人啊！"

李迪不光文章好，为人也颇有智谋。真宗晚年疾病缠身，大臣们一直在身边守候。真宗的弟弟、八大王赵元俨也关心哥哥，一直守候在身边，寸步不离。

弟弟关心哥哥安危可以理解，但目前是非常时期，太子年幼，作为亲王似乎一直在虎视眈眈，难道想等皇帝死了立刻篡权？所以大臣们“患之”，但也不好讲明。

有什么办法，能把八大王赶出去呢？为难之际，李迪想了个办法。

某天他正在办公，身边有人用金盂端了热水走过，问起来才知道，是八大王要的。李迪立刻举起毛笔，蘸饱了墨汁，在金盂里划拉几下，一盆清水顷刻变得乌黑，同时告诉端水之人，绝对不可说出去。

等这盆黑水端到面前，八大王满腹狐疑，思索再三后，还是不敢用。他以为是有毒之物。同时，他也迅速明白了当前时刻的敏感性，二话不说，快步走出去，上马离开。

可惜的是，李迪还是斗不过丁谓。他之所以落了下风，并不是智力原因，而是手段问题，君子斗不过小人，就是因为他拉不下脸，对方则相反，无所不用其极。

丁谓辅政后，很快就独霸权柄，甚至任免官员都不向真宗汇报，更不通知李迪。李迪愤愤不满，曾慷慨语于同僚：“我李迪平头百姓出身，十余年升为宰相，有机会报效国家，连生命都不敢吝惜，怎肯为了贪图安逸而依附权臣！”

本来李迪已经有了少傅之衔，按常规应该兼任中书侍郎、尚书，但丁谓执意不许，只同意授左丞。

后来，丁谓又想让林特兼任枢密副使，兼领太子宾客，由此可见丁谓心思之缜密，开始往帝国接班人那里安排人手。李迪也不示弱，反对说：“林特去年升迁为右丞，今年改任尚书，又进入东宫任职，人们对此议论纷纷，更何况，皇帝早先的决定，岂能随意更改？”

李迪越说越气愤，激动之余，拿起笏板就要狠揍丁谓，多亏丁谓“真猴形”机灵，方才躲了过去。

两位宰相公然斗殴，真宗不得不出面问话。李迪在真宗面前一一揭发丁谓的劣迹：林特儿子杀人，不予追究；寇准无罪，却被远谪；与钱惟演、曹利用、冯拯结党营私，危害中书省。

一开始真宗确实很愤怒，计划将这二人移交司法处理，但是架不住冯拯和曹利用极力劝阻，这才让刘筠起草制书：两人各降一级，罢去宰相，分别到地方任职。

这份诏书还没有来得及发出去，又有所变动——丁谓变成了户部尚书，李迪为户部侍郎，还是朝官。

两天后，丁谓进宫对答。

丁谓："当天不是臣下要和李迪争吵，只是他怒骂我而已，甚至还要动手，我愿意重新留任。"

此时真宗气已消了，就让左右赐座。

内侍搬了个坐墩过来，丁谓回头说："刚才得到圣旨，已经恢复我宰相之位！"言下之意，这个坐墩，有点辱没了宰相的贵臀。

内侍无奈，只好换了一个杌凳。

这个细节转瞬即逝，但从此处，很容易看出丁谓的跋扈之势。他在皇帝面前，竟也公然假传圣旨，挑三拣四。

和皇帝谈完话，丁谓就继续回中书省上班，同时告诉刘筠："写一份恢复我宰相职务的诏书！"刘筠拒绝，丁谓就去找晏殊。晏殊是个小辈，哪里敢和丁谓对抗，三两下就写好了。

李迪因为没有党羽帮忙，孤身战斗，再加上曾经得罪过刘皇后，就被放到郓州去了。

李迪和刘皇后之间的过节由来已久。最早真宗萌发出立刘娥为皇后的念头，李迪就屡屡上书进谏，他说："刘氏起于寒微，实在不可以为天下母！"

刘娥知道后，给他记了一笔。

现在的实际情况是，真宗已经精神错乱，时常胡言乱语。他曾极度愤怒地告诉左右：“昨天晚上皇后以下的嫔妃，统统跑到刘氏那里，留下我孤零零一个！”

李迪当即应对：“果真如此，就应该依法惩治她们！”这句话也被刘娥听到了，她又补了一笔。

所以，李迪非走不可。

走出京城，远离政治旋涡的生死搏杀，对疲惫的李迪来说，未尝不是一种解脱。重新回到中书省的丁谓，如果细心的话，一定可以在屏风上找到李迪的笔迹，涂涂抹抹该有十几处之多。

那是唐代裴度的诗：“灰心缘忍事，霜鬓为论兵。”

“忍事”到“灰心”的程度，这官，不当也罢！

赶走李迪，丁谓阴险的目光又瞄上了他昔日的战友——王钦若。虽然王钦若有恩于丁谓，但现在时移世易，丁谓看他不顺眼了，觉得那个“太子太保”有点太高，很刺眼，就将他改任司空。真宗知道丁谓站在刘娥那一队，算不得纯粹的自己人，只有可爱的王钦若最可靠，所以二人闲暇聊天时，真宗就问王钦若：“你怎么不去中书省上班？”

王钦若倒头就拜：“臣不是宰相，怎敢去中书省？”

真宗说：“不要紧，你先去中书省办公吧。”

王钦若心里乐开了花，看来复相有望啊，于是立刻赶到中书省。丁谓热情洋溢地迎接了他，不仅叫手下端来食物招待，还大声说：“皇上命中书省准备食物！”

丁谓此举用意很明显：你来中书省可以，但你终究只是客人，决不会成为主人。

王钦若智商那么高，焉能不知道丁谓的意思，于是他很知趣地离开，同时让内侍给皇帝捎话：“没有任命宰相的白麻诏书发下，不敢接受任命。”

真宗当即下令，颁发任命王钦若为宰相的诏书，却被丁谓“偷换概念”，任命王钦若为有名无实的使相，任西京留守。根据宋代奇怪的官制，此时王钦若还有一个长长的头衔：山南东道节度使、同平章事，判河南府。

河南府才是王钦若真正的办公场所。

被丁谓活活戏耍，王钦若焉能咽下这口气。他寻找所有可能的机会，回到京城面见真宗。

他的理由就是：自己身体不好，希望回京城治病。

丁谓知道王钦若的小想法，就派人悄悄告诉他：“皇上好几次聊天都谈到了你，十分想念啊，你上表恳请进京，然后不管有没有答复，径直来就行了，皇上想念你，不但不会怪罪，肯定还十分惊喜。”

还是那句话，“利令智昏”，王钦若跳进了大坑。

他兴致勃勃刚一上路，那边就被丁谓在真宗面前参了一本：“王钦若作为地方官员，没等上级机关批准就擅离职守，岂是人臣的礼节？”

就这样，王钦若又成了司农卿，分司南京。

丁谓匆忙而充实的天禧四年（1020）和天禧五年，就这样匆匆过去了。

公元1022年，真宗下诏改年号“乾兴”。“乾”者，“天”也，“阳”也。一般我们说阴盛阳衰，文雅一点就是“乾纲不振”。这一年既然叫“乾兴”，不管是谁的主意，都说明帝国的“天”可能要塌了。

“乾兴”这个年号，代表一种良好的祝愿，希望皇帝能够龙体康健，同时也暗示着，后宫“坤”的势力，有点太大了。事实上，此时帝国的命脉，确实掌握在皇后刘娥手中。

可惜的是，这个年号并没有带来预期效果。这年二月十九日，一辈子渴望和鬼神进行深度交流的真宗皇帝，终于飞升天界了。

真宗算不上特别出色的皇帝，但至少是个仁君，缺点就是有点糊涂。多年安逸的生活，已经将他伯父和父亲留下的老底，透支得差不多了。

现在新皇帝年幼，朝中又是奸臣当道，帝国何去何从？

不幸之中的幸运是，真宗娶了一个厉害老婆，那个四川妹子刘娥，正迈着小碎步，一步步走向权力巅峰。

在真宗遗言中提道："军国大事，权由皇太后[①]安排。"

到了起草诏书时，丁谓为了维护刘娥，想把那个"权"字去掉，不要小看这一个字，它有"姑且，暂且"的含义。把这个字去掉，就意味着刘娥可以一直掌管朝政到死，而加上这个字，到了小皇帝成年，皇太后就必须还政，交出权杖。

很明显，丁谓是想永久地保住他的后台。

丁谓的举动遭到参知政事王曾的强烈反对。王曾说："皇帝年幼，政事归于后宫，已经是国家不幸，这个'权'字留下，尚可以警示后人，先帝遗言历历在耳，你这都敢改吗？"

丁谓斟酌再三，此事过于敏感，也就没再坚持。

真宗遗诏的基调，就是要刘娥"垂帘听政"，这一点毋庸置疑。具体在"垂帘"的形式上，又引发了分歧。

王曾援引东汉的例子，要求皇帝和皇太后每五天上承明殿一次，太后坐在左边，皇帝坐在右边，垂帘听理政务。

丁谓有不同意见，他觉得皇帝只需要在每月初一和十五与群臣见面。重要的事情由皇太后决断，一般事务就由雷允恭转奏，太后只需要

---

① 真宗死后，刘娥自动升级为皇太后。

拿起朱笔批一个“可”就行了，大大减少了工作强度。

雷允恭是丁谓尽心结交的一个大太监，时人评价此人“颇慧黠”。就是因为雷允恭在刘皇后面前的多次举荐，丁谓才得以平步青云。否则，丁谓难以与久居深宫的皇后沟通消息，进而建立深厚的信任感，并结成战略联盟。

王曾不同意丁谓的建议：“皇太后与皇帝不在一处，这样权柄很容易就操在了传话的宦官手中，这是引起灾祸的隐患。”

但丁谓是在为刘娥揽权，他的建议自然很快被批准。

真宗死了十几天后，丁谓就为自己、冯拯以及曹利用兴高采烈地加官晋爵，并且大肆提拔自己的爪牙，为此一向沉默内敛的王曾都忍不住当面说他：“丁公您掌握权柄，竟让那些空缺几十年的职位，在一个早上全部都安排了，岂能不令众人舆论蜂起？”

丁谓胆子越来越大，脸皮也越来越厚。他看看王曾，扭头就走，甚至都不屑于争辩。

宰相专权的直接结果，就是引起他直接上级的极大不满。对刘娥来说，她早就意识到，她和丁谓之间的关系，已经由“战友”变成了上下级，但沉浸于权力游戏的丁谓却丝毫没有察觉。也许他下意识里，是有点轻视女性的。

与此同时，根据自己的观察，刘娥发现丁谓这家伙人品不好，人品不好就意味着不忠诚。她认定：“此人不可大用，必须在适当的时候除掉！”

但是，刘娥一个女子，她能否力挽狂澜，将气焰熏天、党羽众多的丁谓降服？这暂时是个难题，而且是个巨大的难题。

安定好朝廷的人马，丁谓又想起了令他颜面尽失的老领导——寇准，还有前同事李迪。这两个人群众基础好，手下还有一大批拥趸。俗话说，“百足之虫，死而不僵”，一个不小心，也许寇准就会重新回到中书省。

于是丁谓下令，道州司马寇准被贬为雷州司户参军。这是个杂官，负责一州的户籍管理、修桥补路以及婚姻诉讼等。想想潇洒落拓的寇准，给人家夫妻做调解工作，场面何等滑稽。

更要命的是，这个“雷州”，地处偏远，和卢多逊当初被贬的崖州差不多，到了这个地方，一生的所有梦想追求，也就化为乌有。

李迪也好不到哪里去，他成了衡州团练副使。

丁谓是这样给这二人定罪的：寇准曾经和周怀政勾结，伪造天书；而李迪则喜欢结党营私。

对李迪来说，这个罪名实在荒谬——他和谁结党了？如果当初结党，丁谓未必那么容易就能把他扳倒。

对二人的处理意见形成决议后，王曾觉得处罚有点太重，就和丁谓商议。丁谓阴森森地说：“别说他俩了，就算是居停主人，也一并严惩不贷！”

王曾听出来了，丁谓话里有话。因为不久前，王曾自己曾把房子借给寇准居住过，所以称王曾为居停主人。丁谓这是在暗中胁迫，王曾如果再和他顶着干，恐怕也要一并被收拾！

状元王曾满脸羞愧地低下了头，承认自己没有意识到这两人的邪恶。看到这一幕，丁谓很满意。

起草处理意见的是知制诰宋绶。宋绶问丁谓：“我应该如何描述这二人的重罪，才配得上如此严厉的惩处？”要知道在宋朝，一般不杀文臣，所以流放称得上是“极刑”。

丁谓文绉绉道：“春秋无将，汉法不道，皆其事也。”这句话的意思是说：“《春秋》里面所记载的叛逆，汉法中收录的不道条文，都足以作为定罪的证据。”

他已经将寇、李二人的所作所为，上升到了“乱臣贼子”的高度。

宋绶按照这个授意把诏书写好后，给丁谓审查，丁谓还是不满意，他夺过笔墨，运用自己殿试第四名的才华，写下了这样一段话：“当丑徒们正在明目张胆干违法乱纪之事时，正是先皇龙体欠安之初，本来无恙，但是被他们一番惊吓，疾病顿时加重，乃至于猝然宾天。”

吓死了皇帝？

这顶帽子实在是太重了。

道州，大大咧咧的寇准一反常态，专门建起了一座小楼，用于放置佛、道两教的书籍，展开自己迟到的修行之旅。

修行归修行，寇准还是难以忘记自己挥斥朝堂的辉煌过往。他在道州写下了这样一首诗：

萧萧疏叶下长亭，云淡秋空一雁经。
惟有北人偏怅望，孤城独上倚楼听。

多亏这首诗没有被丁谓听到，否则，寇准恐怕还得走得更偏远一点。

寇准不知道，自己已经无端被扣上了“间接谋杀先皇”的大帽子。同时，一队中使已从京城出发，前来宣布对他的处置意见。

中使到达道州那天，寇准正在和同僚饮酒作乐。

“中使来了，中使来找寇老相公！”门外人声喧哗，小地方人很少见到京城人，等他们看到中使的模样，一个个又都变了脸色。

有人气喘吁吁跑回去，上气不接下气地告诉寇准：“老……相公，不……不好了，中使马前的锦囊里，放着一柄……宝剑！”听闻此言，围观者一起变了脸色，根据经验判断，这是朝廷赐死的标志。

寇准站起来，面不改色带着众人前去迎接。

中使到了。因为他提前得到过丁谓的指派，面对迎接的道州官吏，故意做出讳莫如深的样子，躲在宾馆里不露面，别人问他来意，也遮遮掩掩，只说和寇准有关，表情神秘莫测，欲言又止。

于是有人猜测：大事不好了，中使是不好意思说，朝廷这是要置寇相公于死地啊！

中使之所以故意做戏，就是为了恐吓寇准。在现代战争中，这叫作"心理战"，如果寇准的神经稍微脆弱一点，没准就拔剑自裁，以死谢天下了。丁谓的目的也就达到了。

但寇准毕竟不是一般人。他派人询问中使："如果朝廷真的要赐死寇某人，就请把敕书拿来看看。"中使磨蹭片刻，把贬官敕书拿出来，上面写得明明白白："因为罪孽深重，特贬谪寇准为雷州司户参军。"

看完敕书，寇准的表情还是波澜不惊。

没有官服接旨，他就找州里的录事参军借了一件，录事参军和司户参军是同级，穿的都是低级官员的绿色官服。

寇准体态肥硕，所以这件衣服穿在身上稍显滑稽——短而窄，下摆只到膝盖的地方。

拜受敕书之后，寇准转身走上台阶，坐下来破颜一笑，招呼同僚："来，继续喝酒！"

刹那间，现场的气氛就由凝重、压抑变成了欢快、恣肆。大家把中使晾在那边，旁若无人举杯欢歌。这顿饭吃了很久，直到华灯初上，都还有人陆续赶来。大家赶来都是为了和寇准说句话、喝杯酒。老相公就要走了。这一走，肯定是回不来了，雷州太远了，就像我们的前世或来生那样遥远……

终于到了出发那一天，老百姓闻讯都来相送，人山人海，水泄不通。寇准的马似乎不想离开，它踟蹰不前，迟迟不想起步。寇准用鞭子拍着马说："我都不敢滞留，更何况你呢？走吧！"

一路上路途险阻，崇山峻岭不计其数，沿途有州县知道寇准到来，纷纷派出竹轿来迎接。寇准推辞道："我一介罪人，有马骑已经算是幸运的了，岂敢再坐轿招祸。"

走到雷阳时，小吏取出地图给寇准看，上面写着郡东门离海十里地，寇准恍然大悟说："我年轻时候写过一首诗，里面有两句'到海只十里，过山应万重'，没想到居然在今日应验！"

是不是命中注定我们不知道，但寇准一定是从这些年的宦海沉浮里，看出了一些东西。

五十而知天命。我们有理由相信，此时的寇准已经掌握了人生的真意。他或许深深思考过，自己究竟需不需要反悔改过。

答案是否定的。

是非荣辱和功名富贵，对此时的他来说，已经没有什么具体意义了，仅仅是个"名相"，是世人另一副难以挣脱的"皮囊"。

这一点，我们从他后来对丁谓的态度可以看出来。

一起跟着寇准南迁的，还有他最喜欢的小妾茜桃，就像后世的苏轼有朝云一样，茜桃是寇准的知音，寇准曾经和过茜桃一首诗：

将相功名终若何，不堪急景似奔梭。
人间万事何须问，且向樽前听艳歌。

寇准的英雄暮年里，因为有了茜桃，方才多了一点点暖亮的颜色。

无数事实告诉我们，看似粗野世俗的老百姓，放在历史的场合去看，却往往是最浪漫和最诗意的。愤愤不平的他们为寇准编制了很多故事，从古到今，演了百千年。其中最有趣的是下面这个传说。

在雷州待了一段时间后，某一天，茜桃哭着对寇准说：“我前世是修仙的剑侠，现在将要别去了，有一件事求您，我死后，希望能将我葬在杭州的天竺寺。这件事我以前从来不说，是害怕泄露了阴司的秘密，现在已经无所谓了。您将来会成为世主，就是所谓的阎浮提王！”

“你也不能久留人世，不久就要走了！”茜桃最后这样告诉寇准。

没过多久，寇准派人千里迢迢从洛阳取回来一条腰带，然后沐浴焚香，穿上朝服，将带子系在腰间，向北拜了几拜，让人将卧具摆好，不久“就榻而卒”。

取回来的这条腰带，对寇准来说具有特殊意义。这是太宗让人用通天犀雕琢而成的，世上仅有两条，太宗将其中一条赐给了寇准。

寇准用这种方式表明，无论如何，他依然是大宋的忠实宰相，依然是赵光义最好的战友。

去世后几天，朝廷才发出任命寇准为衡州司马的诏令。他的夫人恳求朝廷，将寇准的骸骨运回西京洛阳。灵柩从荆南公安县出发，一路上一直有老百姓沿途祭拜，他们把竹子折下来插在地上，挂上纸钱焚烧。

一个月后，这些竹子都生根发芽，长出了竹笋。老百姓说，这是寇公的高风亮节感动上天，才有如此神异之事。

又一民间传说，寇准去世后，有个和尚曾在曹州境内见过他。老相公骑着驴悠悠然向北而去，人问这是做什么，他的随从回答：“去阎浮提王处主政。”

这样的例子不胜枚举，比如关羽、岳飞都在死后成神。老百姓是通过这种方式来表达对现实的失望与不满。事实上，中国的神祇文化，似乎可以看作草根民间对千古官员的“大海选”。那些大浪淘沙留存下来，被百姓“封神”的，其实没那么神秘。他们只是个好人、廉官、贤臣。

丁谓一共派出了两支队伍，一队去迫害寇准，一队去恐吓李迪。中年入仕的李迪终究没有少年得志的寇准那么勇猛。他看到中使气势汹汹，而且挂着一柄狐假虎威的宝剑，当即悲观地判断，朝廷是来拿命的。

为了保全一点士大夫的尊严，李迪选择了自杀，所幸未遂，被他的儿子救了下来。

这个中使像条忠诚的猎犬一样，每天蹲在李迪门口，有人来看李迪，他就默默记下名字，将其划归为“李党”。有人给李迪赠送食物，中使就扣留下来，留到腐烂发臭才扔掉。

中使的无耻行径引起了百姓的极大反感。李迪有个门客叫邓余，他抽空就去找中使聊天：“兄弟，你是不是想杀了我家李公，来讨好丁谓那个混蛋？来，先杀了我，邓余不怕死！你敢动一动李公，我立刻要了你的命！”从此之后，邓余就一直跟随在李迪左右，寸步不离。正因为如此，李迪方才平安到达衡州，做他的团练副使。

按照丁谓的安排，中使手持诏书，三番五次催促李迪上路，现在李迪成了烫手山芋，一般见识浅的人唯恐躲之不及，唯有郓州通判范讽特意挽留李迪住了几天，替他办理行装，设宴饯行。

时人对范讽的评价不一，有人说他荒诞，有人说他强势，但他至少是个很明道理的人。

范讽从通判一直做到了后来的御史中丞。当时御史台有一名老吏，参加工作四十余年，在御史台也工作了二十余年。平素耳濡目染，练得一双火眼金睛，尤擅品评人物。他有一个公开的秘密——每次见了上级唱喏[①]时，他所持梃杖如果横着，就说明他认为这个领导还不错；反之，

① 下级见上级的礼貌，拱手并出声致敬。

如果杖竖直，就是这个领导不行。

范讽任御史中丞，威望甚高，是故，这个老吏的梃杖每次都是横着的。

忽然有一天，老吏前来奏事。范讽发现这家伙的梃杖悄悄竖了起来，大惊失色，立刻把老吏招来问话："你的梃杖忽然竖直，是不是发现了我的什么过失？"

老吏不说话，一直摇头。范讽不信，缠着他一直追问，老吏方才道出其中隐情："昨天看您招待客人，亲自叮嘱厨子做饭，翻来覆去一件事，您竟然说了四次，厨子刚走出去，又被您叫回来，来来回回不厌其烦。"

范讽呆呆地点头："对啊，有错吗？"

"大凡使唤人做事情，把方法给他，就等着结果即可，如果做得不好，自然有处理的法规，何必要如此喋喋不休？如果让中丞您主宰天下，也如此事必躬亲，难道不觉得劳累而厌烦吗？我心里觉得这件事很可鄙，不知不觉就把梃杖竖了起来。"老吏如此解释给范讽。

范讽一听大惊失色，感慨劳动人民有智慧啊，遂"大笑惭谢"。

把李迪的问题处理好之后，丁谓终于可以睡个安稳觉了。

有人问丁谓："倘若李迪因为贬谪而死，天下的读书人该如何评价？"

"如果有好事的书生想要记载此事，他最多感慨：'天下惜之。'仅此而已！"丁谓面无表情回答。

丁谓的内心，除了权势，似乎容不下任何东西了。

第八章 幕后女掌柜

鲁宗道处处为难刘娥，似乎应该受到排挤责罚才对，但事实相反，刘娥对他很信任。究其原因，我们不得不归结为刘娥的个人素质。她公私分明，不因言废人，算得上是深明大义了。

算命先生说，刘娥从小就不是个普通的女孩子，因为在她出生之前，母亲曾经梦见一轮明月入怀。如果说太阳代表君王，那么月亮就代表后妃。但是，这轮明月似乎并没有给她带来什么好运，她出生后不久，父亲刘通就在战场阵亡了，母亲唯有带着她到外公家讨生活。

寄人篱下的日子过到十三岁，外公就将她许配给了一个名叫龚美的银匠。

以前，曾经有游方道人说过，这个叫刘娥的小女孩贵不可言，将来是后妃之命，这个结论当时看来似乎有点离谱。除非这个龚美在造反方面是个不世出的天才，能把赵家江山改姓龚。

可龚美不是天才，他在家乡混不下去了，计划到京城去打工。

他的妻子刘娥也要跟着去，龚美一开始不答应，但刘娥有自己的道理："我自己有手艺，不需要靠你来养活！"

刘娥的手艺，就是会打一种长柄的摇鼓，学名"鼗鼓"，俗称"拨浪鼓"。刘娥打拨浪鼓打得好，简直称得上是一绝，单靠在街头卖艺，也足以生活下去。

龚美正是考虑到这一点，就带着刘娥从四川泛舟出发了。

夜色缥缈，江上灯火如星。年轻的刘娥第一次出远门，就坐在船头，忍不住一展歌喉。她清脆婉约的歌声顺着江水一路远行，传到了岸边的一个草庐中。

草庐里，一个面目清癯的老僧结跏趺坐，默默参禅。忽然听到歌声，他睁眼叹道："此女子贵人也！"于是他缓步走出去，召唤刘娥的船靠岸，将自己多年积蓄赠给她，作为上路的盘缠。

这个僧人叫法灯，刘娥牢牢记在心里。很多年后，她重重回报了此僧人。

与此同时，京城开封，年轻的真宗春心萌动，对左右侍从说："我听人说四川出美女，你们有机会的话，给我找一个四川小姑娘。"

得到指令的侍从们迅速行动起来。很快，张耆就认识了刚到京城的龚美，然后又见到了貌美如花、青春逼人，同时又富有文艺气息的刘娥。

张耆把刘娥介绍给了真宗。至于龚美，他妻子被皇帝的儿子，帝国未来的接班人看上了，他只好拱手相让。为了避免引起他人非议，龚美和刘娥以兄妹相称，他也改名刘美。

来自乡野，带有真实生活气息的刘娥，对真宗的吸引力极为致命。很快，这对小冤家就如胶似漆，混在了一起。

若要人不知，除非己莫为。真宗的反常举动被他的乳母秦国夫人发现了。她对刘娥一直抱着敌视和蔑视的态度，一个卖艺女子，怎么配得上皇家太子？

秦国夫人的反对并没有拆散这对小鸳鸯。无奈之下，她就跟太宗汇报了此事："孩子最近一段时间，神色萎靡，面黄肌瘦，是不是身边有女人，沉湎女色？"

太宗对儿子这种"英雄气短"的行为十分不满，当即要真宗放弃刘娥。真宗性格软弱，当然不敢违抗父命。他只好悄悄地把刘娥放在张耆府中，而张耆为了避嫌，长达十五年时间，从不在家里过夜。而真宗则要隔三岔五去张耆那边私会刘娥。

毫无疑问，在这种情况下建立起来的感情，远非真宗的其他妃子可比。由此我们也很容易理解，为什么真宗反复要立刘娥为皇后。

受到压迫与反对的爱情，往往能恒久流传。

真宗即位后，不忘旧情，挣破臣子们的重重阻拦，硬是把出身寒微的刘娥扶上了皇后宝座。

真宗知道，刘娥最大的硬伤就是出身低微，没有名门望族的家世背景。为此，他也想了一些补救措施。此举虽然可笑，但也无伤大雅，更足以证明真宗和刘娥之间的真情。

真宗第一步动作，就是在群臣里找寻姓刘的，然后和刘娥攀亲戚，这样，刘娥也就有士大夫背景了。皇上为了老婆，主动找臣子拉关系，也算是奇事一桩。

就这样，知开封府的刘综成为真宗的第一个猎物。

真宗把刘综召唤过来，和颜悦色地对他说："我知道你和后宫有亲戚关系，所以准备给你安排个好差事，你知道不？"

"喜从天降"的刘综并没有流露出喜悦，反倒变了脸色，因为太着急，陕西家乡话都冒了出来："我本来是河中府人，家里都穷得不像样了，哪有什么后宫亲戚！"

真宗本想自己这么一说，刘综肯定会问："后宫哪位和我是亲戚？"自己就笑眯眯地说："我的刘美人，和你一样都姓刘，你们五百年前是一家！"但刘综脑子不开窍，硬生生打碎了真宗的幻想，于是他就把刘综派到庐州去了。

真宗去世后，刘娥掌权。她还是为这件事烦恼。

于是，她又把当时的龙图阁直学士、权开封尹刘烨找来。刘娥单独召见他，也是和颜悦色地说："知道你家里十世都是名门望族，我想看看你家的家谱，说不定，咱们还是一个祖宗呢！”

刘娥话已经说得很直白了，刘烨却淡淡地推辞道：“不敢，实在不敢和皇太后同宗！”

大概姓刘的名臣望族确实不好找，刘娥不依不挠又找了刘烨几次。实在推辞不过，刘烨只好以风眩之病为由，恳请出知河南府，这才逃出了这位好“亲戚”的威逼利诱。

真宗刚刚驾崩后的第六天，丁谓就被任命为山陵使。从名字就可以看出来，他的主要任务就是负责给皇帝安排陵墓之事。因为皇家风水关系到世代基业，所以这种事一般都交给很可靠的人去做。丁谓觉得很荣幸，但他想不到，这一次他实际上成了自己政治生命的山陵使或掘墓人。

这件追悔莫及的事情，使丁谓深刻意识到“交友不慎”所带来的恶果，一切都是拜他的好哥儿们雷允恭所赐。

当时，雷允恭看到别的太监都在外面忙，热火朝天地为皇帝修建陵墓效力。他再也坐不住了，就去找刘太后，哭哭啼啼道：“臣受先皇恩惠也不少，现在不能为先帝的山陵效力，心如刀绞，难道我有什么过错吗？”

刘娥安慰他说：“别胡思乱想，之所以不安排你，是考虑到你如果轻举妄动，只会带来麻烦。”

雷允恭不干，流泪央求不已，刘娥只好任命他为山陵都监。

这个苦苦哀求得来的职位，给雷允恭带来了灭顶之灾。

走马上任的雷允恭，当真就骑着马跑到山陵，查看一番后，遇到一个人——司天监邢中和。邢中和在司天监的主要工作就是上看天象、下观风水。他凭专业眼光告诉雷允恭：“这个山陵选址不算最好，再往上一百步，从风水角度来看，对子孙后代极其有益，这个格局和汝州秦王坟地形很像。”

雷允恭反问他：“既然那么好，为何不选址在那边？”

邢中和回答：“恐怕下面有岩石泉水。”

从堪舆地理角度来说，阴宅地有山石和泉水，乃是大凶大恶之地，不管地面上的格局多好，都是要败家、贻害子孙的。这也是邢中和犹豫再三，没有公开说出来的原因所在。

雷允恭有丁谓撑腰，骄横惯了，遇事习惯了自作主张，大手一挥道：“不管，先帝没有别的儿子了，为了后代着想，就应该用这个地形！”

邢中和：“修筑山陵事关重大，如果考察勘探，恐怕时间拖得比较久，赶不上七月份的下葬期限！”

雷允恭：“没事，只管找人开挖，我马上回去向太后汇报。”

雷允恭骑着马回到宫内，对刘娥说了换址之事，刘娥皱眉道：“这件事如此重大，你怎么这样轻率就改了？”

“有助于先帝子孙发达，为什么不选？”雷允恭反问。

刘娥沉默一会儿，让他出去找山陵使丁谓商量。丁谓久居宦海，岂能不知此事的关键性，但他现在一人坐大，对朝中群臣，乃至于皇太后都不放在眼里，所以对雷允恭的建议也不置可否，意思是他看着去办。

雷允恭这一办，就捅了一个巨大的马蜂窝——新址很快就挖出了一堆堆的巨石，石头挖完之后，还有滚滚清泉欢快地流淌出来。

这条新闻让朝廷群臣立刻炸开了锅，大家议论纷纷。

太后命令，权知开封府吕夷简和龙图阁直学士鲁宗道，一起去勘探皇陵。这二人回来，异口同声建议重新开挖原来的旧址；次日，再次派王曾去勘探，王曾的意见也是一样。

雷允恭的人生就因为这个新差事走到了尽头。他的罪名是擅自移动皇堂，并且盗窃金珠、银帛、犀玉带等宝物，命令下达，在巩县[①]被乱棍打死。

雷允恭被处死，他的保护伞丁谓，也迎来了自己的严冬。

刘娥早就看丁谓不舒服了，因为他不懂角色转换，而且有进一步挟制刘娥的企图。当然，根本原因还是在于丁谓的人品不行。

有一次皇上起床晚了，毕竟是十几岁的小孩子，太后也希望他多睡一会儿，就命令宦官传旨中书，要单独接受群臣朝拜。

这一天丁谓放假，因为他不在，所以对“单独朝拜皇太后”这样重要的事，群臣谁也不敢拿主意，只说需要请示宰相商议。

丁谓上班后，听到此事后很生气，还埋怨其他人明哲保身，给他汇报太晚。

这件事提醒刘娥，丁谓已经把中书省搞成了“一言堂”。

以前，有人问过真宗：“既然寇准和别人都不合，为什么还要把他放在中书省？”

真宗得意扬扬地说：“我就是要他们互相提防，互相搅和，难以联合起来欺骗我！”真宗这句话道出了一个帝王术的小秘密：臣子之间，需要维持动态平衡，既不能太团结，也不能有过多的争斗。丁谓破坏了这种动态平衡，就要受到权力斗争规则的惩罚。

刘娥得到的第二个提示是，丁谓不但角色没有转变，而且已经不是自己人了。

丁谓甚至提出一个设想，要限制后宫花钱，每个月给后宫批准一定的资金，不能让这些不干活的女人过分奢侈。这个建议是对刘娥赤裸裸

---

① 现在河南巩义市，北宋皇陵所在地。

的威胁。

就在此时，一直沉默的“卧底”王曾，看出了刘娥的意图，机不可失，时不再来，必须趁着雷允恭这件事的株连，把丁谓除掉。

但是王曾没有机会，为了防止别人说自己坏话，丁谓严禁任何人单独觐见太后，每次必须有自己在场方可奏事。

自从被丁谓威胁后，王曾就对丁谓百依百顺。丁谓逐渐放松了警惕，把王曾看作一个软柿子。

二人闲暇时聊天，王曾总是一副愁眉不展的样子，显得心事重重。丁谓问他：“怎么了老王，你最近情绪不高啊！有什么难事？”

王曾回答：“家里有一件私事，我都不想跟别人说，咱俩交情好，才告诉你。我有个姐姐，年纪已经大了，而她的儿子，就是我外甥，现在是个当兵的小卒子。你也知道当兵的没地位，经常受到长官的杖责，我姐姐在青州乡里，经常说起这件事，很心痛。”

说到这里，王曾掩面而泣，流下了痛苦的泪水。

史称“丁崖州虽险诈，然亦有长者言”，丁谓的心也是肉长的，也有仁慈之心。他看到同僚王曾如此难受，就对他说：“这有何难，你上个折子，请求解除你外甥的军籍，这个请求朝廷肯定会满足的。”

王曾回答：“我位列辅臣，外甥又是个没地位的小卒子，难免辱没朝廷，我也惭愧不敢对朝廷说。”

丁谓再三劝他：“这都是人家常事，人之常情，有什么惭愧的？你早点向上面报告，你外甥就少受一点苦。”

此后，丁谓又屡屡催促王曾，王曾还是有点犹豫。

终于有一天，奏事完毕，丁谓坚决要求王曾单独留下，向太后汇报他外甥的问题，他告诉王曾：“你快点说，我在门口等你！”

终于等到了这一刻！

王曾深吸一口气，从容冷静，把在脑海里复习了千百遍的话，讲给了刘娥："丁谓阴谋诡谲，狡诈多端，顷刻之间就有可能发生变乱，太后和陛下如果不及时采取行动，不但臣下身成齑粉，恐怕社稷危矣！"

王曾有备而来，滔滔不绝，一直说到了吃饭时间都还没有出来。丁谓在外面等着等着，忽然意识到大事不妙。他顿足哀叹："完了，我怎么没想到呢，一切都来不及了！"

又过了很久，王曾这才缓步走出。

王曾本来就"眉目如画"，而且不苟言笑。现在，威严的王曾看起来更加肃穆，他出来看到丁谓，连招呼都不打，昂然走了过去。

这一刻，丁谓遍体生寒，他知道要变天了。

但他还要做最后的努力，进殿去找刘太后。站在帘子前，丁谓叽里呱啦口若悬河开始为自己辩护，说得口干舌燥时，内侍宦官忽然掀开帘子。

宦官说："相公您在和谁说话？太后早就走了！"丁谓顿时面如土色，拿笏板敲着自己的脑袋，十分懊恼地走了出来。

过了几天，群臣在资善堂喝酒，讨论政事，丁谓吓得都没敢去。

又过了几天，太后把冯拯等人找去谈话。冯拯虽然和丁谓一起工作，但严格来说，他算不上丁谓一党，心里对丁谓也有小看法。双方沟通后，迅速达成一致。

太后说："丁谓和雷允恭给我奏事，总说和你们商量过了，我才批准，现在才发现他们的欺骗与矫饰，而且在先帝山陵这件事上，他们也犯有不可饶恕的错误。"

所谓"墙倒众人推"。

冯拯等人即刻答话："太后圣明，我们也是受了骗，他总是说得到了您的旨意，我们难辨真假。现在多亏您明察秋毫，真是社稷之福啊！"

就这样，太后生气了，而且是很生气，一着急就要下旨把丁谓脑袋砍了。冯拯等人劝阻，认为先帝刚刚驾崩就诛杀大臣，实在是不吉祥。讨论之后，最后形成决议，把丁谓赶下台，以王钦若为例，贬为太子少保。

坏运气一开始，往往就刹不住车。

六月份被贬，至七月份，经常出入丁谓家的一个女道士刘妙德被捕。我们前面说过，丁谓很迷信，所以特别喜欢与这类人交往。他特意指导刘妙德："你现在所施展的，不过是巫术之类，不如假借太上老君的名义来预言祸福，才有蛊惑性嘛！"

刘妙德在丁谓家设立坛场，每天烟雾缭绕进行祭拜，丁谓还教唆她："皇帝如果问你，怎么知道自己所供奉的就是太上老君，你就说本朝宰相我，不是一般凡夫，本相知道。"

种种事端败露后，丁谓迅速和寇准变成了同级干部，他被贬到崖州，也是司户参军。

崖州，就是李德裕、卢多逊所去之处，比寇准还要凄惨一些。

处理丁谓的很多细节，都很刻意地和处理寇准类似。这充分说明公道自在人心，大家对丁谓陷害寇准之事愤慨不已，特地以此来报复。

至于为什么要把丁谓放到崖州去，是冯拯的建议。想当初，决定寇准去处时，丁谓就亲自秉笔，他端着笔踌躇许久，回头问冯拯："想把寇准放到崖州去，让他在大海边再涉鲸波[①]如何？"冯拯只有唯唯而已。

等决定丁谓去处时，冯拯对新任参知政事鲁宗道讲："我们的鹤相，当初想贬寇相公到崖州，有鲸波之叹。现在，暂且委屈他去鲸波一巡

① 鲸波意指大浪。

如何？”

丁谓垮台，大快人心，知识分子们迅速活动起来。起草诏书的还是宋绶，他想起不久前丁谓对寇准的污蔑，就在诏书中写道：“无将之戒，旧典甚明；不道之辜，常刑罔赦。”

这和前面寇准的诏书是对应的，意思是：“不可叛逆的训诫，旧典上记载很清楚；身犯不道之罪，刑罚岂能宽宥？”

看到宋绶的诏书，“天下快之”。

丁谓从西京洛阳，落寞地收拾好行装，向遥远的崖州走去。走到龙门南彭婆镇，晚上生病得了痁疾，又遇到盗贼，很多宝贵的东西都被偷走了。

这一路上，丁谓想了很多很多，他素来相信因果报应和预兆，恍惚间想起来，此次朱崖之行，若干年前已经有了明显的暗示。

最初科举得中，丁谓被授予饶州通判，他的同年白稹是判官。有一天，白稹给丁谓来了一封信说：“有一个老朋友来了，想请他吃顿饭，但家里什么都拿不出来，只好请你‘假青蚨[①]五镮’。”

白稹这是借钱来了。

看完来信，丁谓笑着说：“这是拿我开涮呢，他榜下新婚、京国富室，难道连这点铜钱都没有？他这是先发制人，害怕我打扰他，这才来哭穷！”

最后，丁谓在白稹信后面批了一首绝句：“欺天行当吾何有，立地机关子太乖。五百青蚨两家阙，赤洪崖打赤洪崖。”

这诗里面的“赤洪崖”，就暗示着朱崖之行。

就在出事前不久，某天大家在一起吃饭，丁谓放下筷子，忽然无端

---

① 铜钱。

感慨了一句："他日我恐怕也和刘参谋一样啊！"听他没来由这么一句，大家"举座失色"，吓了一跳。

"刘参谋"这个说法是有典故的，可以说是南唐版本的"黄粱一梦"。当年江南国主[1]有个女儿，他非常钟爱。有人告诉国主："洪州刘参谋年近弱冠，丰骨秀美，博学多闻，完全可以作为您的女婿人选。"国主命人将刘参谋找来，一见大喜，当即将公主许配给他，刘参谋荣华富贵顿时盛极一时。

一年后，公主忽然得暴疾身亡，国主不胜其哀，告诉手下："既然女儿已经不在了，我也不想看到这个刘参谋，以免牵动伤心。这样吧，什么都不要给他，把他撵回洪州算了！"

就这样，刘参谋从富贵顶点，顿时跌落贫贱，其荒唐宛如一梦。

丁谓不知道受到什么刺激，忽然发出这个感慨，也许他已经意识到，自己将要从位极人臣的宰相，变成不名一文的下级官吏——他的预感没错，所有家产被充公，孑然一身走向了茫然而辽阔的海疆。

丁谓去崖州，雷州是必经之路，此时寇准尚在人世。

寇准的仆从知道丁谓来了，大家可高兴坏了，摩拳擦掌做好了打架的准备。而丁谓到雷州后，也希望见一见故人寇准，但被寇准拒绝了。不过，寇准派人给他送去一只蒸羊，也算是不忘故人旧情。

至于那些准备找碴儿的仆从，寇准将他们锁在家里，让其尽情赌博，一直等丁谓走出老远，方才放出来。

和所有被贬到海外仙山的人一样，丁谓虽然表面上看起来很从容，每天礼佛读书，其实内心还是迫不及待想要回到朝廷。为此，他再次利用自己的聪明才智，导演了一幕好戏。

---

① 从时间判断，应为李璟。

按照惯例，司户参军这一类小官，没有资格直接给皇帝上书，所以丁谓只能假他人之手。

他写了一封信，满篇充斥着自责，同时感谢朝廷待他不薄，一再告诫家人，千万不要怨恨朝廷。当然，这封信是交不到皇帝手上的，丁谓让人把信交给西京洛阳的留守刘煜，委托他转给自己的家人。

丁谓千叮咛万嘱咐，一定要在刘煜请客吃饭时，当着众人的面交上去。

可想而知，在大庭广众、众目睽睽之下，刘煜收到“罪臣”丁谓的亲笔信，哪里敢转交，都不敢瞄一眼，直接交给皇帝——一切按照丁谓的计划进行着。

仁宗打开信，顿时被丁谓的精神所感动，命令迁丁谓为曹州司户参军，级别没变，但地理位置上要好一些。

这个任命遭到了大臣的反对：“丁谓被贬，是因为天下人不容其罪，现在没有特赦之恩，怎么能将他放回内地。”

仁宗回答：“丁谓被放逐海外已有几年，之所以现在调动，只不过是想让他活着返回岭表[①]而已。”

公元 1023 年，在真宗去世的第二年，改年号“天圣”，仁宗查看诏书时，号啕大哭，顾左右而哀言：“我真不忍心改先帝的年号啊！”

“天圣”这两个字，如果拆开来看，就是“二人圣”，就好比天上有两个太阳，这里的“二人”，很明显就是刘太后和仁宗。

刘太后利用真宗陵墓的事，借机处理了丁谓。自此之后，朝中基本上再无人敢和她叫板，除了曹利用。

当初，曹利用因为澶渊之盟的功劳，迅速蹿升，很快就成为红

① 五岭以南的地区。

人。不过他没有寇准那么直率，做人做事还比较有技巧，因此得以常保禄位。

但曹利用毕竟不是神仙，凡人的毛病他都有，他也犯了骄傲自大的毛病。

天禧二年（1018），丁谓和李迪发生了那场著名的争吵，李迪训斥曹利用是丁谓一党。曹利用站出来力挺丁谓："靠几篇文章在主上那里邀功，这一点我不如李迪；不顾危险，捐躯入险深入敌军，李迪他不如我！"

仁宗即位后，曹利用更是权倾朝野，处处以朝廷勋旧自居。有一次参加大内的钓鱼宴，按照规矩，天子如果没有钓到鱼，群臣是不允许举竿的，哪怕鱼早已经咬钩，也必须忍住。

大家干耗了一会儿，终于，皇帝举起鱼竿，左右侍从赶紧用红网将战利品接住。

一阵恭喜庆贺后，接下来，那些早已等得不耐烦的学士，一个个都欲把鱼拉上来，却被内侍拦住："曹侍中还没钓到，你们就再等等吧！"片刻之后，宰相中有得手的，左右用白网接鱼，而曹利用的鱼则用红网接住——这是皇帝给的特殊待遇。

刘娥垂帘听政之初，也必须让曹利用三分，见他不直呼名而称"侍中"。曹利用站在奏事帘前汇报工作时，一点也没有礼节，一边说话，一边用手指有节奏地叩打腰带，那样子就好像在和老朋友闲谈。

刘娥身边的人指着曹利用说："在先帝那会儿，他曹利用敢如此嚣张？"

刘娥默默点头，但她还需要忍耐。

寇准曾经批评过曹利用是"一介武夫"，这个评价还算到位。曹利用根本没有考虑自己的这种行为所带来的后果，丝毫没有防范，也就被某些别有用心之人利用。

一般情况下，内宫给曹利用的赏赐，他都会拒绝接受。个别时候，如果太后非要坚持，曹利用也只好勉强接受。

每当曹利用拒绝三次之后，有人就请求太后再次下旨，太后说：“算了，侍中已经拒绝了。”

“太后有所不知，刚才我已经给曹府的奶母说过了，她答应劝侍中同意接受！”左右如此进了谗言。

果然第四次下旨，曹利用碍于情面，这次没有拒绝。被误导的刘娥却生气了，你府里一个老妈子的话，居然比我皇太后的旨意还重要！

现在，曹利用的脑袋抬得更高，甚至企图将排名凌驾于宰相王曾之上——官员排名有严格的规定，自古皆然，他这样是要坏了规矩。

按照常例，朝班中官员以宰相为首，其次是亲王，然后是次相，即参知政事。像以前，曹彬不管功劳多大，他还是要站在李沆后面，除非特殊情况，枢密使是绝对不可能排在前面的。

从前确实是有这么一次例外。在真宗那个迷信的年代，官员一切差遣以服务于装神弄鬼活动为最要紧，王曾以参知政事领会灵观使，而曹利用以枢密使兼领景灵观使，因为朝廷以宫观使为贵，所以曹利用排在了王曾前面，这引起了大家的非议。

这次排名后，曹利用上瘾了，退朝拜谢皇恩，曹利用又想让人通报：“侍中曹利用等告谢！”以表示他领衔群臣。

对这种不合规矩之事，竟然没有人敢反对，半天决断不下来。

最后，还是作为群臣之首的王曾站出来，盯着曹利用，厉声命令殿使：“你只管启奏宰相王曾等告退！”有力打击了曹利用的嚣张气焰。

倘若曹利用吸取教训，以此为戒，稍加收敛，或许也不会落到后来的下场。

他最后还是栽在了一个小人的手里——内侍罗崇勋。

最初，曹利用从没把罗崇勋当回事。但是经验告诉我们，帝王身边的人，无论内侍还是后宫，不管他地位多么卑微，一句话可以让你升天，一句话也可让你入地。

有一次，罗崇勋犯了错，太后让曹利用去处理。曹利用扒了罗崇勋的帽子和头巾，狗血淋头一顿臭骂，令其颜面尽丧。这是一件小事，过后曹利用也就忘了。一个小人物，无须放在心上。

有一句真理："宁可得罪君子千回，绝不得罪小人一次！"而罗崇勋就是一个小人。

真理之所以号称真理，那是因为有无数人用鲜血和生命进行了证明，可曹利用偏不信这个邪。他还要身体力行，用数学归纳法再证明一次。

刚好此时，曹利用的侄子曹汭凑了上来。

史书评价曹利用："性格悍梗，缺少变通，喜欢任用自己人，他的亲戚故旧所以得以进用，给他带来了祸患。"这个祸患，就是曹汭"造反"。

这件事说起来有点传奇，曹汭时任赵州兵马监押，家里有老婆和侍婢，这个侍婢其实就是小妾。这两个女人在一起，当然主要的工作就是争宠，每天吵来吵去，把曹汭搞得很苦恼，后来索性一狠心，把侍婢给嫁了出去。

嫁出去也就算了，坏就坏在曹汭对人家还旧情难忘，经常去人家家里私会。这个侍婢的现任丈夫就怒了。他看到曹汭穿着淡黄色的袄子进他家门，心生一计，当即跪下山呼："吾皇万岁，万万岁！"

曹汭仓促之间来不及躲避，被人看见，尔后就被告上朝廷，说曹汭和他叔叔枢密使曹利用意图谋反。

消息一来，罗崇勋喜不自胜，当即主动请求去审查此事，正好刘娥也对曹利用不满，就同意了。其实她知道，曹利用根本不可能谋反，按照权力分配，枢密使虽然是国防一把手，却没有用兵的权力。但是，案子还是要查，刘娥就是想敲打敲打曹利用。

罗崇勋携带积压许久的私愤到达赵州，调查结果绘声绘色："曹汭穿着黄色衣服坐着喝酒，还让人跪在下面大呼万岁！"

罪名成立，曹汭当即被乱棍打死。他的叔叔曹利用，也被罢免了枢密使，加兼侍中判邓州，后来又谪左千牛卫将军、知随州。

从这个处理结果能看出来，刘娥知道曹利用没有造反，她就是要除掉这个骄傲的人。

墙倒众人推，落井自然有人下石。没多久，曹利用又被揪出了经济问题，因为挪用景灵宫钱，再贬崇信军节度副使，房州安置。

护送曹利用的，是另一个宦官杨怀敏。此人应该是受罗崇勋的指使，一路上想尽办法，要置曹利用于死地。欧阳修《归田录》记载，走到襄阳，杨怀敏屡屡指着江水感慨："曹侍中，您看这好一江水啊！"

这是在暗示曹利用投江自尽，由此可见杨怀敏心理何其扭曲。

曹利用最终还是没有投江，杨怀敏为了完成任务，干脆就不走了，窝在襄阳驿，在精神上尽情折磨曹利用。最后，曹利用实在不堪忍受，最终要了一根绳子，把自己吊死了。

朝廷得到的消息是："曹侍中暴疾而卒。"

再来看史书对曹利用的评价：曹利用在朝廷忠荩有守，始终不屈服，死非其罪，天下人都认为他冤枉。

有一件事，或许可以生动说明天下人对曹利用冤情的评价。

曹利用被贬随州那一次，他的"敌人"、老对头鲁宗道正在家里养病。这个鲁宗道在江湖上有个名号叫作"鱼头参政"，很是疾恶如仇，经常与曹利用唱对台戏。

鲁宗道正在家里闭目养神，忽然有密奏送来，上面只写着："今天有好事情要发生了！"

鲁宗道对他的女婿说："什么好事？肯定是曹利用被贬了！"派人去打听，果然是曹利用知随州。

鲁宗道问："让他上殿没有？"

来人回答："上什么殿，早就被押出了大门！"

鲁宗道大吃一惊："他们都错了，曹利用哪有这么重的罪？进退大臣，怎么能这样仓促随便。曹利用在枢密院尽忠朝廷，只不过疏于学习，倔强不识好歹，除此之外，没有别的过失！"

嗟叹惋惜良久，鲁宗道遽觉气塞，找医生来看，医生说："因为有大不如意之事，摇动神气，气脉已绝，不可能活过来了。"

当天晚上，鲁宗道就撒手离世了。

曹利用如果泉下有知，得知鲁宗道是因为他被贬而疾发身亡，也该略感欣慰了。两个斗争多年的政敌，在人生最后时刻却像战友一样，在欣赏中告别，这就是历史比小说高明的地方。

除了慑服群臣，刘娥在小皇帝的教育问题上，也是下足了功夫。

因为在此之前，王曾曾经通过钱惟演给她捎话："太子年纪还小，需要依靠中宫才能成长，但同时，如果中宫不依靠太子，则人心不会归附，对太子好，太子地位就稳固，太子稳固，则刘氏地位就稳固。"

王曾指出了这个利害关系后，刘娥才算真正理解了，唯有紧紧抓住仁宗，才能保全自己。

事实上，自从仁宗出生，他就没在自己亲生母亲身边待几天，反倒是跟刘娥朝夕相处。虽然没有血缘关系，但时间久了，母子之间的感情并不亚于亲生。这也就是为什么，直到刘娥驾崩，仁宗都不知道她并非自己的亲生母亲。

当年把真宗安葬完毕后，刘娥垂帘听政，曾经哭着对众大臣说："国家多难，如果不是宰执同心协力，怎能如此？现在山陵事完毕，你们各位可以把子孙内外亲戚的姓名交上来，朝廷可以一一进行赏赐提拔。"

众人听后很高兴，赶紧写了家族亲戚姓名交上，唯恐漏了谁。

刘娥把所有的姓名编制成表，贴在寝宫墙上。此后每当大臣推举人才，刘娥就在这表上查找，看看是不是某人的亲戚，确认此人并非任何关系户，这才安排官职。这样做的目的，就是害怕大臣们用人以私，安插自己的亲信党羽。

把持权柄时间越久，刘娥就越发能够体会到权力的可贵。她想把这种感觉，一直保持到生命最后一刻。但是，当初遗诏是让她"权"理政务，等小皇帝成年，就必须还政，这确实令人焦虑。

事情并非没有挽回的余地。在不太久之前的唐朝，中国出过一个姓武的女皇帝，刘娥计划以她为榜样，成为第二个。这件事过于重大，刘娥自然不敢贸然提出，她只能找机会，遮遮掩掩去试探臣下。

可是到了这个时候，整个大宋朝的官员体系已经形成，同时伴随着一套完整的道德观。这套道德观的核心，就是维护皇权的正统与纯粹，就连丁谓也一直拿"维护神器"这个借口来牵制刘娥，其他官员的态度，可想而知。

刘娥装作无意试探参知政事鲁宗道："武则天是什么样的人？"

鲁宗道对答："她是唐朝的罪人，几乎危及社稷安危！"

刘娥唯有默默无语。

又一次，刘娥忽然想起来，要建立他们刘氏的七庙。

这里需要解释一下什么叫"七庙"。这是古代皇帝宗庙的规定，中间安置太祖，左边安置二世、四世、六世，称为“昭”，右边安置三世、五世、七世，称为“穆”。

刘娥要给刘氏建七庙，很明显就是想把自己提到皇帝的高度，群臣听到这个“大逆不道”的建议，顿时大眼瞪小眼，缄口不言。

只有鲁宗道站出来大声质问：“立刘氏七庙，请问嗣君[①]往哪里安置？”刘娥只好闭嘴。

刘娥和仁宗一起到慈孝寺礼佛。当太后的车辇超过了皇帝，鲁宗道就上前劝说：“夫死从子，这是妇人三从四德之一！”刘娥也是饱受封建思想灌输，自觉理亏，当即下令撤到仁宗后面。

这样看来，鲁宗道处处为难刘娥，似乎应该受到排挤责罚才对。但事实相反，刘娥对他很信任。究其原因，我们不得不归结为刘娥的个人素质。她公私分明，不因言废人，算得上是深明大义了。

刘娥知道鲁宗道是个好臣子，“鱼头参政”这个称呼并非浪得虚名。所谓“鱼头”，第一层意思是因为“鲁”字上面是个“鱼”；第二层意思则是说明，此人和鱼骨头一样耿直坚硬，一般人惹不起。

仁宗为太子时，鲁宗道任谕德。他住在浴堂巷，边上有个小酒肆，店面虽小，但声名远播。下班后，鲁宗道经常穿着便服去喝酒。有一次真宗召见他，使者来到家里半天找不到，过了一会儿，才见他从酒肆出来。

在去宫里的路上，使者和鲁宗道商量：“要是皇上问起来，你怎么来这么晚，怎么回答？”

鲁宗道回答：“据实告知就可以了。”

使者提醒他：“这样说，肯定要挨处理的！”

---

① 仁宗。

鲁宗道回答："饮酒乃人之常情，但欺骗君上，则是臣子之大罪也。"

使者进去后，真宗问他："这个鲁宗道干啥呢，磨磨蹭蹭不来？"

使者回答："他在小酒馆喝酒，半天找不到。"

把鲁宗道召进来，真宗问他："你怎么私自进小酒馆喝酒？"

鲁宗道回答："臣家里贫困，买不起酒器，而酒馆里什么都有，因为老家有亲戚朋友来京城，所以进去喝一杯。"

真宗听后，沉默了一会儿，轻声说："你是太子宫的大臣，这样恐怕要被御史弹劾。"嘴上这样说，在心里，真宗却对鲁宗道留下了深刻印象，相信在和刘娥闲谈之间，也流露过这种想法。是故，刘娥对鲁宗道十分放心。

以鲁宗道为代表的臣子对刘娥的教育，还是起到了相当大的作用。后来有些人想要拍马屁，依照刘娥之前的主意，让她建七庙。大臣程琳又献上《武后临朝图》阿谀逢迎。这人不知道，刘娥此时已经完成内在转变了。

她把程琳的图扔到地上，义正词严道："我不做这种有负祖宗之事！"

在《宋史·程琳传》的最后一段，修史者评价：程琳除了稍稍贪财，似乎没有别的毛病。他机敏严厉，擅长处理政事，只是因为进献过《武后临朝图》，所以天下人都鄙视他。

程琳年轻的时候，也是铁骨铮铮的一条汉子，敢于和刘娥对着干。刘娥有个姻亲叫王蒙正，他儿子王齐雄把一个老兵捶死了，他就让老兵的妻子谎称得病而死。

程琳时任开封府一把手，觉得事情蹊跷，勘查后断言王齐雄故意杀人。为了维护亲戚，刘娥去说情："齐雄没杀人，是他的家奴干的。"程琳说："家奴没这么嚣张，而且就算是王齐雄之士杀的，也和他亲自杀人一样。"①

最后结果是："太后嘿然，遂论如法。"②

另有一个外戚吴氏，本来嫁了出去，但她私自带着女儿跑回来，被丈夫告到了程琳这里。程琳把吴氏拘来，要求把女儿还给夫家。

吴氏说："已经纳入宫中，献给皇帝了。"她的想法是，皇帝的女人你肯定不敢动！

程琳还是壮着胆子去找仁宗要人，仁宗当然不愿意。程琳搬出大道理来："一个女子倒是无关紧要，臣恐怕天下人私下里说，皇帝夺人妻女，这个影响就太恶劣了。"

就是这样一个程琳，稍微有一点点吝啬，但也不失正直。他之所以要献那张图，或许真的是思想解放，觉得男女平等，女子也可以当皇帝，也是有可能的。

之所以说程琳贪财吝啬，是因为他的后代讲过这么一件事。

当年程琳来参加科考，什么都没带，就骑了一头驴，到京城把驴一卖，得了数千钱作为生活费。他有个伯父当时可能是殿直，为了试一试程琳的气度，就经常让他设宴。程琳舍不得钱，埋怨说："我一头驴，都已经被你们吃到尾巴上去了，马上就没了！"

除此之外，程琳似乎没什么劣迹。宰相张知白很器重他，任命他为御史中丞的诏书写好后，张知白喜道："这才算没有辱没我的笔！"遭到刘娥训斥的程琳，之后还能当副宰相，也是大宋朝宽厚风气的一个证明。

---

① "奴无自专理，且使令与己犯同。"

② 这里的"嘿然"并不是说太后"嘿嘿"笑了，而是说刘娥嘿然不言了。

有了那些维护正统的大臣的帮助，刘娥的个人素养逐步得到了提高。

有漕臣刘绰，进言说粮仓里有千余斛的剩粮，希望献给中央三司支配。这种“地方支援中央”的行为，可以说是变相的讨好卖乖，希望得到适当提拔。

刘娥不领情，一点弯都不拐，批驳他：“你认识王曾、张知白、吕夷简和鲁宗道吗？这四个人，难道是因为进献了羡余[①]而得到重用的？”

历史上，很多官员都是因为善于给皇帝搜集奇珍异宝，或者擅长巧立名目增加赋税而得到重用的，但这一套在刘娥这里吃不开了。她的坚持原则和从谏如流，最后甚至还挽救了她整个家族的命运。

终其一生，刘娥都没有实现当女皇帝的梦想，就只好做一些事情来补偿自己。

她下令重修晋祠，修好之后，大家才发现其中的玄机。原来的主角唐叔虞被安排到替补位子上，大殿里供奉的是圣母，而且这个圣母一眼看去就是个四川女子——照着刘娥相貌塑的像。

当年武则天以自己为形象修建了卢舍那大佛，现在刘娥只好这样遮遮掩掩，满足一下自己的“伟人欲”。

① 羡余：地方官员定期盘剥老百姓，用来进献给皇帝的附加税。

第九章

『三光宰相』的君子之战

中国传统文化中有一个潜规则，一个人如果文章好，人品也不错，就一定可以成为一名好官员，无论经济、政治、军事、文化还是工程，都可以做得很好。正因如此，大家就都默认：“范希文完全可以成为一员良将。”就这样，远在越州老老实实当官的范仲淹，朝夕之间，由笔杆子变成了枪杆子。

明道元年（1032）二月二十六日，仁宗皇帝的亲生母亲李氏，得到了因她辞世而带来的追封——宸妃。

作为皇帝的亲生母亲，在去世之前，她的身份一直是很低的顺容[①]。这个沉默的女人，不知道应该算命苦还是幸运。她生下了当朝天子，却被别人生生夺走；她身怀帝国最大的秘密，却没有被刘娥害死，在万幸中，一生平安到老。

仁宗并不知道这一切。他一直认为“大娘”就是自己的亲生母亲，但是朝中群臣却早有消息。

数年人事代谢后，此时的宰相还是吕家人——吕夷简。吕夷简上朝见到太后，开门见山道：“听说宫中有嫔妃去世了？”

刘娥毕竟心虚，十分惊讶说：“宰相也要干预宫中之事吗？”

说完这句话，刘娥害怕吕夷简再说出什么“过分”的话，不顾礼仪，拉着小皇帝站起来，走了出去。

片刻之后，刘娥一个人独自坐在垂帘下，召见吕夷简完成刚才未竟的话题。她问道：“一个宫女死了，犯得上你来关心吗？”

吕夷简：“身为宰相，宫内外的事情没有我不该管的！”

① 女官的称号。

太后勃然大怒，吕夷简的态度令她十分不满。此事大家不闻不问也就过去了，何必为了一个死人而牵涉出更敏感的话题呢？

她语气里已经有了掩藏不住的怒意：“你想要离间我们母子不成？”

“那么太后还要不要为刘氏着想呢？如果太后真的为刘氏考虑，就应该风光厚葬，否则的话，就当我没说！”吕夷简丝毫不让步。

刘娥看惯了政治风云，迅速就领悟了吕夷简的意思。自己不是皇帝生母的消息，迟早要大白于天下。那个时候，刘氏一族人都有欺君的嫌疑，说不定还会被满门抄斩。

“那么，封李氏为宸妃如何？”想明白了道理，刘娥做出让步。

吕夷简进一步要求在皇仪殿治丧，用一品的礼仪殡于洪福寺，而且指出：“宸妃该用皇后的礼仪入殓，用水银填满棺木。”

这个要求有点高。皇后？皇后刘娥现在不是好好活着吗，还用什么皇后礼仪安葬？

负责治丧的官员揣摩刘娥的心思，肯定不愿意张扬这件事，就搬出天文历书作依据，说这个年月不吉利，实在不行，就只能把宫墙凿穿，将棺椁抬出去。

吕夷简很生气，又去找刘娥谈话。刘娥给他一个闭门羹，派出太监罗崇勋挡驾。

吕夷简：“凿墙出殡算什么事？应该大大方方从西华门出丧。”

刘娥传话罗崇勋：“呔！你竟然敢提出这种胆大妄为的要求！”

吕夷简：“我身居宰辅之位，干的就是在朝廷据理力争这种活儿，太后不答应，我今天就不走了。”

罗崇勋无奈，回去给太后传话。

太后维持原判，吕夷简也不让步。罗崇勋只有来回奔走。

最后的结果，还是太后让步。因为最后一次，吕夷简声色俱厉发飙道："宸妃生育皇帝，而丧事不按礼仪去办，他日必定有人要受到严厉惩罚。你告诉太后，不要说我吕某人今天没给她说过！"

是的，刘娥应该重重感谢吕夷简。如果不是他的坚持，日后刘家没有一个人可以活下来。

这件事告诉我们，吕夷简的胆子很大，大得有点离谱。野史传言，吕夷简的成长历程，就是和妖魔鬼怪斗智斗勇的过程。

在他还没当官之前，某晚漫步月下，搜肠刮肚构思文章，无意间碰到一个穿红衣的女子，脸上还罩着一块红布。吕夷简对此却熟视无睹，绕着走了过去，那女子追上来撒娇："官人，您看一看我嘛！"吕夷简一开始不说话，后来那女子三番五次请求，考虑到鬼也是有尊严的，再不给面子就太不礼貌了，吕夷简就走上去揭开她的盖头，象征性地看看。这一看不打紧，那女子没有脸，该长脸的地方，居然全是密密麻麻的眼睛——这简直就是昆虫类的异形，全是复眼。吕夷简就着惨白的月光，认真参观完这个怪物的嘴脸，并没有被吓倒，反而生气了。他训斥此物道："您都长成这样了，有什么可看的？"怪物自觉惭愧，当即隐没不见。

等到他通判蜀中，府中也有一个怪物，号称榆老姑，乃是一个榆木精，其形状就像一个老丑妇，经常出来与府中婢子玩耍，大家也都见怪不怪。

既然号称妖怪，总得显露一些本事。榆老姑经常预言说：吕夷简他日必当大贵。

忽然有一天，这个老太太号称怀孕了，消失了一个月后回来，大家问她的孩子在哪里，她指着院里的老榆树。原来，树上竟然真的长了一个木瘤，那就是她的孩子。

古人一直有一种说法，认为命中富贵之人，自然可以抵挡鬼物。甚至传说，能当宰相的人，都被罩在一个肉眼看不到的“红纱笼”中。

吕夷简当了宰相，所以他可以在妖物横行的封建迷信社会里，如履平地，谈笑风生。

大中祥符年间，王曾去拜访王旦。王旦问他：“听说最近吕蒙正的侄子吕夷简，声名很大，你认识他不？”王曾回答说不认识。

回去后，他就去拜访了一下吕夷简。此时吕夷简知滨州，才干多为人传诵。

王曾见他后，二人闲聊了一会儿，也没谈出什么结果。

等再次见到王旦，王旦又问王曾：“见过吕夷简了没？”

王曾说：“见过了。”

王旦告诉他：“这个年轻人不简单，将来要和舍人[①]你一起对秉钧轴。”所谓“钧轴”，也称“钧枢”，有国家政治之意。也就是说，王旦断言，吕夷简要和王曾一起执掌朝政大权。换言之，要成为宰相。

王曾当时还没想通，问王旦：“您如何知道的，您认识他吗？”

王旦摇头说：“不认识，只不过从他的奏请得知而已。”

王曾追问：“他奏请过什么事？”

王旦说：“如不税农器等事。”

王旦这里所指的，乃是吕夷简在大中祥符三年（1010）在滨州所上的奏折，里面说：“农器有算，非所以劝力本也。”意思是说，国家向农具征收赋税，对农业生产是不利的，这不是劝老百姓好好种田的政策。

农业社会，考核官员总离不了一条：劝课桑农。官员能让老百姓安心种田，算得上是最大的政绩，所以吕夷简这条建议虽小，却有重要意义，也显示了他“君子务本”的务实作风。

---

① 王曾此时应为知制诰。

王旦一向识人善用，这一次也不例外。

就吕夷简的出身和才学而言，对他前程做出乐观预言的，当然绝非王旦一人，还有他的老丈人马亮。

吕夷简的父亲之前是马亮手下，马亮一看吕夷简的文章，就知道他日后必定发达，当即决定将女儿许配之。

马亮的妻子问他："你以前总说女儿是相国夫人之命，为什么嫁给这小子？"

马亮捻须而笑："嫁给他，才能成为相国夫人！"

吕夷简步入仕途，在朝廷中做事，素以稳健周全而著称。有一次宫中发生大火，百官早上朝拜时，宫门紧闭不开，群臣要求对策，皇帝就亲临拱宸门见人家。

仁宗出来后，群臣倒头参拜，唯有吕夷简站着不动，仁宗传话问他为何。

吕夷简回答："宫廷发生变故，臣子们希望一睹清光！"所谓"一睹清光"，就是看看皇帝的真容，免得被别有用心的人所利用，参拜了个傀儡。仁宗叫左右将帘子掀开，让大家看到他的脸，吕夷简这才跪拜。

这一幕是不是很熟悉？当年吕端拜见新即位的真宗时，场面何其相像！"大事不糊涂"的吕端，后继有人。

后来到了庆历年间，仁宗身体时好时坏。他服药后，有时清醒，要见执政大臣，左右即刻传令下去。可是仁宗坐在便殿里，左等右等，就是不见吕夷简快马加鞭赶来。

吕夷简确实在路上，不过他走得很慢，甚至有点刻意的从容。皇帝身边传话的太监不停催他，和他一起上路的同僚也不停劝他：赶紧，不要让皇帝久等。吕夷简就当没听见，依然我行我素。

许久之后，仁宗方才看到吕夷简施施然、慢悠悠走了过来。仁宗很生气，心想我好容易今天气色不错，见你一面这么难？就责问他：“我久病方平，心里高兴，想要和大家见个面，你迟迟而来，究竟什么意思？”

吕夷简慢慢回答：“陛下身体不好，朝廷内外都很担忧，一旦听到内侍急招近臣，如果我们骑马飞驰而来，恐怕引起人心动摇，中外恐慌。”吕夷简的意思是：搞不好，大家还以为您已经驾崩了，有人趁乱浑水摸鱼怎么办？

仁宗一听，当即鼓掌感慨：“你确实考虑周全！”

考虑周全的吕夷简很快就发挥作用了。

明道二年（1033），为帝国操劳十余年的刘娥，二月份祭奠太庙后，在三月二十九，于宝慈殿驾崩。在她病重之际，就曾给仁宗说过：“希望能和祖宗在同一天辞世。”

三月二十九日，有据可查，确实也是太宗的忌日。

临去世前，刘娥已经不能说话。她屡次拽着自己的衣服，不知道是什么意思。

仁宗问起大臣。参知政事薛奎说：“太后身上穿着衮冕之服，大概是这样不好去见先帝吧！”于是命人给刘娥换上皇后服，方才入殓。

刘娥一辈子徘徊在“女皇帝”的梦想里，却终究没有实现，好不容易在临死前穿一回皇帝的衮冕，还不好意思去见丈夫。这个精明强干的女人，委实活得太矛盾。

刘娥辞世后，关于皇帝生身之母的消息，立刻就像大风一样刮进了仁宗耳朵里，有人说是章惠太后检举揭发了此事，也有人说是八大王检举揭发的。总之，仁宗接连痛哭流涕好几天，而且有些怀疑，是不是大娘娘把自己亲妈给害死了。

于是当即下令：

第一步，把宸妃追封为皇太后。

第二步，将她改葬到永定陵。

第三步，也是最后一步，派自己的亲舅舅李用和去视察宸妃陵墓。之所以派李用和，是因为李用和是宸妃失散多年的亲弟弟，绝对不会歪曲事实。

当初宸妃李氏进京之时，只有十几岁。她有个七岁的弟弟，临别之际，她握着弟弟的手说："我给你一个丝囊，不管今后如何颠沛沦落，都不要抛弃，他日如果我得到富贵，就以此为凭证找你。"

姐姐进京后，李用和生活艰苦，在一个造纸人家打工，后来得了重病，被东家抛弃于路边。鬼使神差，又被一个和内宫有关系的人家救起，看到他胸前的丝囊，忽然想起宸妃李氏托付大家找弟弟的事，就将他带进宫中，姐弟俩这才团聚。

因为有这样传奇的聚散离合，故宸妃和这个弟弟的感情极深。

李用和得令后，就出发去视察陵墓，在奉先寺打开坟陵。据说棺椁被四条大铁链悬挂于井上，棺材中灌满水银，宸妃面目和生前一模一样。她被鸩杀的谣言不攻自破，而且礼仪也是皇后的级别。

与此同时，朝廷兵马已经将刘氏府邸团团围住，情势惊险万分。

得到李用和的消息后，仁宗也松了口气，命令撤回兵马，抚着胸口说："人言岂足相信！"他旋即到章献太后刘娥的神位前焚香跪拜，哭着说："现在大娘娘生平分明，再也不受人冤枉了！"

此刻同样躺在水银棺材里的刘娥，如果有知有觉，第一个要感谢的，就是思虑周全的吕夷简。若非他一番抗命坚持，此刻刘氏一族早已血流成河。

皇太后去世，仁宗亲理政务。宰相吕夷简亲笔上疏，提了八点看法，主要包括：正朝纲，塞邪径，禁贿赂，辨佞人，决女谒，疏近习，罢力役，节冗费。

仁宗把吕夷简找来商议国事，吕夷简觉得夏竦、张耆都是太后任用的旧臣，应该罢免掉。

回到后宫说起这件事，郭皇后插嘴道：“你以为吕夷简就不依附刘太后吗？只不过他善于掩饰，灵巧机变而已。”

仁宗皱眉思考，觉得有道理。

第二天上朝，吕夷简作为宰相领班，他不光听到了张耆和夏竦的罢免令，自己也被罢免为武胜军节度使，同平章事，判澶州。这样，新皇帝上台后一个月，国家的宰相、枢密使、枢密副使都被赶了出去。

这个晴天霹雳来得太突然了。饶是吕夷简老谋深算，也觉得猝不及防，百思不得其解。直到后来，通过内侍阎文应多方打听，才知道是郭皇后的主意。郭皇后这句话或许是无心之语，不久后，也给自己带来了灭顶之灾。

吕夷简被赶出朝廷，仁宗很是想念他。因为很多事情，只有仁宗知道其中内幕。

当初，刘娥告诉大家，她梦见周王[①]来告知，自己将要重新投胎到荆王赵元俨府中。正好此时赵元俨生下一个儿子，就是所谓“五相公”，刘娥就想把孩子接进来。

澶渊之盟，危急关头时，王旦问真宗：“十日没有消息，当如何？”真宗说：“立皇太子！”其实此时仁宗还没有出生，真宗所谓的“皇太子”，指的就是自己同宗兄弟的儿子，所以说这种过继侄儿的情况，在古代比较普遍。但仁宗出生后，刘娥打着周王投胎的幌子，再提这个要求，很明显就是想要取而代之，想把非自己亲生的仁宗挤下去。后来多

---

① 真宗长子，后来夭折。

亏王曾点化，刘娥才意识到维护皇太子的重要性，这才视仁宗赵祯如同己出，亲自抚育。

所幸迎接“转世周王”这件事，被吕夷简极力阻止，仁宗方才保有天下。对于此事，仁宗一直讳莫如深，一般人不知道。

一直到吕夷简死后，有人给他写神道碑，说他“协调两宫关系，没有一丝一毫的嫌隙”，为此向仁宗求证。仁宗先是愠怒道：“吾不复记此事！”良久之后，方才缓缓说出这一桩公案。

有了仁宗的惦念，吕夷简不会在外待很久的。

果然被贬不久，吕夷简又被调回朝廷，任命为门下侍郎兼吏部尚书，同平章事。此次归来，仁宗和吕夷简的关系就更近了一步，两人经常在一起闲聊。

仁宗说：“我退朝后，天下的奏章一定要亲自阅览。”

吕夷简劝他注意身体：“任何小事都要聆听阅览，恐怕不是保养精神和身体的方法。”

仁宗继续自我表扬：“我接受先帝的嘱托，肩负国家重任，岂敢自顾安泰。”又接着说：“我每天的膳食不求珍馐美味，衣服也是一般织物，洗了好多次，连宫女都笑话。太官送来的膳食，有小虫在器皿中，我都不敢说，害怕负责膳食的官员获罪！”

平心而论，在这些小事情上，仁宗做得确实不错。他晚上睡醒感觉饥饿，想吃烧羊，都一直忍着直到天亮。

群臣说：“您想吃，就直接向厨房要啊。”

仁宗摆摆手：“我听说只要朝廷有什么要求，外面就以此为制度，我害怕这样，会引得外面也在夜里杀羊，害物多矣！”

又有一次，仁宗从外面巡视回来，一落座就对嫔妃说：“赶紧给我杯热水，我的天，渴死我了！”

嫔妃很不解：“您车驾出行，哪一次不是前呼后拥，怎么不找他们要水喝？”

仁宗解释道：“我好几次回头去看，却死活看不到镣子[①]，如果发问，肯定有人要顶罪，所以一咬牙，忍着回来了！”

所以，仁宗的这个“仁”，并不是凭空而来。

吕夷简看皇帝喋喋不休、自我吹捧，只好极力盛赞仁宗盛德。仁宗反倒有些不好意思，推辞说：“偶尔和你说说而已，别让外面知道，免得别人说我有求名的嫌疑。”

吕夷简和皇帝关系亲密后，和他结仇的郭皇后，就开始倒霉了。

仁宗“寡人有疾”。他最大的毛病就是喜欢美色，刘娥生前管束严格，他不敢放肆，刘娥走了后，这个毛病就越来越明显。

早年间，有蜀人王蒙正进献自己女儿，姿色冠世，美艳无方，刘娥审查后，觉得这女子过分妖艳，就给否决了，将她嫁给自己的侄子从德。

刘娥给仁宗选择的，就是目前的这个郭皇后，但仁宗终究不喜欢她，他对王氏还是念念不忘。直到从德死后，仁宗还下旨，想把王氏召进宫，被晏殊的女婿富弼给拒绝了。富弼只是个小小的知制诰，竟然斗胆封还了皇帝的命令——宋代外制缴还词头，就是从此时开始的。

在等级森严的男权社会，除了极个别出类拔萃者，女性作为家庭主妇，伺候一家人吃喝拉撒外，主要的业余爱好，就只有和同列争风吃醋了。郭皇后的大跟头就栽在这件事上。

仁宗不喜欢郭皇后，郭皇后却还不知自重。她以为自己是章献太后刘娥亲自指定的，谁都不敢动，所以俨然成了后宫母老虎。只要有后宫

---

① 这里所谓的“镣子”，是宋代特有的一个职务，主要负责供应茶水。

女子亲近仁宗，郭皇后就要大发雷霆，扑上去与之忿争。

当时在仁宗身边最受宠的，是宫女尚氏和杨氏。郭皇后屡次找碴儿，尚氏忍不住顶撞，于是冲突就发生了，言语冲突迅速上升为肢体交锋。

郭皇后身形矫健，跳起来一个大嘴巴凌空飞去。仁宗心疼尚氏，挺身而出英雄救美，被郭皇后的掌风所伤，脖子被指甲刮破。

仁宗遭到了家庭暴力！

他摸着受伤的龙颈，愤怒的脑子里一个念头闪过："不如废了这个悍妇！"

他先将这个念头透露给了内侍阎文应。阎文应知道后，吕夷简也就知道了。

次日上殿，阎文应对仁宗说："圣上，您把受伤害的脖子给诸位大臣看看，您在后宫受的什么冤枉气，让大家评评理！"于是受害人仁宗露出伤痕累累的脖子，向大家展示郭皇后的武功。

展示完毕，随即提出一个建议："诸位觉得废后如何？"

废后！这件事可不像罢免一个官员那么简单。因为皇后是"母仪天下"者，是社稷的根本，帝国的面子，不到万不得已，历朝历代是绝不肯做出这个决定的。

吕夷简和郭皇后早有矛盾，又有阎文应提前透气，所以他并没有像一般官员那样大惊失色，只是淡淡地说："这种事，古来早已有之。"

正和吕夷简关系密切的范讽，也借机帮腔："郭皇后册立九年，却还没有完成基本任务，未生一个男孩，导致帝国后继无人，确实该废了。"

仁宗犹豫多日后，方才下定了决心。

遂下诏：郭皇后数年不育，愿意皈依道教，诏封为净妃、玉京冲妙仙师，赐名清悟，居长宁宫。

消息一出，顿时鸡飞狗跳。

群臣反应如此激烈，一是废后事关重大，不可轻易决定；二是群臣早就知道仁宗沉湎于尚氏、杨氏两个“狐狸精”的温柔乡，身体羸弱不堪。如果皇后被赶出去，岂不是“长狐狸志气，灭国母威风”，皇帝以后岂不是更加放肆作乐？

他们商量后，决定及时采取措施。

为了减轻爆炸效果，吕夷简提前打过招呼，相关部门坚决不许接收来自谏院和御史台关于此事的奏疏。

谏院和御史台，就是专门给朝廷提意见的监察、纪检机构。他们为了维护朝廷旧制，肯定要跳出来发难。

吕夷简猜得不错，官员们极为活跃。不让上奏疏，他们就集合起来请愿，跪在垂拱殿门前大呼小叫：“皇后不应废黜，希望赐召应对，让臣把话说完。”

守殿人关上大门不予通报，御史中丞孔道辅就拍着门环疾呼：“为何不让御史、谏官奏言！”

孔道辅有理由这样愤怒。他愤怒得理直气壮、震惊寰宇。

正史记载，孔道辅是孔子的四十五代孙。而孔夫子一辈子所标榜的，就是一个“仁”，还有一个“礼”。史载：“孔道辅自以圣人之后，常高自标置，性刚介，急于进用。”他考上进士后，担任宁州军事推官。有一天，从天庆观真武殿蜿蜒着爬出一条大蛇。神殿里出来的蛇，当然不是一般的爬行动物，满城人都以为是神。就在州中官员成群结队去参拜神蛇之时，孔道辅冲出人群，快步上前，挥起手中的笏板，“咔嚓”一下就把蛇头打了个粉碎！

现在皇后被废，孔子后人孔道辅看不下去了，跳出来据理力争：“人臣侍奉皇帝、皇后，就像老百姓对父亲、母亲一样。父母有矛盾，不和睦，本应劝谏阻止，为何要随顺父亲意愿逐出母亲呢？”

吕夷简回答他：“废黜皇后，古代又不是没有。”

孔道辅不是一个人在战斗。他身边立刻有一个人站出来声援：“人臣应该以尧舜之道引导君主，怎能引用汉唐失德之事来效法！”

说话的这个人吕夷简认识，应天书院出来的高才生，名满天下的范仲淹。

吕夷简说不过这些人，虚晃一枪，拱手站起来说：“各位还是当面向皇帝说这个事吧。”

回去后，吕夷简给仁宗上书，认为群臣集会请求应对，并非太平至美事，建议把这些闹事的家伙赶出去。

仁宗答应了，老百姓还有休老婆的自由呢，我身为皇帝，连这个权力都没有？

于是，孔道辅知泰州，范仲淹知睦州，其他人罚铜二十斤。

这是范仲淹第二次被贬。此前的天圣七年（1029），章献太后刘娥冬至受朝，仁宗率领百官拜见，范仲淹上书阻止说：“天子有侍奉母亲的道义，没有当臣子的礼法；天子有南面为君的地位，没有北面为臣的礼仪。……如果在宫内，可以行家人之礼，但现在和百官一起为太后祝寿，有损皇帝威严，不可成为后世榜样。”

可想而知，他的这番话在刘娥听来，是多么刺耳。

不久之后，范仲淹甚至上书请求太后还政给仁宗，引起了刘娥不满，被贬到河中府任通判了。

范仲淹是为了维护天子的皇权而遭贬的，在知识分子看来，是一件很光荣的事。所以同僚们设宴为他饯行，大声赞叹说：“范君此行，实在是很光荣啊！”

现在，因为和吕夷简交锋，范仲淹再次被贬睦州。他又吃了一顿同僚们的免费饭，大家举杯庆祝：“范君此行，更加光荣了。”

看出端倪了吧，这一章所说的“三光宰相”，就是范仲淹无疑。不过现在才“两光”，另一“光”即将发生在他和吕夷简的二次交锋之时。

“狐狸精”将国母赶下台后，更加受到仁宗的宠爱，令皇帝形销骨立，这令群臣暗自着急。

先是参知政事宋绶上书，希望皇帝注意养生，按照《黄帝内经》的要求，节制宣泄，顺应春、夏、秋、冬四季。

然后是南京留守推官石介给枢密使王曾写信，让王曾劝劝仁宗，要保养龙体，更重要的是保持名声与品行。石介说：“相公您应该尽力劝诫，如果劝诫不成，您就辞职不干，以感动皇帝。”

范仲淹的朋友滕宗谅，也就是范公《岳阳楼记》开首第一句“庆历四年春，滕子京谪守巴陵郡……”所提到的“滕子京”，也给仁宗上书说起“柳下惠精神”，却被安了一个“议论宫中事务失实”的帽子，被贬信州。

而内侍阎文应，受了吕夷简的嘱托，也从早到晚，一遍又一遍，劝说仁宗放弃尚、杨两位美人。仁宗耳朵起了茧子，实在受不了唠叨，这才同意安排两位美人到宗教界任职。

阎文应害怕仁宗反悔，急忙命人用毡车将美人送出宫。这两个女人知道，这一步跨出，后半生就永远是青灯古佛做伴了，所以哭哭啼啼不肯走。

别看阎文应是个太监，性格急躁得很，上去左右开弓几个大嘴巴：“宫中婢女，还有什么废话要说！”

许久之后，仁宗游后园，看到郭皇后用过的肩舆，睹物思人，毕竟“一日夫妻百日恩”，就写了一首《金枝词》，让小太监送过去，同时捎话：“不久后，我就把你召回来！”

仁宗的这个举动，令吕夷简和阎文应大惊失色，郭皇后重新回来，他们岌岌可危。

正好此时郭皇后有小病，阎文应带着医生去诊治。这一治，就把郭皇后给治死了。由于阎文应和郭皇后素有矛盾，所以一直以来，人人都揪住这个小辫子，怀疑是不是他故意下了毒。就连严肃到古板程度的司马光也记载说："郭皇后本来是小病，却被阎文应的医生治出更大的病来，然后不管不问，就这样死了。"

古时候医疗条件差，但据此断言阎文应下了毒手，理由确实也不充分。

郭皇后走了，皇后的位子不能空，于是又立了一位曹皇后，她是曹彬的孙女，将门之后。

再说范仲淹。他到睦州之后，干得有声有色，先是给自己树立了精神偶像——严子陵，然后又修了一道大堤，世称"范公堤"。就在他准备甩开膀子大干一番时，一纸调令将他派往苏州。

范仲淹确实是个务实的官员。到苏州后，他也没有歇着，兴修水利服务农业，尤其值得一提的是，他大兴教育之风，修建了赫赫有名的苏州州学。

苏州是范仲淹的桑梓之地。他也曾有意在此选一处地方，以备将来养老之用。

风水先生们闻风而动，向范仲淹介绍了南园。风水先生口才都不差，他们口吐莲花，把南园说得神乎其神："南园这个地方，位于卧龙街，北边的北塔寺就是翘起来的龙尾，而南园则是昂起来的龙头，这是整个苏州最黄金的地段。在这里居住，世世代代公卿将相不绝，想不发达都不可能！"

范仲淹显然受到了风水先生蛊惑，当即买下地来。不过，他并没有住进去，而是将此地建成一座学校，让此处的学生成为公卿大员，为国家服务。

在苏州任期不足一年，范仲淹又被调到中央，拜尚书礼部员外郎、天章阁待制，判国子监，迁吏部员外郎、权知开封府。这是一次难得的机遇，他将有更多的机会和皇帝及上层官员见面，也就更容易得到升迁。

读书人做官，谁不想做宰相?

但朝廷有他的敌人和绊脚石——吕夷简。

于是在景祐三年（1036），范仲淹再度出手。他的武器是一张图，图上密密麻麻都是人名，还有各类奇怪的箭头和线条，名叫《百官图》。

范仲淹将这张图献给仁宗皇帝，一一解释说：“某某升迁太快，不合规矩，某某是某人小弟，因为偏私而上位……”

仁宗问他：“为什么官员升迁如此混乱？”

“因为吕夷简！”范仲淹振振有词，“吕夷简执掌朝政，任人唯亲，升迁之人都出自他的门下，这是朝廷很大的祸患。”

几天后，仁宗和吕夷简说起迁都洛阳，并谈到范仲淹的上书。吕夷简的定位是：“范仲淹为人迂阔，只不过是个有名无实的家伙而已。”

在所有关于范仲淹的记载里，他都被塑造成一个完美无缺的典型，而他的“敌人”吕夷简，自然就成了反对派，其实这是有失公允的。吕夷简入仕很早，政治经验要远比范仲淹丰富，他说范仲淹“迂阔”，并非空穴来风。

纵观范仲淹的一生，可以说是一个复杂的混合体，他做人做事都没有问题，但就是过分拘谨，很少有真性情的表现[①]。而且他一生过分“好

① 唯一的一次，就是给一个歌伎寄了一盒胭脂，附一首诗：“江南有美人，别后常相忆。何以慰相思，寄汝好颜色。”

名”，以追逐“忠直”为乐事，自然为盛名所累。

苏辙和司马光不约而同记了同一件事。说的是晚年时，范仲淹经过中书省历练，已经知道了当官的难处，所以给吕夷简写信道歉，但这个说法被范仲淹的儿子给否定了。在他们心里，自己的父亲是铜铸铁浇的，岂肯向“小人”屈服。

欧阳修对此评价道：“这是老夫亲眼所见，你们这些小孩子，知道什么！”令欧阳修尤为愤怒的是，他撰写的神道碑里“二公[①]晚年欢然相得”的字句，竟然被范家人删掉了。

欧公怫然不悦：“这不是老夫的文章！”

头角峥嵘、一腔正气的范希文[②]，觉得《百官图》的力度还不够，又连夜加班，赶制出了四篇雄文，分别是《帝王好尚论》《选贤任能论》《近名论》《推委臣下论》。这一系列文章的核心思想是：“求名并非什么坏事，关键是，要把奸人赶出朝廷，免得衍生出王莽之类的祸患。”

吕夷简看范仲淹不识抬举，就给他安了个“越职言事，离间君臣，荐引朋党”的罪名，将他下放饶州了。

这就是范仲淹的“最后一光”，大家又请他吃饭，齐声赞叹：“此行尤其光荣！”

范仲淹心里很高兴，自谦说：“范某前后已经三光了，若再光一次，只希望有个好牢房可以住。”

范仲淹这三次寒光闪闪的贬谪，给他带了至高荣誉。

集贤校理王质带着酒去给范仲淹送行，有人劝他小心一点，免得被划为“范党”。王质说：“范希文是贤者啊，能成为他的‘党人’，是我

---

① 范、吕二人。

② 范仲淹字希文。

的荣幸。”

集贤校理余靖上书滔滔不绝，举了历史上的例子来质问仁宗：范仲淹提意见，你不听也就罢了，为什么还要把人贬了？话刚说完，余靖自己也被贬了。

太子中允、馆阁校勘尹洙也主动跳出来，要求加入“范党”。他说：“范仲淹为人诚实，直言不讳，理应成为我们的师友，他被贬之后，很多人都说我是他推荐的。所以，希望也把我给贬了吧。”很快，尹洙也被贬为一个掌管酒税的芝麻官。

尹洙做事比较个性。他和欧阳修等人一起登山时，无意间说了一句：“这个登山啊，就应该带一个胡饼炉来，搞搞烧烤。”

欧阳修哈哈大笑说：“胡扯，登山就是为了享受自然，返璞归真！”

欧阳修一开口，众人纷纷附和欧阳修，对尹洙群起而攻之。

尹洙自知说错了话，不敌众人之口，情急之下，用手使劲去掐自己脖子，简直快要把自己给掐死了，才被众人救下。

这一次，尹洙替范仲淹出头，范仲淹牢记在心。若干年后，范仲淹知邓州，尹洙几经起落，却还是“监均州酒税”这样一个官。均州郡守对尹洙十分不爽，经常借故羞辱，范仲淹看不过去，就向朝廷奏报说：“尹洙身体多病，可惜要死在穷乡僻壤，不如送到我这里来治病。”

尹洙到邓州，性格还是那样粗疏，吃饭喝酒之间，仆从们稍微伺候不到，就勃然大怒，甚至用指头狠狠掐脸，吓得没人敢伺候他，纷纷向范仲淹告状。

范仲淹念及旧恩，呵呵笑道：“你们知道啥，这才是龙图之硬性①！”

尹洙在范仲淹那里没待太久就死了，享年四十七岁。

---

① 尹洙曾任龙图阁直学士。

就连死的时候，尹洙也与众不同。

他贬官路上遇到过一位和尚，与之深谈后，“顿然有所得”，俗称“开悟”。在邓州某天，尹洙给范仲淹写信告别，说自己就要死了，范仲淹急派掌书记朱炎去见他。朱炎到的时候，尹洙已经沐浴完毕，端正衣冠，坐着咧嘴笑道：“希文怎么还把我当活人，我早就死了！”说完闭目而死。

范仲淹闻讯赶来，号啕大哭，正哭得起劲，尹洙忽然举头道：“都跟你告过别了，你还来作甚？”

范仲淹急问：“何故死而复生？”

尹洙笑道：“死生乃是常理，希文你怎么还没参透？”说完作了一个揖，大声说：“亦无鬼神，亦无恐怖……”随后脑袋一歪，这次真的死了。

除了以上两人，范仲淹还“连累”了一个人物——欧阳修。

欧阳修没有主动站出来受罪，他是被别人检举出来的。有一天，右司谏高若讷收到了欧阳修写来的一封信，这封信的措辞用语令他怒不可遏，当即上缴朝廷。

信的内容大致是这样的：

> 范仲淹博古通今，刚直不阿，朝班中无人能及。现在他无辜被逐，你高先生作为谏官却不闻不问，一言不发，成天还人模狗样，面见士大夫[①]，出入朝廷，你不知道世上还有羞耻二字吗？现在开始，我总算知道你不是君子，是个彻底的小人！

---

①“犹能以面目见士大夫”。

欧公的文笔实在是太过激烈，高若讷受不了刺激，当然要检举告发。

欧阳修因此被贬为夷陵县令。他给尹洙写了封信说：“五六十年以来，这些人沉默畏怖，在世间忽然看到我们所作所为，就算是烧饭老太太，也肯定会吃惊见怪。”

贬完高若讷，欧阳修就此开始为“朋党”寻求合理的理论依据。几年之后，在石介的启发下，他写了一篇《朋党论》，来为范仲淹的“结党”寻找合适的理由。

欧阳修用他的生花妙笔辩证论述：

> 君子以道为朋，而小人以利为朋。有利益的时候，小人就团结在一起，成为朋党；当利益没了，他们就会分崩离析。所以说，小人根本就没有什么“朋”，只有君子才能始终如一，成为“朋党”。

针对当时的政治局势，西京留守推官、著名书法家蔡襄即兴创作了一首《四贤一不肖诗》。蔡襄的字好，诗的题材又大快人心，瞬间就火了，传遍京师四方。此诗甚至还传到了辽朝，辽朝使者偷偷买了一份带回去，题写在幽州旅店墙壁上，反复欣赏。蔡襄不是一般人，宋代有“苏、黄、米、蔡”书法四大家之说，其中的“蔡”就是蔡襄。

就在范仲淹离去后不久，在朝廷里还发生了另一件事。王宫待制王宗道向仁宗诉苦，说自己二十年来一直在王府任职，没有升迁，仁宗就任命他为龙图阁学士。

而权三司使王博文则哭着说：“臣下我老得都快死了，现在还连二府[①]的门都没摸着……”仁宗又任命他为枢密副使。

---

① 中书与枢密。

此种伸手要官的举动，与范仲淹形成鲜明对比，为此有些喜欢开玩笑的文人写诗讽刺道："天章故国三千里，学士深宫二十年。殿院一声河满子，龙图双泪落君前。"

这首诗并非原创，原诗乃是唐代张祜的《宫词》："故国三千里，深宫二十年。一声河满子，双泪落君前。"

所谓"河满子"，也称"何满子"，乃是一个悲伤凄婉的词牌名。白居易有诗云："世传满子是人名，临就刑时曲始成。一曲四词歌八叠，从头便是断肠声。"

百感交集的范仲淹，带着一家老小，继续出发到饶州去。到饶州后，范仲淹修水利、建学校，端正民间风气。

晏殊留守南京期间，范仲淹守丁母忧，于是晏殊就请他掌府学，也就是主管州府的学校。范仲淹对这个抓得很严，晚上经常不定期查宿，发现有谁早睡，就将他叫起来问话："为什么这么早就上床了？"

学生回答："刚才看书有点困了，暂时休息片刻。"

继续问他："没睡之前，看什么书呢？"

如果学生回答《汉书》，他立刻就找一本《汉书》当场考他，答不上来就要受罚。

除了兴办教育，范仲淹还有个爱好，就是看不惯不三不四的人，但凡看到这类人，一定要执着地将其改造过来。

此时在饶州，有个偏僻的景点叫东湖，湖边有条街，是有名的红灯区，生意很火爆，人来人往，络绎不绝，把社会风气搞得一团糟。

读书人范仲淹当然看不下去，他决心为饶州的移风易俗做点事。他经过调研，做出一个决定，从城里到东湖，修建了九条大道。这样的话，只要有人进城，就必须路过青楼，人都是好面子的，当然不希望父老乡亲看到自己在花街柳巷，所以慢慢地，青楼生意一落千丈。

这一招很灵验，老百姓称赞范仲淹说，此乃一剑封喉的“九箭射东湖”。

在饶州没待多久，景祐四年（1037），范仲淹被调到润州任职。之所以有这次调动，是因为发生了大地震，大臣们借题发挥说：“自从范仲淹等人被赶出朝廷，已经两年了，大臣们装聋作哑不敢议论朝政，这恐怕是上天的警告。”

仁宗对世界上大部分东西是不畏惧的，但就是不敢跟上天较劲，就把范仲淹调到距离京城比较近的润州。

一年后，范仲淹又被调往越州。

如果照这个趋势发展，范仲淹最多会成为一个像张咏一样的能吏，不用多久，就淹没在历史的长河中，而不会像现在那样，但凡提起“先天下之忧而忧，后天下之乐而乐”，都知道是忧心忡忡的范仲淹。

范仲淹之所以可以横空出世，名满天下，还要“感谢”大宋朝的敌人——西夏。

西夏这个国家不大，辖区大致在今天的甘肃、宁夏和陕西西北部及青海、内蒙古的部分地区。

在大宋建立伊始，西夏国曾称臣于宋，其主李继捧入朝，后来他的族弟李继迁即位。李继迁靠着打游击起家，在辽、宋两个超级大国之间很活泼地游来游去。

后来，李继迁和真宗讲和，老规矩，大宋朝用钱买和平。

再后来，李继迁在和吐蕃人的战斗中遭到暗算，不久就死了。李继迁将位子传给了儿子德明，德明再将位子传给儿子元昊。元昊小名嵬理，直译过来就是“珍惜富贵”之意。

经过这些年的和平贸易，西夏国已经接受了不少中土文明熏陶，不再是只会骑马游猎的野蛮人。至于元昊本人，更是人中龙凤，对于佛经、蕃汉文字、法律乃至兵书，都极为精通。除了文化修养，元昊最可怕的一点，就是他有野心。

德明曾经劝过他："曾经长久用兵征战，国力损耗很大。这三十年来我们穿的绫罗绸缎，都是大宋朝所赐，这个恩情不要忘记。"

元昊对父亲的懦弱十分不满，口出狂言道："穿皮毛，从事畜牧，这是我们民族的习俗。英雄在世，就应该创建皇图霸业，何必为了一点锦缎而婆婆妈妈！"

西夏建国之后，元昊自称"兀卒"，翻译成汉语就是"青天子"，以区别于大宋的皇帝"黄天子"。

这个消息传到大宋朝廷，群臣非但不感到愤慨惊讶，反而若无其事地说："元昊这样的小丑，顷刻之间就可以消灭干净。"

这种态度纯属"夜郎自大"，殊不知经过这些年的和平生活，再加上仁宗忠实执行了祖宗"重文轻武"的国策，朝中几乎没有什么拿得出手的大将。国家每年动用大量的财物来养兵，这些士兵却无所事事，而且由于"更戍法"的实施，将、兵之间互不了解。这样的部队，怎么能和那些整日策马厮杀的西夏人相比？

大宋的漠不关心，更加助长了元昊的气焰。他是个有理想的人，当然不甘心偏安一隅，靠着大宋的"赏赐"来生活。

于是在康定元年（1040），元昊出手了。

这一年注定是充满霉味的，因为大年初一那天，天上竟然出现了日食，这可不是什么好兆头。知谏院富弼心里忐忑不安，建议撤销宴会和酒食，结果被拒绝了。

当时，坐镇西夏边境要塞前线延州的，是范雍。此人"多谋少成"。他听说西夏军队从承平退走后，扬言要来攻打延州，心里十分害怕，就写信给朝廷，要求增兵。

元昊派使者来见范雍，骗他说：“我们首领知道自己错了，现在想要悔过自新，归顺朝廷。”

范雍闻言大喜，急忙将这个好消息告诉朝廷。

这里要说明的是，范雍并不是傻瓜，这么轻易就被元昊的低级策略给欺骗了，而是因为西夏地处偏远，物产贫乏，它离不开大宋的资源。所以按照范雍的盘算，这个元昊也就是穷疯了，讹诈一点财物就走，这次讲和，应该是真的。

范雍这边一放松警惕，元昊就出动大军，夺取延州的门户要塞金明寨，捉住了金明寨的都监李士彬父子。

李士彬在江湖上有个外号“铁壁相公”，听起来很是威风，他本人也极其骄傲。他骄傲的资本有两点：第一，有不计其数的西夏老百姓对元昊没信心了，就来投降于他；第二，元昊的部下经常面带沮丧地散布言论说“我们的士兵，一听到‘铁壁相公’几个字，就吓得魂飞魄散……”

元昊进攻时，李士彬正在金明寨，听闻贼兵到来，喝令手下：“给我牵马来！”手下给他牵来了一匹马，不过是一匹骨瘦如柴的劣马，骑着这样的坐骑，战斗力可想而知。

李士彬最后才明白，他就败在自己最骄傲的两点上，那些来投降的人，最后都做了元昊的内应。而西夏将领的那些言论，则助长了他的傲慢习气。

李士彬遇难，元昊进逼延州。范雍急忙用檄文召部下刘平和石元孙，双方军队在距延州只有五里之遥的三川口遭遇。一场恶战之后，刘平、石元孙被俘，延州城遂被团团围住。

二将被俘，城内人心忧愁沮丧。范雍不敢出战，只好坚壁清野，以静制动。

关键时候，老天爷帮忙，下了一场大雪，西夏军队因为粮草和气候问题，七天后退兵而去。

战事失败的消息传到京城，却一直没有反映到仁宗那里。

据说有一天，仁宗驾临化成殿，有一个退休的老兵抱着扫帚，在树荫下扫地，忽然厉声慨叹道："可惜了刘太尉！"

他嘴里的"刘太尉"就是刘平。在北宋初年，太尉是个很高的虚衔，同时，也用于对武人的敬称。

仁宗忍不住问他，为何没来由说这么一句，老兵说："官家难道不知道，刘太尉和五六员大将一起被杀了？"

"你怎么知道的？"

老兵放下扫帚，从怀里掏出一封书信说："营州西虎翼一营尽折，臣婿亦物故[①]于西阵，此书乃家人急报也。"

仁宗急忙召见执政大臣，方才知道发生了如此严重的外患。

这次三川口大败，令大宋朝野大跌眼镜，没想到这样一个不起眼的贫瘠之地，竟然把大宋朝军打得遍地找牙。

仁宗愁眉苦脸地问大家怎么办，此时再也没有人敢口出狂言了。

宰相张士逊给仁宗提了一条建议：禁军常年在外戍边，军属们在京城都生活不下去了，要想提高部队战斗力，就应该适当表示一下。

仁宗选择刚从西川回来的起居舍人、知制诰韩琦，让他担负重任。

韩琦此时正当壮年，锐意进取之时。他正想到西北边陲去谋取大好功名，因为朝中实在是缺乏大将，他就向仁宗推荐了大他十九岁的范仲淹。

因为范仲淹是"朋党"的核心，为了避嫌，韩琦拍胸脯保证说：

---

① 即战死。

“陛下您焦急烦恼之际，我当然应该是‘知无不言，言无不尽’，推荐范仲淹，如果是涉及朋党，导致贻误国事，您诛我全族。”

中国传统文化中有一个潜规则，一个人如果文章好，人品也不错，就一定可以成为一名好官员，无论经济、政治、军事、文化还是工程，都可以做得很好。正因如此，大家就都默认：“范希文完全可以成为一员良将。”就这样，远在越州当官的范仲淹，朝夕之间，手里的笔杆子变成了枪杆子。

这一年，范仲淹五十一岁，已经到了圣人所说的“知天命”之年。虽然名声大，但是在仕途上似乎没什么大的起色。他没有意识到，韩琦的一个建议，将他推到了人生最大的转折点。

康定元年（1040）三月，范仲淹接到任命：天章阁待制、知永兴军。到了五月下旬，又改任龙图阁直学士、陕西经略安抚招讨副使。和他一起得到新任命的还有韩琦。

从此刻开始，他俩将成为肩并肩的战友，在陕西都部署兼经略安抚使夏竦的领导下，担负起抵御西夏的重任。

这次提拔范仲淹，吕夷简是出了力的。仁宗了解这二人的宿怨，为了团结班子，就跟范仲淹说：“吕夷简是个好人，宽厚长者，你和他沟通沟通，以前的矛盾就一笔勾销吧！”

范仲淹十分怪异地看了仁宗一眼，慢慢说：“我和吕夷简没有矛盾。”

仁宗更加怪异地看了范仲淹两眼，心中暗道：“你当初给我看《百官图》的事，这么快就忘记了？”

范仲淹当然知道仁宗的意思，又慢慢地说：“我和吕夷简以前，都是为了国家大事才闹得不可开交，我和他个人，没有任何嫌隙！”

此言不谬，是故仁宗无语。

越往西走，范仲淹体内的热血就越沸腾。他当然也渴望在生命的后半段，创建彪炳千古的功勋。虽然是文人，但范仲淹骨子里有真儒者平定天下的大志。他喜好谈兵，经常吟诵韦庄“兵卫森画戟，燕寝凝清香”这两句出神入化的名诗。

但他不知道的是，与他并肩的韩琦和夏竦，热血甚至比他还要沸腾……

第十章 三人行必有愤青

韩琦深知，谏官不是隔靴搔痒，也不是含糊其词，所以他的工作方式是瞄一个打一个。他直接列举出了四位宰执的名字，一一点出其致命的缺陷，建议朝廷让其下岗或转业。

到目前为止，我们对范仲淹两位战友的了解，还都只是皮毛，所以需要费一些笔墨，来做个简短的介绍。

把时间往前推移。

天圣五年（1027）三月，朝廷公布科考结果，大殿唱名。

当念到第二名“韩琦”时，人群中走出来一个面如冠玉的少年，二十岁左右，仪态大方。与此同时，人们惊奇地发现，太阳下忽然出现了奇异的五色祥云。

天文机构进奏：“五色祥云，此乃国之祥瑞！”

上天的这个暗示令满朝文武无比欣喜，大家忍不住向皇帝道贺，恭喜国家又选拔了一位人才。

韩琦就这样走进了我们的视野。韩琦长得很帅，史书记载：“（韩琦）风骨秀异。”《名臣言行录》又说：“（韩琦）姿貌英特，美须髯，骨骼清耸，眉目森秀。”就连一向看谁都不顺眼的宰相王安石，也在日记里悄悄写道：“韩琦，只是长得漂亮而已！”

虽然漂亮，但他的声音却不敢恭维——一副破锣嗓子。今天我们之所以能知道这个细节，是因为后来的神宗问过手下：“文彦博走路姿势怪异，好像跛足一般，而韩琦声音嘶哑，为什么会如此富贵呢？”

被问者答：“如果他们没这些缺点，陛下将不能得其为臣！”

由此可见，韩琦即便有面相学上的“衰相”，也可以贵为天子重臣。换言之，如果没这个缺点，就要对皇权构成威胁了，可见其富贵逼人，实乃天生。

入仕之后，韩琦历任监丞、通判淄州、开封府推官以及三司度支判官，后来官拜右司谏——这是个专门提意见的职务。在这里，他干了一件大事。

宝元元年（1038），天下灾害频繁，为了表示诚意，仁宗就下诏，让大家给他提意见，于是陆陆续续有人站出来，打破范仲淹被贬之后的言论禁锢，先是苏舜钦、苏绅和叶清臣，最后韩琦出手了。

韩琦深知，谏官不是隔靴搔痒，也不是含糊其词，所以他的工作方式是瞄一个打一个。他直接列举出了四位宰执的名字，一一点出其致命的缺陷，建议朝廷让其下岗或转业。他们分别是宰相王随、陈尧佐，参知政事韩亿、石中立。

韩琦对王随的意见最大。他说：“王随当宰相以来，令大家都很失望，处理政事随意任性，气量狭窄，性格急躁，实在是有伤政体。他除了烧香拜佛，似乎没别的本事。自他旧病复发至今，已经有十二年了，现在发生严重的灾变，也不来拜见陛下……”

这个评价确实打中了王宰相的七寸。王随表面看起来十分威严方正，动辄喜欢骂人，实际上因为虔信佛教，对手下约束确实失之宽松。明道年间，江淮发生严重的饥馑，宋仁宗派王随去赈灾。王随去了，他像一位勤奋的散财童子，每天令手下背着大包的铜钱，看到要饭的就去散发，所以每每出去，都被饥饿的群众紧紧包围。

问题是，这样单纯地发钱，拿不出切实可行的措施，治标不治本，对灾害防治有什么好处呢？这件事让大家都知道了，王随是个好人，不过，仅仅是个好人而已。

王随信佛。在杭州，他曾对着老和尚诵读经文，他读得扬扬得意，老和尚听得如痴如醉，从椅子上抬起屁股，脑袋都快探到王随怀里了。

王随诵读完毕，十分深沉地告诉手下："老和尚深不可测，这是在给我们打禅机呢！"

这件事让本地人知道后，一语道破："什么禅机！那老和尚根本就是个聋子！听不清楚，当然要往前凑了。"

稀里糊涂有点喜剧色彩的王随，被愤青韩琦一通狠批，倒也不冤枉。

第二个目标是陈尧佐。

陈尧叟、陈尧佐和陈尧咨三兄弟鼎鼎大名，不至于像王随那样无所作为。问题出在陈尧佐的儿子陈述古身上。韩琦指出："宰相的这个儿子担任右藏库监守，任期没有满，也没有三司保奏，就被破格提拔为发运使。"这是典型的"任人唯亲"。

类似情况还有参知政事韩亿。他想提拔儿子未遂，就将职务授予自己的哥哥。

"对待朝廷的官职，就好像自己家的私人财物一样，随意调整退换，简直无法无天！"韩琦列举的这件事，也是证据确凿。

随后，韩琦又将矛头直指另一个参知政事——石中立。

石中立没干坏事，也没有躺在家里装病。他坏就坏在一张嘴上——太幽默了。但是韩琦不喜欢这类人，甚至可以说非常讨厌。

当时还有一个幽默人士石延年，与别的同僚都是嬉笑打闹，每次见到韩琦，却只敢呼"韩家"，这是民间百姓对所畏尊官员的尊称，可见韩琦是一个多么正经严肃的人。

石中立机智诙谐，有宋一代，几乎无人可以超越，他是朝廷中的"大嘴"和"名嘴"。

梅询一辈子都没有进入二府，所以一直耿耿于怀。他晚年多病，石中立就神秘兮兮告诉他：“我有个秘方，保证治好你！”

梅询急忙询问，石中立说：“你只需要服一剂清凉散，即可痊愈！”

梅询听后面红耳赤，十分难堪。原来，那时候只有宰相和枢密门前，才有资格撑青色的凉伞。石中立是讽刺梅询，只要进入二府，有了青凉伞（清凉散），一切就都解决了。

有一次去御苑观赏豢养的狮子，动物园工作人员介绍说：“这狮子每天必须要五斤肉来饲养。”

有同僚接过话茬：“看来我们还不如这狮子，伙食还没它好。”

石中立当即说：“你有什么感慨的！我们都是员外郎（园外狼），怎么比得了人家苑内狮！”

他骑马去上班，忽然马匹受惊，他从马上掉了下来。石中立摸着屁股没有喊疼，还不忘开玩笑：“得亏我是‘石学士’，要是‘瓦学士’，今天还不得摔个稀巴烂。”

他的诙谐滑稽，很难被人接受。是故，曾有一位名叫上官辟的官员劝诫他：“你的名位都不轻，这样肆无忌惮地谈笑，是不是不太好？”

石中立应声而答：“你既然是上官鼻（辟），又怎么管得住我下官口呢？”

等当了参政，又有人说：“你现在贵为二府长官，习惯改一改，谈笑要适可而止，不要太过分了。”

石中立拿出任命文书反驳道：“你看看，上面说任命我为参政，其他都不要改动，你说怎么办？”

现在，韩琦跳出来说：“石中立本来考艺文进入仕途，诙谐笑谈为人称道，如果安排在文职机构，应该还是称职的，但是决策大政方针，不是他所擅长的。”

按韩琦的意思，这四个宰执都不称职，据说仁宗也同意这个观点，史称“嘉纳之”。其实这种事是古来的惯例，如果频繁出现天灾人祸，预示着执政出了问题，君主需要下“罪己诏”自我批评。同时，宰相也必须打辞职报告。

估计也是为了缓和与上天的关系，仁宗在二十天后，将四位宰执一天之内悉数罢免。而韩琦也一战成名，成为朝野侧目的风云人物。

从仁宗一朝开始，到英宗掌权，乃至神宗时代，韩琦都可谓一位举足轻重的、无法回避的人物。因为他在后面会有更大的作用。

范仲淹的另一位战友，三人组合之一，是他们的领导——夏竦。

夏竦，字子乔，他的父亲在河北对契丹作战时不幸身亡，夏竦因此被政府录用。但这并不意味着夏竦只是个单纯的“关系户”。事实上，此人博览群书，才华横溢，经史、百家、阴阳、律历，外至佛老，无不精通。

正史对夏竦的评价似乎不高，说他：“才术过人，急于进取，喜交结，任数术，倾侧反覆，世以为奸邪。”宋史给出这样的判断，大概是由于他在丁母忧期间，曾悄悄潜回京师，走后宫路线，结交了王钦若，从此进入权力高层。

据沈括记载，夏竦性情豪放，天赋异于常人，每次刚一入睡，身体就会僵硬冰冷，好似死去一般，睡醒之后，需要一段时间来加温，才能像活人那样活动。

从现代医学的角度看，这似乎是一种病，但在古人看来，这正是其不平凡之处。

沈括还说，夏竦每天都要吃一种钟乳硫黄粥，有个小吏偷着品尝了一次，结果“发疽”，差点断送了性命。这件事似乎印证了另一则传闻：

夏竦小的时候，遇到过一个道士，道士很喜欢他，希望将他收作养子，带他走。他父亲[1]因为只有这一个儿子，所以不答应。道士“阴谋”破产，就悻悻地说：“这孩子有仙骨，不久就会位极人臣，只可惜堕落了！”道士就这样离开了，夏竦他爹对道士的话半信半疑。

若干年后，夏竦被任命为某地通判，再次遇到道士，其人感慨地说：“你现在还可以做个地仙！”

再往后，夏竦的官一步步做大，和道士在成都偶遇，道士远远在驴背上摆手：“没戏了，你没戏了！”

从此消失不见。

现在，我们只需要知道，夏竦聪明强干，而且急于得到进用，摩拳擦掌要在西北建立功勋。

范仲淹领命之后，开始召集人马。他首先想到的，就是从前为自己仗义执言的欧阳修，于是快马加鞭，递去一封书信，请欧阳修来自己帐下。

乍一接到书信，欧阳修也是热血沸腾，但等他看完全文，却又大失所望。原来，范仲淹只是请他去做一个撰写军中公文的书吏而已，并非“参决军谋、经画财利”。

欧阳修不太高兴，就回了一封《答陕西安抚使范龙图辞辟命书》，说自己因为母亲年纪大了，要养家，所以难以到边关报效祖国。

话说到这里，害怕范仲淹难以领会弦外之音，他又直白地说：“……军书奏记，不过是芝麻大小的事，也不用等我去，这才敢以母亲为理由来拒绝。何况世人所谓的四六官样文章，并不是本人的爱好，以前备考时当然要写，考上之后，我就不再写了！就算是因为工作原因，

① 《默记》中记载，这其实是夏竦的养父，他在街边捡到的夏竦。

我也坚持不写，这一点，尹师鲁[①]可以作证。”

不久之后，欧阳修觉得还是有些郁闷，给好朋友梅尧臣写了一封信。

在信中他说：“我之所以不去，并不是因为母亲年老，也不是为了避嫌。从军本是常事，和孝顺父母并不矛盾，至于朋党的嫌疑，都是世俗成见，我哪里有什么党？只不过是因为以召掌笺奏召见，所以才不去的。”

可是，范仲淹终究没有给欧阳修安排一个实差，欧公也只好继续回到书桌前，继续干他的文字工作。

鉴于实力上的对比比较悬殊，仁宗流露出了主动进攻的思想，用手诏询问部队的出征日期。本来不想盲动的夏竦就谋划了攻、守二法，请皇帝自己定夺。属下的积极主动令仁宗倍感振奋，当即下令给送信的韩琦和尹洙加官。

此举却被韩琦义正词严地拒绝了：“我因为大事，所以不待召见而赴朝，如果因此晋升爵秩，恐怕要被清正之士所鄙视！”

从这里不难看出，韩琦和夏竦有点区别，他有一种独特的气节，总结起来就是：“识量英伟，临事喜愠不见于色，论者以重厚比周勃，政事比姚崇。”周勃和姚崇都是前朝名臣，分别以厚重和能干著称，这个评价也是相当“厚重”了。

韩琦刚满三十岁，就被天下称为“韩公”。欧阳修更是对他推崇备至，十分谦虚地说：“我一百个欧阳修，恐怕都难望韩公之项背。”韩琦能得到天下人的认可，是因为其胸襟气节确实如“高山大岳”，他的修养较之一般人也要高出很多。比如，我们平时说到心中不平之事，都会

---

① 尹洙。

气喘，然后变脸色，越说越生气，最后声色俱厉。韩琦不然，说起小人忘恩负义之处，词和气平，就好像说家常话一样。

韩琦曾经有一只玉盏，精美绝伦，毫无瑕疵，特别惹人喜爱。他某次打开美酒，召集三五知己，放置于铺着绣锦的桌上，让大家轮流用这件宝物饮酒。就在这个过程中，有小吏不小心失手，玉盏就碎了。

小吏吓得魂不附体，跪下来伏地请罪。韩琦神色不动，笑着对大家说：“东西破损，自有它的时候！”然后对小吏道：“失误而已，并非故意为之，你何罪之有？”

等到了西北边陲，韩琦晚上伏案写公文，边上有一名兵士举着蜡烛。兵士估计举得时间久了，手臂发麻，又或者夜深发困，不知不觉，就把蜡烛举到韩琦胡子上去了。

韩琦的“美须髯”可是他的招牌啊，呼啦一下就被燎去一半。

韩琦神态自若，用袖子将火熄灭，继续伏案写作。等写完东西回头，发现刚才秉烛的小兵被换掉了。他害怕小兵被长官鞭挞，就急声喊道：“不用换人！只有那个小兵懂得秉烛，把他叫来。”

韩琦的气量英伟，在这些小事上就可以反映出来。虽然他不是官迷，但确实也渴望有所作为。君子立业，本无可厚非，更何况是抵御外族的侵袭。

在京城汇报工作完毕，仁宗认可了韩琦的建议，并确定下了出兵日期。

但是范仲淹对这个方案颇有微词。他摆事实讲道理，从天时、地利、人和三个角度，告诉他的领导，此时不宜进攻。他的论述很充分：正月里出兵，雨雪霏霏，天寒地冻，兵马损失一定不小。而且，应该团结那些少数民族的首领，给他们留些盼头，让其领会朝廷招降的诚意，并非想赶尽杀绝。现在贸然出兵，有可能惊动他们。同时他还建议，修筑城池，打牢基础，以逸待劳。

仁宗脑子有点热，自然没有听进去。

元昊那边也没有闲着。他是摸着石头过河，走一步看一步，一边磨刀霍霍准备打仗，一边派人去找范仲淹乞请和解之事。这表明，他对范仲淹很重视，因为范仲淹来了之后，扎扎实实干了一些实事，摆出持久战的架势。于是民间传言四起："现在这个小范老子[①]，可不像以前的大范老子[②]那么好欺负，他胸中有百万兵甲！"

范仲淹仔细观察元昊派来的人，得出结论，此人只不过是来周旋试探，绝不是诚意和解。于是他犯了一个错误：没有将此事奏报朝廷，而是自己写了一封信，对元昊进行了一通教育。元昊给他也回了信。但是随着后来战事的发展，元昊的回信也愈加嚣张，范仲淹将一封二十六页的信删掉近二十页，抄录下来，奏报朝廷，然后当着元昊使者的面将原件焚毁。

这件事直接导致了他不久后的被贬。

因为"人臣无外交"。作为一个臣子，私自和他国领导交流，不管谈什么内容，都是严重违反组织纪律的行为，贬官算是很轻微的处罚了。

不过，相对于韩琦和夏竦的沮丧，范仲淹确实应该感到庆幸。

众所周知，范仲淹是个讲原则的干部，他认为不妥的事，是决计不肯让步的，他坚持不出兵。于是求战心切的夏竦和韩琦，只好派他们的朋友尹洙去做工作。

尹洙到达之后三天，范仲淹慢吞吞告诉他："朝廷已经允许我不出

① 指范仲淹。

② 指范雍。

兵了。”

尹洙还不放弃，在延州待了二十天，最终也没有撬动倔强的范仲淹。

尹洙没办法，略带不爽地讽刺范仲淹：“这一点你就不如韩琦，韩公说过：‘用兵当置胜负于度外。’现在您实在是太谨慎了。”

范仲淹说：“大军一动，那就是数万条性命，置之度外，我觉得并不可行！”

尹洙悻悻而去。

对夏竦来说，他急于出兵，还有一个次要原因，那就是为了面子。

当时刚到边关，夏竦就张榜公布：有得到元昊人头者，赏钱五百万贯，封西平王。

来而不往非礼也，元昊也派了一个人，化装成买荻箔[①]的，混进大宋的辖区。这个人在小吃摊上吃完饭，并没有带走自己买的荻箔，就径直离开了。

摆小摊的人一直等到天黑，也没见人来拿东西，内心窃喜，今天可捡便宜了！他慢慢展开草帘子，这才发现里面裹着一张大榜。

榜上写的是：“有谁得到夏竦人头，我赏钱三千钱。”落款是元昊。

夏竦知道自己只值三千钱后，羞愤交加，赶紧令人掩藏。岂料消息早已走漏出去，成了大家的笑柄。

夏竦很郁闷，所以更想打仗。

庆历元年（1041）二月，韩琦巡边到泾州，碰巧环庆路副都部署任福到泾原议事，这时有情报显示：元昊准备进攻渭州。韩琦当即命令任福率领军队出发，还特意叮嘱：“不要和敌军正面作战，只需要依据险

① 荻草做的帘子。

要布下伏兵，等他们回兵时再进行截击。”

叮嘱完，等任福上路了，韩琦又亲自到城外强调了一遍。

跟着任福出发的，还有作为先锋的泾原路驻泊都监桑怿、钤辖朱观、泾原都监武英、行营都监王珪和参军耿傅。

以上所列，皆国之勇士！

不知道什么原因，任福并没有完全遵从韩琦的部署。可能也是报国心切，他按捺不住心中的激情，率领数千轻骑赶赴怀远城、捺龙川，和贼兵激战于张家堡以南，斩敌数百。

西夏军队且战且退，留下马、羊和骆驼，撤了回去。打得兴起，桑怿完全忘记了“穷寇莫追”的古训，黏着屁股赶上去，任福也急忙分兵追赶。

《宋史纪事本末》记载了一件颇有传奇意味的事：行军途中，桑怿在路边发现了很多银色的泥盒子，里面有“扑腾扑腾”的声响，打开盒子，顿时，令人怀疑来到了某个盛大的开幕式——数百脚悬响铃的鸽子腾空而起。

这是西夏人的消息鸽！

看到消息鸽飞上天空，西夏人即刻四面合围上来。

宋军仓促出兵，深入敌后好几天，本来补给就不足，再加上西夏人以逸待劳，任福的部队还没有排好阵列，就被敌人的铁骑突散了。与此同时，西夏人又扯出大旗，旗子上画着假发披面、口吐獠牙烟火的怪物，宋军更加心慌意乱。想要向山上聚拢军队，占据有利地形，却被敌军从山背冲击，导致很多官军跌落山崖。

没多久，桑怿就战死了。

敌军又分兵截断了宋军后路。任福自知责任重大，抱了必死之心奋战，身上被敌人射了十几箭。小校劝他撤退，任福悲愤地说：“我身为大将，军队失败，负有不可推卸的责任，唯有一死来报答国家。”说完，他继续挥舞着四刃铁锏，冲入敌阵。忽然之间，不知道从哪里伸出来一支邪恶的铁枪，深深刺进任福的脸颊。他喉咙当即被挑断，气绝身亡。

与他一起殉国的，还有他儿子任怀亮。

当初任福他们出发后，韩琦又派出渭州都监赵津，率领瓦亭骑兵两千两百骑为大军断后，这支部队和朱观、武英会兵于姚家川。现在任福殉国，疯狂的西夏军队又合兵攻击朱观、武英，战斗开始，声势浩大。王珪闻讯也从羊牧隆城率领四千五百人前来助阵。

这一仗极为惨烈，西夏人杀红了眼，而宋军的勇士们则没想活着回去，埋骨边地，留下忠勇英名，虽死犹荣。

远道而来的王珪挥舞铁鞭，击杀数百人，以至于铁鞭都被打弯了，手掌被震击破裂。他的战马接连中箭，连着换了三匹，后来得到一匹劣马，左右飞驰，又杀掉几十人。

最后，王珪被一支飞箭射中眼睛，跌落马下身亡。

战斗进行了很长时间，敌军越积越多。武英知道此战必败，就让耿傅逃走，耿傅也不回答。武英叹息道：“你是文吏，并不负责军事，为什么要和我武英一起送死呢？”朱观也劝告耿傅撤退，以躲避敌人的锋芒。

书生耿傅还是不说话，只是催动战马，屡屡冲击敌阵，最后一次身中数枪，再也没能回来。

这一次好水川之战，最后只留下了朱观和一千余人活着。

和前面的数次战败一样，此次败绩又令朝野震动。仁宗不服气，还是让范仲淹去看看士兵们的士气如何，如果没有崩溃，就应该上前线，借机复仇立功。

不知道范仲淹有没有认真实际调研，反正他的报告上说：“现在这些将领是一茬不如一茬，不能深入敌境。我们还是要坚持巩固营寨，训练一些弓箭手，敌人敢来骚扰，就给予痛击，如果形势有利，还可以主动出击。”

由于此战失败，虽然直接原因是任福违背韩琦的指示，但韩琦还是负有“领导责任”，他被贬为右司谏，知秦州。

两天后，范仲淹也因为“人臣无外交”，被贬户部员外郎，知耀州。

韩琦的压力是巨大的，因为归来路上，遇到了那些阵亡将士的父兄妻子。他们数千人聚集在韩琦马前，手里拿着死者生前的衣服和纸钱，一边哭喊，一边为葬身边地的亲人招魂。

人群哭喊道：“以前你们跟从招讨使出征，现在招讨使自己回来，不知道你们的孤魂能不能随着他一起归来？”哭声惊天动地，就连一贯喜愠不形于色的韩琦也忍不住悲愤，掩面而泣，勒马不前。

听说这件事后，范仲淹不禁为自己当初的坚持感到庆幸。他说：“这时候，才是真的难以置胜负于度外！”

关于范仲淹在西北战场，还有很多荒诞不经的传闻，不约而同记载在《墨庄漫录》和《鸡肋编》里，说的是他大儿子范纯祐，自幼警悟明敏，尤善“出神”。

请注意，“出神”可不是“走神”，这是一项高难度的技术活。中国道家的修行者，有一个境界叫作“出阳神”，人的躯壳坐在这里，他的魂魄却飞了出去，在外面跟活人一样吃喝拉撒，有的还能被别人看到。

范纯祐就有这个功能，他的神魂经常出去探测敌情，回来再告诉他的父亲，所以范公在西北边陲战无不胜，料敌如神。

不幸的是，后来有一次范纯祐正在看书，他的妹夫用手杖剧烈敲门，导致范纯祐的神魂受到惊吓，没能及时回来，由此暴卒。

还有一则消息是这样说的，范纯祐去世的原因，是因为范仲淹修历史，揭露了某个死人的隐私，晚上就梦见此人怒喝：“你要是不修改，就要祸害你儿子！”范仲淹讲原则，也不迷信，当然没改，于是范纯祐死了。

晚上又梦见这人说：“赶快改，再不改，你二儿子也要受害。”果然没多久，二儿子也病了，全家人哭着恳请范仲淹改文章，范仲淹还是不停地摇头，但这个恶鬼此番没有得逞，没多久，二儿子就自己痊愈了。

恶鬼无计可施，硬的不行来软的，又在梦中恳请范仲淹，做检讨说：“我是看你大儿子阳寿已尽，借机来威胁你的，其实不是我害死了他，请求你还是改了吧，让我做鬼也有点脸面！”范仲淹没理他，意志坚强如钢，还是不改。

范仲淹被贬之后不到两个月，又被任命为庆州知州，并于庆历二年（1042）升任枢密直学士、右谏议大夫、经略安抚招讨使。最后在庆历三年进入二府，成为枢密副使，结束了他的边陲军旅生涯。

在他从军的这几年里，一直坚持“以静制动”的战略方针。因为他深知，元昊虽然有一时之锐气，但因为西夏土地贫瘠，物产缺乏，所以结果只有两个，要么是被大宋干掉，要么是自己主动来投降。

他预测得很对，元昊确实在庆历三年（1043）请求和解。

但是在和解之前，元昊还是继续疯狂用兵，而且取得了一些胜利。西夏将士的气焰极为嚣张，其中最嚣张的，除了元昊本人，应该就是另外两个汉人了。

他们还写了一首诗来嘲笑大宋：“夏竦何曾耸，韩琦未必奇。满川龙虎辇，犹自说兵机。”翻译成白话就是：夏竦没什么不凡之处，韩琦更无任何奇才，满川都是我们大夏的龙虎之师，这两个人还在那里埋头研究兵法呢！

作为一个草莽“天子”，元昊手下最缺乏的，就是有文化、富于谋略的幕僚，这两个人的加盟，使得强悍狡黠的元昊如虎添翼。

此二人真正的名字已经不可考，现在人们只知道，他们进入西夏的假名，分别是张元和吴昊。很显然，他们用这个刻意“冒犯”的名字，来引起元昊的注意。

这两个叛国者，在正经严肃的史书中都没有记载，大概也是顾忌有损国威吧。

张元、吴昊，都是陕西华州人——另一说认为张元乃是许州人。这两个年轻人，眼睛长在脑门上，都以为自己是不世奇才，一出娘胎就是经天纬地震动宇宙的大人物，可惜的是，无情的现实将他们划拨在“落榜考生”里。

落榜考生，特别是找不到工作的落榜考生，心里对朝廷多少有点不满，如果没能及时进行教育疏导，就有可能产生不良后果。当初西夏人闹事，这二人内心窃喜，觉得自己很快就有用武之地了。

为了很快实现自我炒作，二人可谓费尽心机。张元写的鹦鹉诗里有这样两句：“好着金笼收拾取，莫教飞去别人家。”暗示边帅要重视自己，不要被敌人趁机利用，造成人才流失。

吴昊也写了诗，但是他放不下架子去拜谒范、韩二人，就刻在石头上，让几个壮汉拖进帅府，张、吴二人和他们的朋友姚嗣宗则在后面鬼哭狼嚎，以此标新立异之举装个性，哗众取宠。

此时我们的大宋朝人才济济。欧阳修、梅尧臣，甚至那个专门给青楼写歌词的柳永，文采都要比这几个家伙强上很多倍。更何况，范仲淹他们是务实派，喜欢内敛含蓄甚至于大智若愚的年轻人。张元他们觉得自己热脸贴了冷屁股，就决定给这个装腔作势的人一点颜色看看，于是有了投降西夏、与国家和人民为敌的构思。

从现代人的眼光来看，张元此人，不切实际，还有暴力倾向。他当年闯荡江湖的时候，某县河里有一条丈余长的蛟龙，估计就是鳄鱼之类，每当这蛟龙出来饮水，就没人敢从桥上过。张元路过时，看到这家伙正在“枕石饮水”，就在桥上举起大石，将蛟龙砸死，血流数里。

有一天，他正在一个朋友家中饮酒，又来了一个客人，主人起身迎接。来客不认识张元，用语不屑道：“彼何人斯？”张元厉声喝道：“皮裹骨头肉人斯！”应声以铁鞭击打来人头部，将其打得昏死过去，抢救了很久，方才苏醒。

因为老是落榜，又被本地父母官鞭挞，愤懑的张元经常在晚上夜游山林，那场景十分浪漫：他一边在月色下徐徐而行，一边吹着铁笛，可能是内力深厚，铁笛声闻数里，山里的强盗听到后，都吓得作鸟兽散。张元越想越憋气，又写了一首打油诗：

太公年登八十余，文王一见便同车。
如今若向江边钓，也被官中配看鱼。

牢骚很大啊，想当年姜太公八十岁，在渭水边上用直钩假装钓鱼，文王一看，就让他享受了国君的待遇——同车归去。但现在，如果我在渭水边钓鱼，最多给我安排个养鱼的活。

张元向西而去，路过项羽庙。他盛了满满一囊烈酒，对着项羽的雕像狂饮。喝多了，就开始放声悲歌，唱秦始皇昏庸愚昧，唱刘、项揭竿而起，吞并天下的大志……这歌声既是对自己悲哀人生的总结，也是对身后祖国的最后致歉。

狂歌酗酒好几天后，张元下定决心，和吴昊一起去投降西夏——大宋看不上我们，我们就让你知道知道厉害。

听说这两个家伙投奔敌国，范公“以急骑追之不及”，只把姚嗣宗找来，解决了他的工作问题。

张、吴二人进入西夏，依然面临一个老问题，那就是如何引起统治者的注意。前思后想，他们找了一家饭店，吃饱喝足，狂态毕露，取出笔墨在墙上挥毫：张元、吴昊来此楼饮。

西夏老百姓看后，迅速就知道这两人不是本地的，因为在西夏没人敢这样。于是巡逻的士兵将这二人带到元昊面前。元昊问他们为何敢如此公然用自己的名字，张元早料到有此一问，答案早就准备好了："你自己的姓都不理会，还问什么名字？"

元昊心里"咯噔"一下，感觉遇到真神了！因为他当时还叫"赵元昊"，这个"赵"乃是早年大宋皇帝赐给他们先祖的，现在既然重起炉灶造反，确实不适宜再用。

进一步询问，张、吴二人迅速用正统的中原文化征服了元昊，再加上这二人谋划良久，心中自有篇章，说起来头头是道，当然顷刻之间就消除了元昊的疑虑。

元昊反叛之初曾说："朕欲亲临渭水，直据长安。"元昊长这么大，哪见过繁华长安，这都是来自华阴县的张元教的。

到后来好水川之战，鄜、延二州被围，张元就在西夏军中。张元此时志得意满，可逮着机会发泄了，就在城寺墙壁上发了一个酣畅淋漓、戾气冲天的帖子，大标题是："太师、尚书令兼中书令张元随大驾至此。"

从范仲淹守边到元昊归降，中间经历了大概四年时间，大宋主要的"战绩"包括：刘平的延州之败、任福的好水川之败、葛怀敏的渭州之败。总之，十分惨淡。

战争进行没多久，目睹大宋如此不堪，辽朝看不下去了。当然，它并不是想要替兄弟报仇，只是想趁乱浑水摸鱼捞一把而已。

庆历元年（1041）岁末，辽朝皇帝传下诏令，告诉诸道攻打大宋的计划。次年正月，他听从了原先宰相张俭的建议，决定先礼后兵，派个使者去试探宋廷的底线。

使者次月就到达了开封，开口索要晋阳及瓦桥以南十个县的土地。

在一个月前就听说辽朝要来人，仁宗晚上开始失眠，琢磨着从大臣里挑人去辽朝谈判，群臣都不想去。因为和平太久了，大家都觉得辽朝陌生而可怕。

复出的老宰相吕夷简推荐了一个人：富弼。

富弼是北宋一位卓越的政治家。他出生的那一天，母亲曾梦见无数的旌旗鹤雁降落在庭院里，并有声音说："今天上天大赦！"

范仲淹很欣赏他，将其推荐给王曾和晏殊，晏殊就将女儿嫁给了这个"王佐之才"。

富弼得到推荐，当即进宫拜见仁宗，叩头说："主上的烦忧，就是臣子的耻辱，我不敢吝惜自己的性命！"他潜意识里，已经做好了为国捐躯的思想准备。

这是个危险的差事，所以欧阳修站出来，以唐代颜真卿劝降李希烈为例，说明此行的风险。当年李希烈叛变，颜真卿受到宰相卢杞的嫉恨，以七十多岁的高龄被派往叛军的军营中劝降，结果惨遭不幸。欧阳修这样说，其实也是在影射吕夷简像卢杞那样专权。

最后富弼还是到了辽朝。他展现出无比的智慧，着实为大宋朝长了面子。

接待他的馆伴，是曾经出使过大宋的刘六符，此人因为出使大宋有功，已经被提升为行宫副部署。见面行礼后，刘六符愁眉苦脸地说："没办法，我家皇帝还是坚持要关南之地。"

富弼落落大方道："这只不过是想毁掉当年'澶渊之盟'的盟约罢

了，如果你们敢来，大宋就只好横刀立马，严阵以待。”

刘六符：“你们大宋如此固执，事情怎么能办好呢？”

富弼：“你们提出无理要求，我们也没有马上派兵，大家坐下好好谈，是我们固执还是你们不讲理？”

刘六符立刻觉得眼前这人深不可测，不敢再试探，只好退下。

第二天见到辽主，富弼问道：“大家友好四十年了，现在怎么回事，又要我们割让土地？”

辽主肯定也对这场辩论有所准备，一开口就摆事实：“我看你们大宋想要违背盟约，堵塞雁门，增修塘坝，整治城池，还征集民兵，这又是什么意思？”

沉吟片刻，辽主又说：“我的臣子们竞相请求举兵南伐，我觉得不如先派个使臣谈一谈，实在不行，再兵戎相见。”

事实证明，派富弼出使，绝对是不二人选。富弼在谈判上有着惊人的敏锐，他善于“借力打力”，尤其惯用太极拳的招数，来克制辽人的大刀烈马。

富弼看似不经意，将矛盾引回到了辽人内部：“那些撺掇您出兵的人，实在是别有用心啊！”

辽主瞪大了眼睛，有些不解。

富弼进一步向他解释：“如果宋辽两国一直和平，对您来说只有利益，但是对臣子而言，却没什么收益。只有打仗，他们才能因为战功得到封赏，但这样一来，祸患就都归于您了！”

这一招很高明，寥寥数语就将辽朝皇帝和主战的大臣隔离开来。

看到辽主略有所动，富弼又进一步语含威胁：“现在我们大宋封疆万里，兵马不计其数，辽朝用兵，就一定能保证取得胜利？”

辽主沉吟片刻，点头承认胜算不大。

直到这时候，富弼才摆出仁宗交代的条件，表示政治问题可以通过经济手段来解决。增加一点岁币，金库堆得满满的，而那些想通过国难发财升官的家伙，什么都捞不到，这有利于巩固皇权。

随后他又解释了辽主最初提出的问题，即堵塞雁门等行为，有些是为了防御元昊，有些则是常规的军事行动，你的宋朝“哥哥”对你没有什么坏心眼。

辽主不由自主露出一副恍然大悟的样子，随即又觉得不好，被这个书生三言两语就给说转了，太没面子。他回过神来，又回到出发点：“我还是想得到关南旧地！”

这时，富弼的语气就不怎么客气了：“晋高祖用卢龙一道贿赂你的祖先，但是被周世宗给夺了回去。我们大宋立国九十余年，倘若大家都想索要以前的旧地，怎么办？”

辽主再一次无语，又翻出来一个由头：“元昊对我称藩，娶我公主，就是我小弟了，你们打他，怎么也不通知我一声？”

“你们以前征讨高丽、黑水，通知过我们吗？”富弼针锋相对。

觉得有点唐突，富弼缓和语气接着说：“天子让我转述：‘从前不知道老弟你和元昊是亲戚，因为他辜负天恩，扰乱边境，这才兴兵讨伐，你有不满的情绪也实属正常。但是，打他会影响咱们兄弟感情，不打又眼睁睁看着黎民受害，你替哥哥设身处地考虑，是你的话，会怎么办？’”

辽主听完翻译，回头与臣子们叽里咕噜说了半天。最后告诉富弼：“元昊作乱，南朝我哥哥不出兵怎么行呢？”

退出宫廷，刘六符还是觉得有点不甘心，继续说起割地的事，又被富弼迅速批评了一顿。富弼甚至搬出天地鬼神，转述仁宗的话说，“澶渊之盟”是天地神祇共同见证过的，现在你们坏了规矩，难道天地鬼神是闹着玩的吗？

经过这一番唇枪舌剑，基调算是定下来了，富弼暂且松了一口气。

次日，辽主邀请富弼打猎。走在路上，辽主示意富弼靠近自己，并问他：“你有什么感想？”

富弼说：“我们只不过希望两国永远和平罢了！”

“我们拿到土地，就有和平了！”辽主做最后的努力。

富弼再次转述仁宗的话：“辽朝希望拿回祖宗的旧地，难道大宋就希望丢掉祖宗的土地吗？你以拿到土地为荣，我们却以失掉土地为耻，既然咱们是兄弟，你好意思弟弟荣耀而哥哥耻辱吗？”

打猎回去后，辽主通过刘六符转告富弼，不想获得金帛，可以考虑两国结为姻亲。这个要求，富弼也拒绝了，理由是婚姻容易产生嫌隙，不要因为夫妻感情影响两国关系，况且，我们皇帝的闺女才四岁，怎么和你结婚？

“还是金钱来得实惠，我建议你们还是拿钱。”说完这句话，富弼又补充道，“按照我们的礼仪，皇帝女儿出嫁的嫁妆，也就十万缗而已。”

这句话别有深意，富弼知道辽人的真实意图，并不是想娶公主，而是以此为条件，加大索取金帛的筹码。他这样一说，也就为金帛定了个上限，以后谈判也好处理。一个优秀的谈判者，应该懂得在不经意间埋下伏笔。

此后很快，辽人就通知富弼可以回去复命了，并告诉他，你下次来的时候，把誓书带来，准备两个版本，我们会在金帛和通婚之间选一个。

一周之后，富弼再次从开封出发，这次带了国书两份，誓书三份。分三种情况：第一，要是通婚，就什么钱都没有；第二，如果能够迫使元昊重新归顺大宋，就每年加岁币二十万；第三，解决不了元昊的问题，就只能给十万。

这三份誓书看起来义正词严，实则背后透露出了深深的无奈。辽朝随便勒索一下，就至少要加十万岁币，一个小小的西夏，竟然还要用钱去解决。

按照富弼的建议，誓书中还增加了三条备忘录：双方不得进一步开发边境的塘淀；双方不得无故增添边境兵马；双方不得收留对方的逃犯。

这个文件被留在宫内抄录副本。富弼先行出发，等他的队伍走到武强，中使快马赶上，将原件和副本交给他。又往前走到乐寿，富弼忽然心有所动。可能出于直觉上对吕夷简的防范，他打开誓书副本仔细核对，发现出了大乱子。

原先和辽人约好的三条备忘录，竟然与誓书所写不同！

外交上任何一点小事，都可能引发国际纠纷。富弼顾不得擦掉额头的冷汗，忙派手下人进京面见仁宗。仁宗在便殿接见来人，随即下诏："三条备忘录只可以口头约定，不必见诸文字。"

从这个细节不难窥视出，仁宗并不打算长期遵守约定，将来还计划在边境搞点小动作。

富弼意识到了问题的严重性，旋即亲自快马加鞭赶往京城，闯进宫内见仁宗。君臣二人见礼之后，富弼气愤地说："誓书与当初约定不同，执政大臣这是要置我于死地！我死不足惜，国家大事怎么办？"

召见吕夷简！

吕夷简慢悠悠地说："这是失误而已，改过来就好了。"

富弼还要进一步斥责，边上的晏殊出来打圆场："吕夷简绝对不会做这样的事，恐怕只是失误罢了。"

富弼闻言，勃然大怒：“晏殊奸佞邪妄，党同吕夷简来欺骗陛下！”

富弼胆子确实很大，不但敢和宰相对着干，竟然还敢痛骂晏殊。要知道，晏殊可是他的老丈人。

事情到了这一步，还能怎样，只好下诏令修改誓书。

九月二十四，富弼的代表团到达辽朝，果然，辽主没有进一步强求通婚，而是要求增加岁币，这一点富弼早就猜到了。富弼没有想到的是，辽主提了一个“小”要求，希望在文件中，加一个“献”字。

富弼不愿意了。他说：“这个‘献’，一般用于下级对上级，宋朝皇帝是你哥哥，你见过有哥哥给弟弟‘献’东西的吗？”

辽主说：“你们把丰厚的金帛给我，就是害怕我们，现在怎么还吝惜一个‘献’字？”

富弼：“谁怕你们了？我们皇帝是爱护生灵！”

“那么，用一个‘纳’字如何？”辽主退了一小步。

富弼摇头说，这个也不行。他解释说，以前只有唐高祖向突厥借兵时，才用臣子的礼节，那会儿或许用了“献”和“纳”，也未可知，但是后来那个颉利可汗被唐太宗擒住，哪还有这样的礼节？

在这里，富弼刻意搬出了模范皇帝李世民，此人在这些“蛮夷之地”是大大的有名，辽主再没文化，也应该听过。而且富弼绵里藏针说“擒住了颉利可汗”，这是一种不动声色的威胁，潜台词是：你要是继续乖张，没准也会被我们大宋拿下。

辽主现在明白了，这个刺头不好对付，每句话都十分“阴险”。他无奈地看着义愤填膺、声色俱厉的富弼，只好说：“那这样，你先回去，我派个人去和你们皇帝商量。”

这就是政治，这就是外交，为了一个“纳”和一个“献”字，千里迢迢，又派出了耶律仁先等人，到开封进一步商议。富弼在辽朝是挺住了，但他的老丈人晏殊，在自己本朝却没有咬牙一扛的勇气，建议采用“纳”字算了。

就在富弼的这两次使辽过程中，第一次出发前，家里有个小女儿去世，他没有回家看看；第二次出发前，他夫人生了个儿子，他也没有回家看看。在辽朝收到家中来信，看也不看就直接烧掉，他说：“打开看了，只会扰乱心神！”

解决了辽朝的问题，元昊还没有归降。在葛怀敏战败之前，时任清涧知州的种世衡，走了一招妙棋，为大宋出了一口恶气。

当时元昊手下有两个贵人，也就是他的大舅哥，分别是野利刚浪唆和遇乞两兄弟[①]。这两人都很有才干，受到元昊的信任，所以就成为宋朝边境官员的眼中钉，人人欲诛之而后快，庞籍和葛怀敏也都曾给他们写信劝降。

庆历二年（1042），刚浪唆派浪埋、赏乞和媚娘三人去种世衡那里请求投降，种世衡知道这是诈降。种世衡出身可不一般，他父亲的弟弟是宋初大隐士种放，虽然不及官宦人家显赫，却也称得上出身名门。

种世衡本想杀了这三个人，给野利兄弟一点颜色看看，但转念一想，杀了可惜，这个资源得充分利用起来，或许可以借机除掉野利兄弟。

要完成这个计划，他需要一个人，一个有智谋、有胆识，又有献身精神的人。

他看中了驻地不远处紫山寺的和尚法崧，俗名王光信。种世衡对法崧略有了解，以前出兵打仗，总是让他做向导。种世衡发现，这

① 野利乃是族名，元昊娶了七个老婆，第五个就是野利氏。

个和尚佛经不会念几句，杀起人来却是一把好手，史载其“趫勇善骑射”。

当然，这只是初步印象，要完成军机要务，还需要进一步考验。

种世衡将法崧请进府邸，好酒好菜招待着，要什么就给什么。这个花和尚喜欢酗酒、赌博和漂亮姑娘，种世衡是有求必应——所谓“恣其所欲”。这样过了一段时间，和尚自己都奢侈得有点不好意思了。

某一天，种世衡忽然翻脸，揪住和尚喝道：“我对你如此仁厚，你却背地里和贼兵勾结，为何如此负我？”随即命手下将和尚拖出去，各类酷刑器械，无所不用其极。可以说，以前有多享受，现在就有多痛苦。

如此拷打一个月左右，和尚好几次濒死，却始终不屈服，反倒掷地有声：“我乃是大丈夫也，你听信奸人之言污蔑我，想杀就杀吧，我绝对不会承认自己反叛的！”

看和尚如此不屈，种世衡就解开他的绳索，沐浴更衣，引进内室，悄悄告诉他：“你没有什么过失，我只不过试探而已。想让你作为奸细进入西夏，万一被对方逼供，也不怕泄露了。”

种世衡交给和尚一封蜡书，上面是写给刚浪唛的信：“浪埋等人已经到达了，朝廷知道你的归顺之心，封你为夏州节度使，每个月工资是一万缗。朝廷的旌节已经到了，就等着你来归附了。”

除信之外，种世衡还做了一个神秘兮兮的假道具，画了很多枣子，连缀起来构成一个乌龟的图案，寓意野利“早归”。

很显然，收到这个“礼物”后，刚浪唛流露出了巨大的恐慌。他把和尚押到了元昊那里，来证明自己的清白。

这种事就是越描越黑，最糟糕的是，他最初派三人诈降，并没有让元昊知道，结果现在成真的了，元昊终究没有饶了刚浪唆[①]。

得知刚浪唆“惨遭不测”，种世衡就故意在边境烧纸祭拜，同时将写有祭文的木板混在纸钱里，西夏军队看到有宋人在边境活动，就过来探看，也就“意外”地发现了没烧完的木板，祭文上感慨地说：“你们兄弟俩有心归附朝廷，没想到功败垂成，最后关头失败了，实在是太可惜了……”

这个木板要了遇乞的命。

至于法崧，被拷打囚禁后，因为元昊有心归顺朝廷，也就被放了，后来在边境江湖上名头也很响亮。

关于这一段历史，其实比较混乱。一是因为古人信息不发达，多是口头传播，所以难免以讹传讹；第二个原因，是西夏历史资料相对缺乏，人名和关系都比较混乱，所以此处收录了比较流行的说法，不必当真。

有资料说，野利、刚浪唆和遇乞是三个人。

有资料认为，这兄弟俩是一次被干掉的，不存在后来边境祭拜栽赃之说。

也有人认为，元昊之所以除掉遇乞，是因为垂涎于遇乞老婆的美色。

更绝的说法来自当时的目击证人。若干年后，种世衡的儿子上奏皇帝：“之前我父亲除掉了元昊的左膀右臂，这才促使他回到祖国怀抱，但经略使庞籍掩藏了我父亲的功劳，自己却以此进入二府。”

庞籍当时在枢密院任职，站出来反驳说：“那个法崧一入西夏边境就被囚禁，元昊并没有怀疑野利兄弟。后来因为元昊废黜了他的五老婆

---

① 有些笔记记载，此次除掉的是遇乞。此处以《宋史》为准。

野利氏，引起了大舅哥的不满。至于野利兄弟被诛杀，则是在元昊称臣之后两年，因为企图谋杀元昊而导致的，和法崧没任何关系。”

很显然，庞籍的这段话与《宋史》记载有出入，我们简直不知道该相信谁了。这就是历史，经常真真假假，雾里看花。

打了几年仗，雄心勃勃的元昊有点撑不下去了，派使臣主动议和，又归顺了大宋。当然，前提条件是，大宋每年要“赐”给他很多钱财。

边境无事，范仲淹也就打道回府。

几年下来，他又老了一些。但他没想到的是，这次回去，他将登上自己这一生最高的，也是最艰难的山峰。

第十一章 庆历党的档案袋

如何定义一个明君呢？这是个貌似简单实则艰深的问题。对中国人而言，我们信奉老子那句“治大国如烹小鲜”。治理大的国家，就好像烹饪小鱼，一定要小心谨慎，用细微到不能觉察的力量去引导民众。也就是说，一个好皇帝，应该是“隐形”的，让老百姓感觉不到他的存在，他就算成功了。

庆历二年（1042）冬，帝国第二号政治人物吕夷简开始觉得自己老了，衰老像大山一样扑面而来，令他头晕目眩，以至于不能正常上朝。但仁宗对他还是很信任，下手诏拜他为司空、平章军国重事，并允许他三五天到中书省上班一次。

吕夷简极力推辞，仁宗却非要坚持。

仁宗派人给吕夷简送去一味药——他自己的龙须。告诉他说："古人说髭须可以治病，现在我剪一点给你，希望你能尽快恢复健康。"

可惜仁宗的良好愿望只是一厢情愿，吕夷简脑子渐渐糊涂起来，身体也有点不听指挥。某天朝会拜见皇帝，他作为百官之首，竟然只拜了一下就起身，忘记了还有后续动作。

吕夷简平时可不是这样，精明强干的他出入进退都有严格的尺度，不差分毫。

现在，这个异乎寻常的举动惹得朝野议论纷纷，那些对吕夷简略有腹诽的人借机散播说："吕夷简不行了，上天已经夺走了他的魂魄，他就要死了！"

这个恶毒的诅咒发出后，过了十四天，吕夷简就患了风眩。

就在此时，陕西转运使孙沔上书，猛烈抨击了吕夷简这些年的所作所为，话说得十分难听："……自从吕夷简执政以来，黜弃进忠言的人，罢免直道之事……以姑息养奸自安，以避免毁谤为智。”

就连吕夷简因为身体原因的辞职，也被孙沔疯狂攻击：“他（吕夷简）以为四方已经平定，想借着生病辞职，苟且偷生，从没想过如何去弥补以前的过失。他想要懦弱的易于掌握之徒升任要职，将奸邪可使之人作为自己的爪牙……”

最后，吕夷简被形容成汉朝的张禹和唐朝的李林甫。按照孙沔的这套说辞，这个姓吕的老奸臣现在就算被砍头，也难以抵消他犯下的罪孽。

面对如此暴风骤雨式的攻击，吕夷简却安之若素，语气平淡地说：“孙沔的话，称得上是药石之言，只可惜，我晚了十年才听到。”

吕夷简的胸怀和孙沔的恶毒，恰好形成了鲜明的对比。

就这个奏折来看，孙沔即便言之有理，也暴露了他本人刻毒的一面，其字里行间，无不充斥着自大与伪善。试想，如果吕夷简一直如此不堪，为什么孙沔不早发动攻击，非要选择他体衰多病、随时有可能离世的时刻来落井下石呢？

我们来关注一下孙沔自己的行为吧。

在处州，于游人中发现美貌女子白牡丹，诱而奸之。

在杭州，因为不满卖纱人的要价太高，借着查处逃税，将此人配隶他州。

还是在杭州，他的小舅子以很低的价格强买州民许明的宝珠。许明还藏有一幅郭虔晖所画《鹰图》，孙沔为了得到这件宝物，诬陷许明造反，将其收押，夺走了这幅图。

至于老实巴交的许明为什么被扣了个“造反”的大帽子，是因为他的小名叫“大王儿”，而这个倒霉的名字的真实来历，并不是许明他爸爸真的想当“大王”，而是因为，许明的父亲是在水仙大王庙求子，才生下了他，故有此名。

至于其他被孙沔侮辱的良家妇女、被他挑断脚筋的犯人，还有很多。《宋史》对此人的评价还是很客观的："沔居官以才力闻，强直少所惮，然喜宴游女色，故中间坐废。"

说他"居官以才力闻"，也有事实根据。

孙沔在杭州当知州时，有一天上班，公门外忽然有人争吵，带进来审问，原来是一个乞丐和原告扭打在一起。原告说这个要饭的偷了他的锅，要饭的则可怜地看着孙沔，举起他的双手。

孙沔定睛一瞧，乞丐是个伤残人士——左手一根手指也没有，右手只有两根手指。乞丐哭着说："这家伙诬陷我，我都成这样了，还怎么去偷东西呢？"

孙沔点头称是，命手下将那名原告赶出去，对乞丐则好言安慰，鼓励他说："没关系，这事我做主了，他既然诬陷你偷，我就把这口锅送给你了！"

乞丐不好意思要，孙沔非要给。

最后，乞丐用仅存的两根手指夹起铁锅，帽子一样扣在头上，走了出去。可惜他没走出几步，就被孙沔手下追了回来，接下来就比较残忍了——切断了他仅存的两根手指！

这件小事很具代表性，显示了孙沔的特征：有智谋，善于设置圈套让别人钻，而且特别残忍。

庆历三年（1043）三月初五，仁宗终于批准吕夷简退休，但保留了他对中书省、枢密院的发言权。

吕夷简退休，他的空位子自然需要有人来接，于是新一轮的人事任免开始进行：任命晏殊为平章事兼枢密使，夏竦为户部尚书、充枢密使，权御史中丞贾昌朝为参知政事，右正言、知制诰富弼为枢密副使。

对于这个任命，富弼坚决推辞不受，最后改授资政殿学士兼侍读学士。

一个月后，任命韩琦和范仲淹同为枢密副使，他们接连推辞五次，也没能拒绝。五个月后，在宰相反复强调“此次是朝廷特用，和你出使辽朝没有关系”的情况下，富弼才勉强接受了枢密副使的任命。

新任枢密使夏竦遭遇了前所未有的群殴。如果这些攻击是箭镞的话，夏竦现在已经变成一只气息奄奄的刺猬了。

当初一宣布夏竦的任命，御史台和谏官们接二连三上章弹劾。这些弹劾之词不知道是不是提前经过了商量，花样繁多，直击要害，系统性地总结了夏竦的所有弱点。

“夏竦在陕西唯唯诺诺，置侍婢中军帐下，几乎引起兵变。”

“就连元昊都看不起他，悬赏他的脑袋只要三千钱。”

“夏竦阴险狡诈，就连足智多谋的吕夷简，也对他的卑劣人品忌惮三分，不把他当一路人。老吕之所以在退位后举荐夏竦，就是为了消除他们之间的龃龉。”

“夏竦私下结交内侍！”

“夏竦老是躲起来装病，但是一听到下诏起用他，立刻骑着马一颠一颠跑来了。”

御史中丞王拱辰反复给仁宗解释，如果我们帝国是一株参天大树，那么夏竦就是树上的害虫，我们这些谏官就是啄木鸟，一定要揭露他的本来面目。仁宗觉得这些人多虑了，站起来要走，王拱辰扑上去拉住他的衣角，非要坚持把话说完。

就这样，在边境巡游一圈的夏竦，接连中了好几十支暗箭，非但没有得到任何军功，反而被人骂得两耳通红，灰头土脸地去自己节度使的本镇上班去了。

夏竦的位子由杜衍补上。

一时之间，似乎是退休的吕夷简带走了朝廷的衰老懈怠之气，而夏竦也把奸邪思想打包带出了京城，朝堂处处洋溢着朝气蓬勃、正义凛然的气氛。一切迹象都显示着，目前这样一个班子，是稳定的、团结的，在消除了边境祸患之后，帝国将迎来一个漫长的发展时期。

其实，夏竦的离开，是一个危险的信号，这表示帝国的谏官和御史们，已经强大到了一个比较吓人的程度。仁宗这次被迫“纳谏”告诉他们：“只要你们团结起来，就没什么办不到的！”

这就为结党埋下了伏笔。

可是，没人顾得上什么隐藏的祸患。此时，有人对政局看在眼里，喜在心头。他急得抓耳挠腮，就忍不住跳出来，写了一首题为《庆历圣德颂》的四言长诗。

此诗作者叫石介，号称“徂徕先生”，大家对他的评价是“乐善疾恶，喜声名，遇事奋然敢为”。他确实“敢为”，在这首四言诗里，把他看上眼的人，挨个夸了一番。

诗中说，宰相晏殊和章得象“重慎微密”，参知政事贾昌朝“昌朝儒者，学问该洽”，又历数了范仲淹、韩琦、富弼的功劳。最后，石介表扬了欧阳修、余靖、王素、蔡襄这几名谏官。如果表扬到这里停止也就罢了，但石介往前走了一步——真理和谬误、天才和疯子，往往就取决于这一步。

他针对刚刚离职的夏竦说：“众贤之进，如茅斯拔。大奸之去，如距斯脱。”而且将这次人事变动比喻为“昆虫蹶躅，怪妖藏灭”。甚至还有“惟竦若讷，一妖一孽”的说法，不过笔者在《石介传》中并未找到此句。

远在外地的夏竦很纳闷，也很郁闷，自己究竟何德何能，无故招来如此众多的敌人？即便他离开京城，那些攻击的人还不罢手。一个多月后，他就被安排到亳州任通判，在那里，他耗费心力写了一篇万言书给仁宗，为自己辩白。

仁宗已经被舆论左右了，指定学士孙抃批复。孙抃给夏竦回复说：“图功效莫若罄忠勤，弭谤言莫若修实行。”语气里包含着讽刺，意思是希望夏竦好好改造思想，实践高尚的人生理念，用实际行动来立功，消除负面影响。

夏竦很生气，但当他听到从京城传来的《庆历圣德颂》后，这点气也就算不得什么了。可现在正是失势之时，他能怎么样呢？被凄凉、无奈情绪淹没的夏竦，开始感到迷茫了。他对自己的人生和未来，首次有了强烈的不真实感。

当年他父亲在战场殉国，夏竦家贫无以为生，就带着自己的诗去拜谒“圣相”李沆。李沆读到“山势蜂腰断，溪流燕尾分”一句时，大为赞赏，就揣着他的文章去找真宗，这才任命他为金坛县主簿。

后来举制科，对策廷下，遇到一名老年的官员，对他说：“我阅人无数，看你以后必定要富贵，请给我写首诗，来记载今天的事。”夏竦才思泉涌，一挥而就：

帘内衮衣明黼黻，殿中旌旆动龙蛇。
纵横落笔三千字，独对丹墀日未斜。

在学习上，夏竦也很刻苦。他善识古文，多识奇字，晚上经常用手指头在身上或画或写，来练习记忆。

这些情况都表明，夏竦会是一个有前途的人才。点检平生，除了在同事关系上喜欢耍点心眼外，他似乎也没什么过分的恶行。

那么这些谏官，尤其是石介，为什么非要攻击他呢？

夏竦曾经十分困惑地问属下：“我生活奢侈不假，但是寇准比我还奢侈呢，为什么读书人都不批评他呢？”

属下回答：“寇莱公在治所，闲暇时与僚属在郊外围坐宴饮，听到路上传来铃铛声，一问之下，原来是卸职县令行李车队路过，寇准就把他请来一同喝酒。可是您呢？对入京的士大夫和出都的同僚，都傲慢无礼，别人批评您也属正常吧！”

不知道听到这话，夏竦是什么反应。

其实一直到晚年，就算贵为宰相和枢密使，夏竦也一直都未能摆脱这种“雠敌益众，抨弹不辍”的局面，甚至他的“威力”也被无限放大。

庆历八年（1048）五月，首都开封天上没有云，却凭空打了五声雷。对于这种怪异，仁宗很是担心，就召见翰林学士张方平问个究竟。张方平说：“夏竦奸邪，导致了天气出现变化，现在把他逐出朝廷比较合适！”

在这些人眼里，夏竦已经成了能够左右天气的妖怪了。

对于这些攻击，夏竦后来估计也习惯了。习惯归习惯，但他到死都没想明白。他后来甚至给自己的“敌人”，也就是谏官御史们回了一首诗：

弱羽惊弦势未安，孤飞殊不碍鹓鸾。
黄金自有双南价，莫与游人作弹丸。

这首诗写得很无奈。意思是说，我这样一只惊弓之鸟，始终都未能安稳下来，但我这样独来独往不合群，难道妨碍你们这些高贵的官老爷了吗[①]？

接下来，他又换了语气，我这样一块黄金，自然有它高贵的地方[②]，可不能随随便便被游人们玩弄于股掌之间。

气愤之后，检讨之余，夏竦还是没找出线索，不知自己和石介这个书呆子到底结过什么仇怨。按照古人的思维，既然不是今生的缘分，那当然就是前世的宿怨了，解决前世问题，唯有求助于迷信手段。

于是后来，夏竦家里就多了一座神龛，而且请了很多和尚、道士，在家里大搞法会，水陆道场斋醮不已，而那座神龛上并没有雕像，是一个活人的牌位——写着“夙世冤家石介”。夏竦希望用这种手段，能够化解自己和言官之间的无妄孽缘。

另一方面，《庆历圣德颂》刚一问世，石介的老师兼朋友孙复就感慨：“石介这小子的祸患，就要开始了。”孙复是范仲淹一手发掘推荐的知识分子，很有见识，因为他很贤明，所以即便因为在山中营养不良，长得“枯槁憔悴，鬓发皓白”，李迪还是坚持将自己的侄女嫁给了他。

对于范仲淹来说，石介对夏竦的打击令他深感不安。一贯用语淡泊中性的他，激动地对韩琦说：“这个鬼怪之辈，要坏了我们的事！”

范仲淹之所以说石介鬼怪，是因为石介喜欢发表一些离经叛道的狂妄之言。他指责佛老之说乃是对社会无用的蠹虫，写了《怪说》《中国论》来批驳，又写了《唐鉴》，劝诫奸臣、宦官和宫女，影射当时，无所顾忌。

此时元昊虽然在积极联系投降事宜，但是毫无疑问，这个问题，最

① 鹓、鸾都是高贵的鸟，而且鹓常用来比喻官员上朝的班列。

② “双南金”是个典故，出自《诗经》，比喻南方所产最好的黄金。

终还是需要用金钱来解决。这让仁宗皇帝很不开心：难道随便来个人勒索一下，就要破财免灾，白白送出许多白花花的银子吗？辽朝拿了钱不说，还企图霸占我的闺女；更可气的是西夏也隔三岔五来勒索。

这一切让仁宗觉得很不舒服，庞大而虚弱的帝国，是不是需要一场改革呢？

这也就对应了前面令石介欣喜若狂的人员调动。仁宗之所以在吕夷简退位之后，重用这些少壮派，就表示在他的内心，迫切想让这些人做出一番事业，让帝国重新站起来，恢复往昔的辉煌局面。

对于这些迹象，别人不清楚，但欧阳修等谏官却是洞若观火。果然，很快，欧阳修开始发力。他联合几个谏官上书，弹劾参知政事王举正懦弱缄默，不是当副宰相的料儿，要求朝廷撤换王举正，让范仲淹上马。

从这件小事可以看出，谏官们势头很旺，本来负责纠察弹劾，现在还要进一步左右朝廷官员的任免。

就连范仲淹本人也觉得有点不好意思，在接到任命诏书后，推辞不就，理由是："执政大臣难道是谏官们指定的吗？"

这三个人再加上王素，组成了"庆历谏官四人组"，是范仲淹强有力的武器。他们这个组合如此朝气蓬勃，被称为"一棚鹘"，意即笔锋词锋像鹰隼一般犀利，专门处理各种"坏鸟"。

在这里，顺便介绍一下宋代的谏官制度。

首先要表扬的是仁宗，在担任帝国一把手期间，最起码保持了明君的姿态，对臣子们的建言和谏官的意见，大部分都能够认真采纳，特别是在庆历年间，几乎到了言听计从的地步。

那么，如何定义一个明君呢？

这是个貌似简单实则艰深的问题。对中国人而言，我们信奉老子那句“治大国如烹小鲜”。治理大的国家，就好像烹饪小鱼，一定要小心谨慎，用细微到不能觉察的力量去引导民众。也就是说，一个好皇帝，应该是“隐形”的，让老百姓感觉不到他的存在，他就算成功了。

在尧皇统治期间，有个五十多岁的老头，名叫壤父，在地里耕田，这时边上有人感慨：“大哉，我们尧的盛德简直是没有边际！”

壤父听到这句拍马屁的话，十分不满，发牢骚说：“我自己日出而作，日落而息，凿井而饮，耕地而食，这个尧对我没什么帮助啊？”

看到了吧，这个五十多岁的老头，实际上是在变相夸奖尧皇，彻底实施了无为而治的治理方针。

仁宗虽没这么厉害，但在他统治期间，基本上放开手让谏官们去折腾。也就是说，让制度去管人，他自己并没有十分粗暴地干涉法令。

因此有人说：“台谏之职，在国初则轻，在仁宗时则重；在国初则为具员，在仁宗之时则为振职。”他们甚至形成了一股可以与宰执相抗衡的力量，这也造就了“皇帝与士大夫共治天下”的政治格局。

我们来看几个仁宗和台谏相关的例子。

老和尚海妙说，他们以前在宫里做法事，仁宗驾临道场，对左右吩咐道：“给法师们每人赐紫罗一匹。”

和尚们一起合掌表示致谢，仁宗随即放低了声音告诉大家：“赏赐归赏赐，我告诉你们，出东华门的时候，把紫罗藏在怀里，不要让人看到，否则台谏又会批评我！”

还有一次，仁宗下班回来，来不及脱下他的龙袍工作服，只取下头上幞头，催促说：“赶紧叫梳头者来，我头痒得厉害。”

梳头美人来后，开始整理头发，忽然看到仁宗怀里有奏折，就问：“官家，这是什么文字？”仁宗告诉他，这是台谏们提意见的章疏。

梳头美人：“说的什么事呢？”

仁宗："他们说最近下雨太久了，估计是因为后宫嫔妃太多了，让我进行裁员。"古人认为，天阴多雨，乃是因为后宫阴气过剩。

梳头美人不高兴了。她气鼓鼓地告诉仁宗："二府官员家里歌舞丫头那么多，还一直随着职位升高在添置，官家您身边只剩下几个人，还要减，他们管得也太宽了吧！"

"我有什么办法呢，台谏的话，总得听吧？"仁宗也有点委屈。

"如果要裁员，那就从我开始吧！"梳头美人赌气了。

仁宗不说话，梳好头发后，当即命令掌管后宫人员花名册的人过来，到后苑研究裁员名单，同时下令，就算是皇后也不许进来。

良久之后，降下命令："自梳头美人之下三十人，放出宫去。"

很快就到了饭点，曹皇后过来，看到仁宗止在吃饭，也不敢问。等仁宗用膳完毕，曹皇后方才斗胆问道："梳头美人是您最喜欢者之一，怎么把她也给放出宫了呢？"

仁宗面无表情地说："她劝我不要听台谏的话，哪还能放在身边？"

曹皇后出去后告诉左右："以后千万不要对朝政发议论了，看到梳头美人没，被官家赶了出去！"

后宫嫔妃们再也不敢干涉朝政了。但她们自恃皇帝家属，总想搞点小特权，有时候就去找仁宗撒娇，说自己很久没有升迁了，或者想转个官。

仁宗说："这个恐怕不行，不符合制度规定。"

嫔妃就说："您金口玉言，出口就是敕令，谁敢不从？"

仁宗没办法，就说："好吧，我给你批个条子！"于是拿出彩笺御笔书写"某宫某氏特转某官"，把嫔妃给高兴得，急忙带着条子去要官。

等到发工资那天，她们却发现工资没有涨，有关部门说这个不合规矩，给退了回来。

这些失望的嫔妃回来，就当着仁宗的面把条子撕掉，一边嘟着嘴说："原来皇帝的御笔也不好使啊。"

有了这些背景知识，我们不难推断，仁宗对欧阳修他们推荐范仲淹做参知政事的建议，是很重视的，也很认可。

这一章叫作"档案袋"，我们就有必要依次来看看这几位谏官。

其实，最初朝廷任命的谏官是欧阳修、余靖、王素三位，再加上一个鱼周询。这个消息出来后，蔡襄又发挥了他的书法特长，用漂亮的字写了首诗，有这么两句："御笔新除三谏官，士林相贺复相欢。"

诗的具体内容并不重要，关键是里面的数字，这不是量变，而是有质的区别。

明明是四名谏官，为什么诗里却说是三名？鱼周询知道，这是冲自己来了，因为除了他自己，其他三人和蔡襄走得很近。

于是鱼周询上书说："予不预士论，何颜复当谏列！"坚决要求辞职。紧接着，欧阳修等三人就拿着蔡襄的诗去找仁宗推荐，不久后，蔡襄就顶替了鱼周询的职位，四人组正式成立。

《鱼周询传》记载，鱼周询在安州任职时，有一天喝醉了，在花园里假寐。有一个园吏闯进来，打眼一看，吓得魂不附体——有一条斑斓大蛇从栏杆上垂下尾巴，正在呼呼大睡。等他再看第二眼，却发现是鱼大人在睡觉。

消息传出去，大家都知道，鱼周询是个大蛇精。

无独有偶，鱼周询的继任者蔡襄，也有类似的传奇经历。蔡襄后来在福州任职，有段时间身体不好，好多天没有去上班，每天一闭眼睡觉，他就梦见自己登上城里的鼓楼，靠在鼓边上睡觉，这样持续了好几天。

与此同时，福州的通判把负责打鼓的人找来批评，问他为什么连着好几天没有打三更，老百姓都不知道准确时间了，耽误了工作学习。此人回复说："不是我懒惰，实在是因为这几日每到三更，鼓楼上就有一条大蛇在睡觉，我不敢去啊！"

等蔡襄病好之后，给通判说起自己的奇异之梦，这个富有推理能力的通判即刻断言："知州是个大蛇精！"旋即这个消息就被传播出去，全城皆知。

接下来看看欧阳修的履历，此人在中国家喻户晓。

欧阳修从小就是个不平凡的孩子。据他自己说，在他之前，母亲还生了一个小孩，可惜没到周岁就夭折了，他母亲痛不欲生。到晚上，就梦见神人抱着一个浑身白毛的小孩送给她，这就有了身孕。怀孕期间，母亲身上生出了很多细微的白毫，直到欧阳修生下来后一个月，才慢慢褪掉。

来历固然神奇，但欧阳修实在是貌不惊人，甚至可以说有点怪异。东坡先生在他的《东坡志林》中记载："欧阳前辈曾经跟我说：'年轻时，有个和尚给我相面，说我脸比耳朵白，所以会名满天下，但是嘴唇不挨着牙齿，所以会平白无故受到诽谤。'"

苏轼接下来幽默地写道："欧阳前辈面白于耳，这人人都能看到，但至于嘴唇和牙齿的关系，我没敢问他！不知道怎么样。"

到了欧阳修参加科举那年，主持贡举的是庆历年间的宰相晏殊，题目是《司空掌舆地之图赋》，此题出自《周礼》。按照当时的考场规则，考生对题目有何疑问，可以去主考官帘前"上请"，就是具体询问题目的要害之处。

在欧阳修之前，也有好几个人去"上请"，但这些问题都没能切中晏殊出题的"题眼"。最后，有一个"目眊瘦弱"的少年上来问道："汉代学者正选考证过，汉代的司空只掌舆地图，但是周代的司空不止掌舆地之图，不知道这个题目中指的是汉司空还是周司空？”

晏殊一看，这小子看问题很深刻，一下就找到了关键地方。他高兴地说：“这个考场，就贤人你一个看懂了题目，我出的就是汉司空！”

这一次考试，欧阳修高中省元，也就是礼部考试的第一名。

从这两则逸闻我们大致勾勒出了欧阳修的长相：白面书生，近视眼，但当时没有眼镜，所以就变成了一个眯缝眼，而且应该还有点噘嘴，所谓“唇不依齿”。

天圣七年（1029）春，二十四岁的欧阳修参加国子监考试，第一名。

秋，参加州府组织的解试，又是第一名。

天圣八年（1030）正月，礼部考试，也就是晏殊主持那一次。有一位考生李某，就在这次考试前夕，忽然患病，十年寒窗读下来，不想失去机会，于是勉强入场。考了没一会儿，就开始头脑发昏，不由地趴在桌子上睡着了。

过了中午，忽然有人用指头捅他腋下，李某略微清醒，原来是邻座。邻座问他为何还不开始写，李某实话实说，病得太厉害了。邻座说：“科场考试难得，既然已经来了，就努力写写吧！”

李某于是强撑着开始写，邻座就在旁边指导他，在赋内应该用什么典故云云。最后，干脆把自己卷子拽过来铺在李某桌上，告诉他：“我是国学解试第一名欧阳修，卷子你尽管拿去用吧！”

有了这个强有力的支持，李某顿时信心倍增，终于顺利写完。那天卷子上，有一半是欧阳修的文字，考到作诗，也是如此。后来结果出来，欧阳修第一名，李某也金榜题名。

回家之后，李某出于对欧阳修的无限感激，就画了欧阳修的画像供在家庙中，像伺候父母一样，可以说他的荣耀禄位都是欧阳修所赐。

连着三场的第一名，令欧阳修放松了警惕，三月参加殿试，他以为自己还可以高歌猛进，一举将状元收入囊中。考完之后，在大殿唱名的头一天晚上，欧阳修做了一件新衣服，准备当上状元就穿。

这件衣服做好后，他还没来得及穿，就被一个一同参加考试的“小孩”给穿了。这个“小孩”叫王拱辰，那年才十九岁。王拱辰穿着欧阳修的新衣服，笑嘻嘻说：“考上状元的人，才能穿这件新衣服！”

王拱辰在历史上可能没什么名气，似乎除了少年状元之外，没什么拿得出手的功绩，但他有个孙女，生了一个好女儿，中国的读书人都知道，占尽文坛风流的奇女子——易安居士李清照。

这一次，王拱辰给自己叫来了好运——次日大殿唱名，王拱辰高中状元。他原来叫王拱寿，“王拱辰”这个名字是皇帝赐的，因为觉得“寿”字不吉利。这一次，欧阳修是第十四名。

无论如何，考上了就是一件喜事，到五月份，朝廷任命他为西京留守推官。次年，应该是依据“榜下捉婿”的惯例，娶了之前很赏识他的胥偃的女儿。欧阳修一共娶妻三次，最后一次是薛奎的女儿。

欧阳修长得不英俊，出身一般，但他还是有风流的资本——才华。从目前的记载来看，欧阳修年轻时候，还真是一位风流名士，他在西京洛阳工作时，生活十分宽松，每天诗酒文章，花前月下，无比风流自在。他在这里结交了一些感情很深的“红颜知己”，也就是歌伎。

某天黄昏，钱惟演在后园请客，当时他麾下牛人不少，欧阳修之外，还有梅尧臣、谢绛和尹洙。人到齐之后，还不见欧阳修和那个漂亮的歌伎前来。许久之后，两人才匆忙赶来，众人都“相视以目”。

钱惟演问歌伎：“你们怎么才来？”

歌伎羞答答道：“中午太热，在凉堂睡觉，醒来后金钗不见了，一直找，没找到，就来迟了。”

钱惟演道："你让欧阳推官给你写首词，我就还你个金钗。"

欧阳修为人风流，才华也是货真价实，眉头一皱就词上心来，吟出一阕《临江仙》：

柳外轻雷池上雨，雨声滴碎荷声。小楼西角断虹明。阑干倚处，待得月华生。

燕子飞来窥画栋，玉钩垂下帘旌。凉波不动簟纹平。水精双枕，傍有堕钗横。

他敏捷的才思当然获得了大家的夸奖，钱惟演当即决定，由公家出钱，赔给歌伎一根金钗。

庆历二年（1042）八月，欧阳修以家贫为由，申请到外地工作，于是得到滑州通判的职位。等走到韦县，县令设宴款待他，做官的知识分子们喝酒，当然少不了色艺双绝的歌伎陪同。

在这些女性文艺工作者中，有一位特别引人注目，漂亮，唱得也好，引起了欧阳修极大的兴趣。宴席完毕，欧阳修就和这位女士一同到驿馆休息。第二天，欧阳修激情过后，觉得确实有点孟浪，就给了歌伎一只金钗，希望能保守秘密。

但是，世上没有不透风的墙，和名满天下的才子共度良宵，说出去是一件极为光彩的事，这名歌伎估计在同事面前炫耀过，于是很快全县，乃至全州人民都知道了。

许多年，具体来说是十几年后，欧阳修奉使辽朝，回来后跟同事吴奎[①]闲聊，说起此番出国考察的经历，感慨地说："人们都说，每逢甲子

① 一说是胡宿。

就会阴雨连绵，果然不假。我这次出使回长垣，一路上淅淅沥沥，没有不沾湿的。”

吴奎听后神秘一笑，告诉他：“你这一说，我想起一个对子来，‘长垣逢甲子’可以对‘韦县赠庚申’！”欧阳修尴尬地笑笑，也不反驳。

所谓“庚”“申”，按照干支与五行配对，都是属金，吴奎这是借用当年韦县赠金钗的往事，来取笑醉翁年轻时的风流往事。

可以这样说，欧阳修在他的每个工作岗位上，基本上都留下了风流韵事。他闲居汝阴时，又结交了一位歌伎，她能记下欧阳修所有的歌词。

某次喝酒时，欧阳修和她相约，以后要来这里当太守。

若干年后，欧阳修从维扬①到颍州②去当知州。可惜时过境迁，当年的小姑娘已经芳踪难觅，欧阳修惆怅之余，在官湖种下黄杨树，并于撷芳亭留诗一首，其中有两句：“柳絮已将春色去，海棠应恨我来迟。”

这一联诗，单凭意境，应该可以赶得上唐人“桃花依旧笑春风”之句。

欧阳修的风流与潇洒，也为他带来了不竭的创作灵感，所以他的小词唱遍天下，与朋友一起喝酒，歌伎所唱，竟然全都是他的歌词。

在这里，我们并不是向低级趣味靠拢，刻意去挖掘醉翁的花边新闻，而是作为一个铺垫，因为之后不久，欧阳修就在这方面吃了亏。

翻开史书，我们可以看出在庆历年间，欧阳修是十分活跃的。他不停地上书言事，虽然没有石介那么愤世嫉俗，但史书上说：“修论事切直，人视之如仇。”

---

① 扬州。

② 汝阴。

对此，仁宗皇帝却十分满意。他感慨地说："如欧阳修者，何处得来？"

除了欧阳修，其他几名被石介大力吹捧的谏官，也各有特色。比如余靖，此人早年因为科举违规，所以才改了姓名重考。范仲淹"三光"那会儿，他因为仗义执言而天下闻名。

余靖做谏官，勤勤恳恳忠于职守。庆历三年（1043），开宝寺灵塔因为雷击导致火灾，余靖上言仁宗："这个塔被天火所烧，五行运势如此，本来就是灾变，请朝廷不要再重新营造了！"

紧接着，这位言官又为自己找证据："听说，曾经下诏取出旧瘗舍利入禁中阅视，江湖传言这个舍利在宫内发光了，我恐怕一些巧佞之人大肆传播，说成什么祥瑞和灵异，以此为理由再建宝塔。自从西陲用兵以来，国库虚竭……"

最后，作为总结陈词，余靖抛出了一个大大的问号："如果说舍利经过大火还能保存完整，那是因为它在土里；如果说舍利放光是因为有神灵凭附，一定是胡扯。更何况一个塔都不能自卫，怎能希望其庇佑臣民？"

当时是农历六月，夏天正热的时候，余靖本人不修边幅，又滔滔不绝地在仁宗面前唾沫星子横飞，把这位九五之尊熏得眼泪都差点出来了。耐着性子听完余靖的话，仁宗快步回到后宫，长出一口气："我的天！要被这个臭汉给熏死了，唾沫星子飞我一脸！"

第三名谏官王素，从小就以"三公子"闻名。他完全继承了他父亲王旦的优良传统，对皇帝要求十分严格。

仁宗爱好漂亮姑娘，王德用就投其所好，给他进献了两位。王素是谏官，谏官是干什么的？除了纠察官员，还要监督皇帝的生活作风。一般人的生活作风不算什么，但是皇帝不一样，皇帝的身体不属于他自己，属于全天下的老百姓。王素要求仁宗把姑娘退回去。

仁宗舍不得佳人，嬉皮笑脸说："我——真宗的儿子，你——太尉王旦的儿子，咱俩什么交情？那是一般人能比的吗？咱俩是世交！王德用给我物色的两个姑娘，确实有，确实也在我的身边，很是亲近，要不，给我留下吧？"

王素没和他开玩笑，表情极其严肃说："我怕就怕你和她们亲近！"

仁宗脸色变了，有点赌气，气呼呼招呼近侍太监："王德用送来的两个姑娘，每人发钱三百贯，马上送出内东门，事情办完赶快回来！"

说完这话，仁宗的眼泪就掉了下来。

王素觉得有点过意不去，缓和了语气说："陛下认为臣说得对，但也没必要这么快，此事可以从长计议！"

仁宗心里虽然难受，却也明白事理："我虽然贵为帝王，但是和常人情感一般无二，人都是感情动物嘛。万一以后看到两个姑娘哭哭啼啼，恐怕我也没勇气将她们逐出去了。你不要走，就在这里等着内侍汇报。"

过了许久，内侍回报："两名宫女已经出了宫门！"

听闻此言，仁宗鼻子又是一酸。

庆历年间，京师大旱，给农业生产造成很大的影响，为此王素建议仁宗亲自去祈雨。仁宗说："天文兼气象局的太史们给我发布天气预报，说下个月初一有雨，我计划初一去祈祷。"

王素说："我不是太史，但我敢断言，那天绝对没有雨！"

仁宗："你何出此言？"

王素说："等着有雨那天才去祈祷，没有诚意，上天当然不会感动，自然就没有雨了！"

"那明天，朕就亲自到醴泉观去给上天做工作，祈祷！"仁宗当即拍板，算是妥协，也算是给故人之子一个面子。

但是王素不给仁宗面子，继续加强打击力度道：“醴泉观太近，和外朝[①]有什么区别？陛下您这是害怕天气太热，所以不想出去而已……”

就在此刻，边上的内侍们已经看到仁宗不对了——耳朵变得赤红如铁。这是仁宗的特征，每当心情激动时，耳朵就会发红，而且从耳朵红的程度，就可以判断出他内心的起伏程度。现在，这两只激情四射的耳朵提醒大家，皇帝很生气！

气愤的仁宗大喝一声：“明天去西太乙宫祈雨！”

王素回答：“请传旨诏告！”

仁宗说：“皇帝车驾出行，从来不预告，难道你不知道典故吗？”

王素解释道：“那是建国之初，为了保证皇帝安全才做的规定，现在天下太平，可以跟百姓说的。”

第二天，仁宗带着王素一起出发，大中午“日色甚炽，霭雾涨天”，仁宗脸色很不好。队伍走到琼林苑，遥望西太乙宫，上面开始出现云气，如烟腾起，没多久就雷电交加，大雨倾盆。

次日，祈雨有功的仁宗特意把王素找来，跟他说：“昨日祈雨，两立百拜，龙脑香焚烧了十七斤，我全身都湿透了！”

王素回答：“陛下您对上天当然应该恭畏，但是阴气太盛，足以引起疾病，陛下保重身体！”

仁宗说：“考虑到一直不下雨，我欲以自己作为祭祀上天的牺牲，无所谓了！”

除了以上三人之外，还有最后一名谏官，书法家蔡襄。他已经出过场了，在此就不具体介绍。

---

① 外朝是针对内廷而言，指群臣等待上朝和办公议事之处，与宫内较近。

这就是庆历革新实施之前，范仲淹手下的几员大将。他们是“范党”的主要成员，时刻准备着冲锋陷阵，挑起振兴帝国政治、军事的大任。

庆历三年（1043）八月十三，范仲淹在推辞一次之后，终于接受了参知政事的位子。仁宗也是思治心切，每次上朝议事，都要反复敦促范仲淹、富弼和韩琦几个，好好为国效力，以实现天下太平为己任，拿出一个切实可行的改革方案来。

范仲淹也有自己的顾虑，经过这些年的宦海历练，他已经领教到政治活动的一些规矩，他明白，改革说起来容易，但旧势力盘根错节，旧观念根深蒂固，不是一时半会儿可以解决的。所以面对仁宗的催促，他一直没有动作。

仁宗实在忍不住了，九月份，连写两个手诏催促，最后，干脆打开天章阁，将范、韩二人请进去，给了一个命题作文，要求当场写出改革方案。

天章阁是真宗修建用来存放历代皇帝手稿、文集的地方，属于皇家禁地。范、韩二人进去后诚惶诚恐，甚至不敢落座。仁宗热情地赐给笔墨纸砚。一番深思熟虑之后，范仲淹上了那个著名的折子——《答手诏条陈十事》。

在范仲淹提出的十条建议中，有一些确实是老生常谈，比如“修武备”和“重命令”等，是最基本的要求。这中间真正关键的，令某些人暴跳如雷、抓耳挠腮的，是“明黜陟”和“抑侥幸”这两条。

排在最前面的这两条，作为新政的法令刚一颁布，就在文官中引起轩然大波。这等于告诉大家，你们混吃等死的好日子到头了，从今天开始，必须夹着尾巴当官做事，尸位素餐的时代结束了。

在新政实施之前，宋代典章规定，文官任期为三年，武官任期为五年，任满之后，将官员的履历和政绩送到吏部进行磨勘[①]。对大部分官员来说，这只是个形式而已，只要在任期内没有什么大的过失，一般都能顺利晋级。

这个制度的本意或许是好的，但具体实施起来，就造成了一种不好的风气，官员们大多循默守静，在位子上不求有功但求无过，过一天是一天，熬够了任期就换个位子，继续享受荣华富贵。翻开史书，我们很容易就可以发现一个规律，那些无所事事的官员，一生都会平安到老，最后混个风光致仕。与之相反，那些干实事有魄力的官员，或因上书言事获罪，或因得罪小人被贬，总之，善终者少之又少。

现在范仲淹站出来，要公然破坏大伙的安逸生活和美妙前程。他规定，严格官员考核办法，同时规定朝官升迁员外郎，必须三年无私罪，而且还延长了那些愿意在京城任职官员的磨勘期限，以鼓励官员到基层任职。既然要严格审查制度，就需要有人去监察。又是欧阳修，他作为范仲淹最忠实的拥趸，迅速上书建议，选择一些精明强干、公正廉洁之士到基层去，注意考察官员的品行。如果有贪污腐化嫌疑，就用红笔写下名字，如果才能一般平庸，则用墨笔写下，每年具以上报朝廷。

负责监察的官员拿回来的报告，由改革的旗手范仲淹来审阅。他拿着大笔，在“班簿”上写写画画，看到那些红颜色的不顺眼的名字，就一笔勾掉。

年轻的富弼小心提醒他：“你这一笔勾下可容易，但是，那些人一家子可都要哭了！”

范仲淹不客气地反问：“一家人哭，怎比得上一路人哭？”

这里的“路”，并不是道路的意思，而是一个行政区域。范仲淹的

---

① 即进行考核审查。

意思是说，与其让一个坏官去祸害一路百姓，还不如将其贬黜，他一家人哭总好过一路百姓被祸害。

从这寥寥数语我们不难看出，此时的范仲淹对改革有多大的信心。他背后有仁宗的支持，身边又有韩琦、富弼等同僚，最重要的是，还有欧阳修等谏官的遥相呼应，形势似乎一片大好。

除了“明黜陟”这一条外，新政的第二条“抑侥幸”，更令人头痛不已。这曾经是多么好的一条政策啊，朝廷洪恩浩荡，总是时时处处，想尽一切办法给高官的子女们加官。

清代学者赵翼就十分愤怒地写道：“曹彬去世后，给他的族亲、门客等二十余人都封了官；王旦辞世之后，他的子、弟、侄、外孙、门客等十几人加官，等这些人守孝完后，又各自加官一级；王钦若去世，他门下二十几人都加官晋爵……”

那时候，每逢郊祀大礼或者皇帝生日，一个七品的县级干部，都可以恩荫一个子孙做官；四品以上的官员，这一优惠政策还可以扩展到本宗的亲戚。至于更高级别的干部，我们从王旦与王钦若的情况不难推测。

这种任人唯亲的风气，使得朝廷官员人数一年翻了好几倍。

范仲淹感慨道：“假如有人在朝廷担任学士以上官职二十年，那么，他的兄弟子孙就有二十多人当被恩荫做官，而且之后还有不断进来的，这简直是滥进之极。”

于是在很多高官家里，那些吸奶嘴的婴儿、骑竹马的孩童，都有“紫绯佩鱼”的官服在等待着。相比之下，那些寒窗苦读数十年的平头百姓，就算考中了，也可能很多年混不到一个实差。这两相一比较，简直判若霄壤。

既然是恩荫，也就不存在考试的公平性了，于是大家都不遗余力请托送礼，将自己的子侄亲戚送进实权部门，于是掌管钱财、决定升迁的要害部门就成了热门首选。

欧阳修晚年在他的《归田录》里记载了一则趣闻：当时京城里诸司库务，都须由三司举荐，而那些得到举荐的权贵子弟，都很眼热这个肥缺，于是三司使田况就被架到了火上。要是拒绝请托，那就得罪了当朝的大佬们，今后给你使个绊子，你就成了官场咸鱼，一辈子难以翻身，但一一满足这些人的愿望，是绝对不可能的，人山人海，而且良莠不齐，实在是难以处理。

田况针对这种情况，坚持一个原则，那就是不屈从，但也绝不冷脸拒绝。他只好“温颜强笑”，客客气气、笑容满面将人迎进来、送回去。

时间久了，田况私下对朋友感慨：“我在三司工作多年，这一张老脸，都笑得跟靴皮一样皱皱巴巴！”脸要笑成靴皮，不仅要笑得有力度，还要笑得很频繁，田况这张脸，算得上是宋代官场的标志性符号了。

这种情况当然引起了有识之士的担忧。包拯，就是民间呼声最高的包青天，任户部副使时曾经上书说：“我看景德祥符年间，文武官员一共九千七百八十五名，现在四十年后，就增加了一倍，变成了一万七千三百多人……汉魏乃至隋唐，虽然官员不少，但也没有像本朝这样烦冗……”

不光官员多，最可怕的是，那些在祖宗阴德庇佑下获得“寄生虫”特权的家伙，一边混日子，一边还拿着惊人的高工资。除了正常俸禄，还有职钱、公用钱、四季衣料、茶酒厨料、薪蒿炭盐，甚至随从人员的衣服粮食，一律由公家报销。

除此之外，皇帝一时高兴，就会大规模撒钱，意外之财总是不请自来。

有了这个情况介绍，我们就不难推测，为何吕蒙正坚持多年吃鸡舌头，小日子过得优哉游哉。而寇准、夏竦豪奢过人的生活，也是在这个经济基础上建立起来的。

深入了解这些情况后，范仲淹心急如焚，所以在改革的十条建议中，将这些作为重中之重来抓。

正如有些学者所指出的，理想主义者和机会主义者的斗争，是宋初官场的斗争常态。作为一个标准的理想主义者，范仲淹的热血被点燃后，一不小心就点着了那些既得利益者的屁股，新政实施没多久，朝中就“论者藉藉”，大家心里都堵得慌。

另一方面，按察使们四处频繁活动，不停具奏弹劾。

共同的利益和生存压力，使得受到冲击的人团结起来，谋划着出狠招，来对付成为“害群之马”的改革派。保守派这一发难，就带出来一篇千古雄文——《岳阳楼记》。

首先遭殃的，是范仲淹的同年好友滕宗谅。这位仁兄，就是赫赫有名的“谪守巴陵郡”的滕子京。

此人本来很无辜，也没有什么名气，只可惜站在了范仲淹的队伍里，就遭到了无妄之灾。其实滕宗谅并没有正面站队，他还是斜着身子半遮半掩站在范仲淹身后，就被人修理了。

新政实施没多久，就有人弹劾滕宗谅在泾州时，滥用公款十六万贯，有数万贯去向不明。此事最蹊跷之处在于，当朝廷专案组来调查时，滕宗谅又将记录开支往来的账目“公使历”，烧成了一捧纸灰。

正面的说法是，滕宗谅这样做，是害怕连累同僚和朋友。此人比较慷慨，很多钱都是馈赠给了游士和故人。

古人比较讲究，读书人写首诗来拜见你，你就得表示一下，给点盘缠路费什么的。

至于负面的说法，我们不好猜测。总之，此事令仁宗颇为震怒，于是滕宗谅从庆州被贬到了凤翔府。

这件事孤立来看，就是一起滥用公款的普通经济案件，但深入探究，我们就会发现其中的奥妙——弹劾滕宗谅的人，一个是郑戬，一个是梁坚。后者是监察御史，是谏院之外另一个监察部门御史台的官员。

当时御史台的最高领导是王拱辰。当初蔡襄用名满天下的好字写了一首诗，替谏官们大大扬了名，却丝毫没有提及御史台，这令王拱辰心里很不是滋味。

姑且不论王拱辰对新政具体措施的看法如何，单是谏院官员们的气势，就令他十分不爽。所以说，梁坚的发难，背后定有王拱辰的指使。

范仲淹敏锐地嗅到了空气中来历不明的危险。他深知自己面对的不是单个人或者某个小集团，而是整个壁垒森严的既得利益集团。这些官僚心照不宣地站在了一起，向他投来挑衅怨憎的目光。

这一仗必须打赢，否则改革派就将威信扫地。

范仲淹连上两道奏议，极力为滕宗谅辩白。他的理由似乎也很充分：当初葛怀敏吃败，泾州军民恐慌万状，滕宗谅当即派遣数千名强壮百姓固守城池，这证明他是在危急时刻可以大用的人才。为了安抚军心，他仓促之间收购驴牛犒劳军队，就算有亏价的可能，也情有可原。

“如果现在将滕宗谅放逐，以后的主帅在外，还如何见机行事。……如果滕宗谅确实有欺骗、私吞公款及渎职的嫌疑，我甘愿与他一起受罚。”范仲淹拍胸脯做出保证。

接着，为了配合范仲淹的思路，欧阳修立刻上书，并举出张亢和狄青的例子，说明此事是极其正常的，并且指出，如此“杀鸡骇猴”之举，恐怕会让狄青、种世衡内心忧惧。要知道，这二人可是当时帝国军事的顶梁柱。

对于这件事，作为“范党”成员之一的苏舜钦也意味深长道：“……复有入己[1]，唯范公横身当之。”听他的意思，似乎范公是在护短。

总之，在范公的极力庇佑之下，滕宗谅只降了一级，从凤翔调往虢州。

幕后指使坐不住了，王拱辰亲自出马，弹劾说滕宗谅盗用公使钱。请注意他的说法，和范仲淹第二次上书说的“勘到滕宗谅所用钱数分明，并无侵欺入己”，完全相反！

御史中丞出手当然不简单，于是滕宗谅再次悻悻地从虢州赶往岳州。

他的这个贬谪，给岳阳市带来了巨大的旅游资源——修了一座岳阳楼。岳阳楼工程是滕宗谅任上很重要的一件事，他大约也希图借此抚慰自己寂寞寥落的谪臣之心。

《清波杂志》上说得好：“放臣逐客一旦被朝廷外放地方，他们忧悲憔悴的心情，如果行诸于诗，那是相当酸楚的！”

有人来大加赞赏其落成。滕宗谅凄凉一笑道：“落什么成？我就等着修好后，独自临湖凭栏，大哭几场！”

就这样，滕宗谅因为“交友不慎”，成了新政的第一个牺牲品。

这一年十一月，御史中丞王拱辰又招收了一名手下。这个年轻人从殿中丞转为监察御史里行，开始他政治生涯中很重要的一段。

他的名字叫包拯，也就是民间传说中脸色黢黑、额头月光灿烂的包青天。

包拯一进入御史台，就开始发飙，矛头直指新政。他的首篇著作是《论取士》，他指出，朝廷切不可被那些“饰正于外，藏邪于内”的人所

---

① 自己贪污了。

蒙蔽，依靠高级官员推荐人才，很难避免徇私舞弊和滥竽充数，这很危险啊。

很显然，这个论调与范仲淹改革的“择官长”有小小的裂痕。

紧接着，包拯又对“精贡举”这一条提出了非议。范仲淹的意思，是想要将贡举考生的发解，从密封誊录改为地方官绅保举，在举荐一个人之前，先考察其履行，然后再考察文章，不能仅凭文章好坏定功名。

而包拯所上奏章的题目是《请依旧封弥誊录考校举人》，这是在唱反调。在这之后，包拯一发不可收，又上了好几个奏章，来对范仲淹的新政提出质疑。

综观包拯一生，似乎不是逢迎上级的那类人，所以王拱辰所起的作用应该不大。换言之，是范仲淹的新政先天有着不足之处。

从简单罗列出来的条款不难看出，范仲淹新政的出发点固然良好，但是具体实施上，更多是依赖人治，保举和推荐起了很大作用。这是个理想主义的方案，可被钻的空子太多了，包拯大概就是看出了其中的缺陷，这才斗胆直言。

应该说，此时五十多岁的范仲淹，已经具备了比较丰富的政治经验。最起码，要比年轻的富弼老练成熟，他已经从满腹理想的知识分子，成长为一个谨慎务实的官员了。

此时碰巧发生了一件事，可以印证笔者的这个判断。

当时由于冗兵、冗官现象过于严重，老百姓生活困难，有的忍不下去，就揭竿而起。前不久有王伦兵变，接着又是张海掠劫淮南。

张海的造反军队路过高邮时，高邮知军晁仲约自知不能抵抗这帮苦大仇深的家伙，索性反其道行之，来了个“开门揖盗”，让家境富裕的人家拿出金帛，备好酒肉热烈欢迎造反军，同时赠送丰厚财物。

盗贼一看政府如此明白事理，也就收了财物，在喧天的鼓乐声中风光离开。

此事传到朝廷，大部分人的表现是愤怒。堂堂帝国官员，不但没有勇气去抵抗蟊贼，反倒助纣为虐，简直是颜面无存！时任枢密副使的富弼更是怒不可遏，气冲冲上奏，要求处死晁仲约。

对这件事，范仲淹有着不同的看法，他和富弼在仁宗面前争论起来。

富弼："盗贼肆意横行，守城官吏不能抵抗，还不能守住城池，反倒叫百姓凑钱赠送盗贼，依法当诛，否则以后无人肯守郡县了！我听人说，高邮人民对晁某恨之入骨，恨不得食其肉寝其皮。"

范仲淹反驳："如果郡县的军队可以防御盗贼，但是不作为不抵抗，那么依法确实可以处死。但实际情况是，高邮没有军队和武器，就算晁仲约的职责是抵抗守城，此事也情有可原，杀了他，恐怕并非是制定法律的本意。"

史书上说，听到这里，仁宗茅塞顿开，"释然从之"，晁仲约得以免死。

这是官方的说法，看起来有理有据，完全是施行"仁政"的结果。其实背后另有隐情，有好几家的笔记不约而同记载，退朝之后，富弼还是愤愤不平，埋怨范仲淹说："现在我们正是苦于有法不依，我正要依法从事，为什么你总是不停地阻拦？范六丈[①]您大慈大悲，莫非要做佛耶？"

范仲淹私底下悄悄给富弼揭开谜底："我们大宋自太祖以来，从未轻易诛杀臣子，这是盛德之事，为什么要轻易破坏它呢？现在如果轻易

---

① 这里的"范六丈"，并不是说范仲淹身高六丈，而是一种对年纪较长者的敬称。范仲淹小时候，母亲改嫁朱氏，在朱家他排行第六，所以富弼如此称他。

引导主上诛戮臣子，他日杀得手滑，我们可能也性命不保！”

此后不久，新政夭折，范、富二人都出京任职，富弼从河北回来到达国门，接到通知说不得进入。因为不知道朝廷的真实意图，富弼彻夜难眠，在旅馆房间里整夜徘徊，想起范仲淹的劝诫，不由深深感慨：“范六丈，真乃圣人也！”[①]

可惜即便是洞察玄机的“圣人”，也有他的难处和他思维上的“灯下黑”。一方面，他没有意识到新政的先天缺陷；另一方面，他对目前的局势也没有清晰的认识。

范仲淹、韩琦、富弼三人与各位谏官的紧密团结，颇引人注目。很自然，有人又将压在箱底的《朋党论》给翻了出来。这顶帽子可以说是一件利器，指哪儿打哪儿毫不含糊，而且杀伤力很强。

仁宗听说后很困惑，就去咨询范仲淹：人家都说你们结党了，怎么回事？

范仲淹的理论和之前欧阳修的《朋党论》如出一辙：“打仗的时候，勇敢的人自成一伙，而怯懦者也抱成团。朝廷也是如此，如果好人结成朋党，对国家有什么损害呢？”

保守派指使人不断地向仁宗灌输这样一种思想：范仲淹这些人势力一天比一天大，把国家的爵禄作为私人馈赠，这才几年，他们就占据了要害部门的关键位置……

这些奏折对仁宗的思想有没有触动，现在不得而知，但是，守旧官员们的汹汹人言，终于令改革派觉得如芒在背，再加上那些派出去的按察使锋芒过盛，得罪了很多人，局势慢慢起了变化。

---

① 关于这件事，还有一首诗为证：“奋髯要斩高邮守，攘臂甘驱好水军。直到绕床停睿日，始知心服范希文。”

当年气势汹汹的石介，也开始为他的鲁莽付出代价。

他的仇敌，远在外地的夏竦逐渐酝酿发力。夏竦培养了一名女奴，令其专门研习石介的书法，一直精心模仿，练到炉火纯青，甚至于石介自己都难辨真假。

紧接着，夏竦通过一些途径收集到了石介给富弼的信。在这封信里，石介劝诫富弼要行“伊、周”之事，意思是希望他效仿古时候的圣人伊尹和周公，一心一意辅佐天子。

夏竦的秘密武器迅速发挥了作用，只改动了信中的一个字，把“伊、周”改为“伊、霍”，这一字之差，意思可就差得远了。众所周知，周公辅成王，是历代臣子的楷模，所以才让圣人孔夫子五体投地，而霍光，则是权臣的标杆，有架空君王的嫌疑，这两人是不同意识形态的极端。

除此之外，夏竦为了更加解恨，还伪造了一份石介为富弼撰写的废立诏书，要把仁宗赶下龙椅，这件事已经不是“严重”可以形容的了。

好在仁宗并没有相信如此荒诞之事，但为了避嫌，范、富二人只好自寻出路，强烈要求出京按察西北边防，仁宗不答应，他们就使劲请求。于是范仲淹结束了他短暂的京官生涯，宣抚陕西、河北。

这是个标志性的事件，表明新政已经遭到了难以挽回的巨大打击。

据说出京之后，范仲淹遇到了已经垂垂老矣的吕夷简。此时此刻，经历了从顶峰到低谷的颠簸，范仲淹大约也对吕夷简当年的处境有了更深的感受。

是啊，他当年上《百官图》攻击吕夷简结党营私时，怎么也想不到今天，自己会顶着“党魁”的大帽子黯然退场。而退场的直接原因，就是这个“党”结得不够大，战斗堡垒还不够坚强，才会被对手一冲而散。

白发霜鬓的吕夷简还是颇有爱才之心的。他看到范仲淹如此面色黯然，就十分关切地问："为什么如此轻易就离开朝廷？"

范仲淹道："去安抚西边军事。"

吕夷简淡然道："在西边做事，还是不如朝廷来得方便！"

这就是吕夷简的高明之处，他的政治经验告诉他，越是在困难的时候，就越要坚持。范仲淹的不足之处有两点。

第一，他不该如此仓促，提出理想化的十条改革建议，特别不该直接拿官僚阶级开刀。

第二，在新政遇到挫折、众议纷纷之际，他应该"厚黑"起来，坚守中书省的阵地，而不是为了个人名节动辄辞官，这等于主动让出了场地，让对手表演。

对于这一点，范仲淹在冷静之后，也多有反思。他在写给朋友的信中表露了自己的反思心得："汉代的李膺，就是因为处事过于黑白分明，不管他自己多么清廉正直，最终还是引得汉室正邪相激、斗争内耗，加速了汉室的灭亡。几年前，几位君子同道感遇激发，高议直指，不恤怨谤，结果，招致了群起而攻之的结果……所以，如果要与国同忧，就不能专尚个人名节，因为个人意气而误了邦国大事。"范仲淹最后总结道："身安而国家可保，岂特厚于己耶？"

这样的话，吕夷简虽然没有明说，但范仲淹已经领悟，"拈花一笑"，亦复如是。

范、吕二人分别没多久，吕夷简就辞世了。听闻消息，范仲淹在惋惜、思念之余，大概还有一丝愧疚。他写道："得公遗书，适在边土，就哭不逮，追想无穷，心存目断，千里悲风。"

第十二章 『似曾相识』中间派

这就是所谓的中间派。他们从不跳出来主动闹事，也甚少使绊子。他们的主要工作就是维护稳定，观察再观察，研究再研究，对任何没把握的事情，绝不会轻易点头。当然，也不会摇头，只是高深莫测地笑笑……

庆历四年（1044）九月，一直“默默无闻”的宰相兼枢密使晏殊也走了霉运。

晏殊没做错什么，他只是中了个人恩怨的毒。下毒的这个人，就是欧阳修。

按说，晏殊对欧阳修有知遇之恩，但个性和理想的差距，使得他们走上了不同的道路。

晏殊少年得志，所以潜意识里，一直有高人一等的想法。加上宋朝的官员多奢侈，他又是如此喜欢享受生活的人，自然也就养成了安享富贵、多一事不如少一事的“官品”。

真宗还在世的时候，晏殊以神童的身份被授予馆职。有一次，因太子东宫缺少官员，不等大家推荐，真宗亲自指定晏殊。命令下达后，执政官员都很吃惊，这个人名不见经传，怎么忽然引起了皇帝的注意。

第二天，真宗才为大家解释：“我听人说最近馆阁的官员都不思进取，成天就是宴游嬉戏，只有晏殊和兄弟专心读书，如此谨厚的小伙子，应该送到东宫陪我儿子。”

得到任命后，晏殊进宫谢恩，说起自己辛苦读书，晏殊给皇帝露了老底：“我并不是不喜欢宴游，只不过因为比较穷，没办法去。如果我有钱，一定也会去的……”

真宗听了这话，反倒更觉得他实诚。

这件事所给出的信息就是，晏殊对奢侈安逸的富贵生活，也充满了深深的期待。他一直以“富贵人”自许。当然，知识分子所谓的“富贵”并不是赤裸裸的金钱暴发，而是从骨子里乃至基因中渗透出来的、不露痕迹的“富贵气象”，即所谓的贵族气质。

晏殊读李庆孙所谓富贵诗，“轴装曲谱金书字，树记花名玉篆牌”，颇为不屑，给出评语：“这简直就是要饭的家伙写的。我要说富贵，绝不会说金玉锦绣这些俗物，只说气象，气象！”至于什么是虚无缥缈的气象，晏殊得意扬扬地说：“就像‘楼台侧畔杨花过，帘幕中间燕子飞’或者‘梨花院落溶溶月，柳絮池塘淡淡风’，那些穷汉有这种景致吗？”

当官后，晏殊不光有“气象”，而且物质生活得到了空前的丰富，他终于实现了少年时候的愿望——赚钱，请客！

他任职京兆时，手下提拔了一名通判，名叫张先。此人有个响亮的外号，叫“张三影”。这个名号来自他的三句名词，分别是“云破月来花弄影”“娇柔懒起，帘压卷花影”和“柳径无人，堕絮飞无影”，因为写得实在传神，所以得名。

其实张先以前叫“张三中”。因为时人评价，他的诗词颇能道“心中事，眼中景，意中人”。

总之一句话，张先在诗词方面很牛，所以颇得晏殊的青眼，晏殊将他调到自己麾下，喝酒之余，顺便研究一下诗词。

有段时间，晏殊新纳了一名侍妾，十分喜欢，每每张先来拜访，就请这名侍妾唱张先的词。美人配好词，倒也是珠联璧合。可是很快，这名侍妾就遭到了晏殊夫人的嫉恨，被撵出了家门。

为了面子，也为了维护家庭和睦，晏殊选择了忍耐。

没过几天，张先又来了，还带来了新鲜出炉的好词，让其他人来唱，当听到最后一句“望极蓝桥，但暮云千里。几重山，几重水”时，晏殊一拍大腿，大声喝道：“人生但当行乐，我为何要让自己这样痛苦？”当即下令开库取钱，把那名侍妾赎回来，继续唱张先的词。

据记载，晏殊在日常生活中，“喜宾客，未尝一日不宴饮，盘馔皆不预办，客至旋营之”。他做枢密使时，适逢京师大雪，照例设宴请客，所请的客人中，就包括欧阳修。

在这里，欧阳修写了一首《赋晏太尉西园贺雪歌》，中间有这么几句：“主人与国共休戚，不唯喜悦将丰登。须怜铁甲冷彻骨，四十余万屯边兵。”欧阳修不给面子，如此辛辣地讽刺晏殊作为朝廷军事大员，不顾国家边境安危，居然还有心情请客赏雪。

晏殊精致的生活遭到干扰，“气象”状况不好，就比较恼火，向人抱怨说：“以前韩愈也喜欢发议论，他参加裴度的宴会，至多就写了‘园林穷胜事，钟鼓乐清时’，也没有如此胡闹过！”

晏殊喜欢排场、热爱享受，欧阳修不顾情面、酷爱争斗，注定了他们之间的关系不会有光明的前景。

《邵氏闻见录》中明确记载：“晏公不喜欧阳公。”说的是欧阳修在外地给晏殊写信，回顾往昔的知遇之恩，对自己这些年没能登门叙旧，也没能写信问候表示了适当歉意。

回信时，晏殊很随意地口述了十几句话，叫人记下寄出去。

记录者说：“欧阳修在文坛很有名气，这样随便回复，是不是有点太草率了？”

晏殊用鼻子哼了一声，冷冷地说：“应答一个知举时候的门生[①]，这个礼节已经有点过分热情了。”

---

① 欧阳修考试那年，晏殊是主考，故有此说。

史书上说，晏殊喜欢提携后学，“如范仲淹、孔道辅皆出其门”，他手下确实出了不少人才，但他提拔的一些人，又顷刻间与他反目成仇。

在这方面，晏殊是有深刻教训的。他的女婿富弼曾当面说他“奸邪”，他的学生范仲淹，也曾当面指责他胆小怕事。这倒罢了，最严重的是那些人走茶凉的角色，实在令晏殊心寒不已。

早在明道二年（1033），晏殊第一次被罢免参知政事，出知亳州时，他就深刻领悟了小人的手段，每每叹息士风凋落，人心不古，读书人的仁义礼智信都学到狗肚子里去了。

当时亳州有一名营妓名叫刘苏哥，私自和人定了终身，却被老板娘阻止。刘苏哥坚贞不屈，在春暖花开、万物暄妍的时节，策马奔出城郊，登上古人高冢，恸哭而逝，和梁、祝的故事如出一辙。

知道这件事后，晏殊唏嘘不已，感慨地说：“士大夫受人眄睐[①]，就好像随着天气燥湿寒热变化，变化之迅速，犹如手掌翻覆，还不如这样一个风尘女子。”

晏殊为此还专门写了一首诗，来表示对某些士大夫同行的鄙夷：

苏哥风味逼天真，恐是文君向上人。
何日九原芳草绿？大家携酒哭青春。

他是说，这些所谓的读书君子，还不如一个卖笑的小姑娘。

具体到这一次，晏殊走霉运的直接原因，是朝廷派欧阳修任河北都转运使，有谏官奏请把欧阳修留下。晏殊此时已经看不惯欧阳修了，平日里在朝堂议事，欧阳修总是当面驳斥折辱，丝毫不给面子，晏殊决定

---

① 眄者，斜眼看，鄙视之意；睐者，青睐之意。

把这个刺头外放出去。可是，欧阳修在朝廷也是有朋友的，他被外放，他的朋友孙甫和蔡襄，知道是晏殊作梗，看晏殊如此不给面子，就联名上书弹劾。

言官弹劾人，也是一门艺术。他们当然不会直接说晏殊公报私仇，把欧阳修赶出去，图个耳根清净。这种理由摆不上台面，而且很容易被人抓住“朋党”的小辫子。

蔡襄他们翻出来一件旧事，和仁宗皇帝的出身有关。

此时天下人都知道，仁宗的亲生母亲不是刘娥，而他亲母章懿太后死后的墓志文，就是晏殊的作品。

鉴于章懿太后辞世时的政治气候，晏殊就算有一百个胆子，也不敢直接说这位伟大而冤屈的死者，是当朝皇帝的亲生母亲。所以在墓志文中，晏殊只是一笔带过，说太后之前生过一个女孩，但是不久就夭亡了，丝毫没有提及仁宗的出生。

后来知道了真相，仁宗对晏殊极为不满，拿出志书给群臣传阅，并且说：“太后生下我，晏殊作为近臣，难道他不知道吗？”

当时吕夷简还在，他替晏殊挡了一剑，解释说：“晏殊固然有罪，但当时正是章献太后掌权，如果晏殊照直说，恐怕天下难得太平。”仁宗这才稍微消气。

蔡襄等人旧事重提，把这笔旧账翻出来，唯恐打击力度不够，又弹劾晏殊非法动用官兵，来修治所租赁的房屋。其实，当时动用官军干活是官员的福利，而且是晏殊的外甥调兵，并不是他本人的直接责任。

晏殊终究还是被扳倒了，他被罢免为工部尚书，出知颍州。雪上加霜的是，此次他被贬谪的制书，出自当年他很喜欢的二宋之一的“小宋”——宋祁。宋祁当时是翰林学士，他为晏殊力辩，才有了这个连降两级的处分。在制书中，宋祁是这样解释免职理由的：“广营产以殖赀，多役兵而规利。”

苏辙说：晏殊之所以免于受到更重的处罚，实在是宋祁出了力。可是同样一件事，在另一个人嘴里就完全变了味。

《宋史》里面记载的奸臣不多，曾布就是其中一位。很多年后，曾布以翰林学士权三司使，被贬饶州。当时写制书的，是中书舍人许将。这不是个好差事，因为政治斗争波诡云谲，今天被贬的人，明天就可能咸鱼翻身，所以这个贬人的制书，写起来要字斟句酌，不可马虎，如拍打灰里豆腐，轻不得，也重不得。

曾布被贬的制书下达，用语比较激烈。

为此许将特意去找曾布解释说：“当初一开始看到词头，我本来想直接缴还回去，不予通过。但是回头一想，这样的话，有可能咱俩一起被贬，对您也没什么好处，就只好勉励为之，将其中的语言多加修改，您今后会知道的。”

许将这是为以后铺路，免得今后曾布东山再起时见面尴尬。

曾布虽然被视为奸臣，倒也豁达，大手一挥道：“这有什么，小事一桩，你不知道宋子京吗？”

曾布嘴里的“宋子京”，就是宋祁。

宋祁文章写得好，以一句“红杏枝头春意闹”名满江湖。

相传宋祁路过张先家，差人通报说：“尚书欲见‘云破月来花弄影’郎中。”张先也是解人，迅速反应过来，问：“得非‘红杏枝头春意闹’尚书耶？”传为一时佳话。

曾布继续宽慰许将：“那个宋子京，在晏殊当宰相的时候，深得器重，晏殊爱才心切，恨不得每天都见到他，就在自己居所边上租了个房子，让这小子居住。中秋时节，晏殊设宴赏月，把宋子京也请来，出绝色歌伎，唱靡靡之音，饮酒赋诗，好不快活，一直腐败到天亮为止。”

“谁知道！”曾布话锋一转，“第二天晏殊被罢免，宋子京写制书，用语颇为诋斥，把晏殊说得体无完肤。这个小宋动笔之际，昨夜的酒味还在唇边回荡，他变脸之快，简直令人瞠目结舌。”

最后，曾布拍着许将的肩膀：“这种事早已有之，你不必介怀！”

曾布这个说法和苏辙的完全相反，他对时间的记忆也有错误。晏殊出知颍州是九月十二，前一天当然不可能是八月十五，所以这件事应该有臆断的成分，是对宋祁的污蔑。

接下来，我们站到另一个角度，观察范仲淹这一段的官场经历，很轻易就会发现一个奇怪的现象，在他和韩琦、富弼等人殚精竭虑制定方案，尽心尽力推行改革之时，其他的高级官员，比如章得象、晏殊和杜衍，却成了“沉默的大多数”。

这就是所谓的中间派。他们从不跳出来主动闹事，也甚少使绊子。他们的主要工作就是维护稳定，观察再观察，研究再研究，对任何没把握的事情，绝不会轻易点头。当然，也不会摇头，只是高深莫测地笑笑……

在历史上任何时期，中间派都不曾缺席。他们善于审时度势、锦上添花，更擅长落井下石。他们是隐形的，又是巨大的。面对一个个鲜活的面孔，不到最后一刻，你无法断言谁是“似曾相识的中间派”。

说他们是中间派，并没有任何贬义，因为在当时，谁也说不清楚这场改革以何种面目出现最为合理。这几位大人物的沉默，或许代表了帝国腐朽势力的自我惯性，又或许，是老政治家洞悉玄机之际的默默暗示，实在是说不清、道不明。

章得象，福建人，长得高大威猛，而且声如洪钟。古人有一个说法，南人北相或者北人南相，就是所谓“出其类者”。和王曾一样，章得象这名字也颇具来历，他母亲刚妊娠之时，梦见登山，梦中有神人授予玉象，故有此名。而章得象出生之时，其父也梦见庭院里堆积笏板如山。笏板是官员奏事所用，是官爵之兆。

长大后的章得象相貌英俊，为人庄重，所以很快就出人头地。他刚入仕途，就得到了神童杨亿的强烈推荐。别人问杨亿为什么看好这位年轻官员时，杨亿说：“闽士轻狭，而章公深厚有容，此其贵也。”

杨亿观察得不错，章得象的气度确非一般人可比。他曾经在李宗谔家赌钱，一晚上输掉三十万钱，一般人输这么多，肯定要红眼，但章得象若无其事，照样睡得鼾声连天。

某次，经过一夜豪赌，他赢了李宗谔一大盒子钱。许久之后，却又输给了李宗谔。这盒钱拿出来时，李宗谔当初的封条还完好无损。这件事传开后，没有人指责他们奢侈，反倒赞扬章得象“度量宏阔如此”。

“气量恢宏”说起来很体面，史载章得象“性简静”。但从另一个角度看，则说明此人有时候稀里糊涂。

景祐元年（1034）正月，时为翰林学士的章得象等五人权知贡举。他出了一个题目：人为天地之心赋。题目一公布，举子们立刻排队抗议。他们告诉章得象：“先朝开封发解，曾经出过此题，那一次郭稹是解元，难道学士你不知道吗？”

和现在的考生一样，那时参加考试的学子，肯定也悉心研究了历届真题，所以对以往的内容了如指掌。

章得象站起来笑笑，向大家道歉说：“对不起，实在是对不起各位学子，我马上另出一个题！”回去稍微研究片刻，命题小组又拿出了一道题，名曰：教先寒暑。

又有举子站出来举手：“此题出自《乐记》，此教乃是乐教，当用乐否？”

章得象颔首道：“诺！”

“不对，不久前，也就是去年三月，刘太后刚刚去世，现在用乐，恐怕不太好吧？”有人提出异议。章得象又陷入了郁闷，不知道如何是好，众说纷纭，场面十分混乱。

因为这件事，有人就讽刺章得象说："武成庙里沽良玉，夫子门墙弄簸箕。惟有太常章得象，往来寒暑不曾知。"

回到新政期间，此时给章得象的任命是宰相。对于这个任命，仁宗亲自向章得象解释过，他说："当年太后临朝时，群臣中间的正邪，我看得一清二楚，都默默记在心间。我看你清忠可嘉，从不依附谁，也没什么过分的请托，这才任命你。"

确实，章献刘太后掌权期间，太监们气焰很嚣张，每每有太监到学士院，章得象必然正色以待，或者干脆一言不发，从无献媚或者攀交之举。他在中书省八年，后宫宗党亲戚，一个也没有得到进用，全被他压了下去。

事情到此，章得象的名声似乎还没怎么受损。但是，下面这件事，成了他屡遭诟病的根源，导致后人一旦提到庆历新政的"敌人"，章得象总是"榜上有名"。

《邵氏闻见录》记载，庆历年间，富弼和韩琦少年执政，积极进取，准备大干一场。章得象时任宰相，一开始改革，他好似患了失语症，经常一言不发，袖手旁观年轻人热火朝天地工作。

其实范仲淹才是新政的旗手，但不知为何，邵氏并没有提及他。笔者猜测，一个可能的原因是，当时范仲淹已经五十多岁了，并不符合章得象接下来的评价。

人问章得象："富、韩勇于做事为何如？"

章得象这才开了金口，悠悠道："我每每看到小孩跳踯嬉闹得厉害，你不管如何呵责，他都不会停止。等他闹得过了头，一不小心撞到了南墙，碰得头破血流，自然就知道进退了。他们现在正忙着跳踯，其势难以遏制。"

言下之意就是：让这些小家伙们胡闹去吧，我惯着他们。

后来富、韩二人也遭到了“报应”，他们遇到了锋芒毕露的王安石。富、韩无可奈何，唯有“不可救止而去”，此时，方才体会到了章得象当年的心境。

当然，彼时的韩琦还是满怀雄心，对章得象的表现也极为不满。他发牢骚说：“以前在中书省，每当范希文和富彦国（富弼）的文字至相府，章得象就闭目数数，绝对不置一词，谁也不理。富彦国年轻气盛，总想抵触他，多亏希文识大体顾大局，及时阻拦住。”

对章得象来说，保守是一种可以倚仗的神奇力量，规矩就是规矩，轻易破坏是要遭到反噬的。这就是历史的惯性，不一定有黑白分明的对错在里头。

另一个执着古板的老干部，叫作杜衍。严格来讲，他并不是中间派。他有一定的政治倾向，只是不那么明显，而且这一点倾向，一半是正义感的驱使，一半是有私人交情在里头。

杜衍的执着和古板，从小就表现得很突出。他是个遗腹子，所以生下来后，深得祖父的喜爱。有一年夏天，祖父把帽子脱下来让他拿着，忽然之间洪水暴发，把杜衍给冲到了水中，他的姑姑递过来一支竹竿，要他牵引着上岸。杜衍就一手高高举起帽子，一手扯住竹竿，在水中跋涉许久，方才得救。在这整个性命攸关的过程中，帽子一点都没有被沾湿。

杜衍的这个举动，颇有古时仁人君子忠人之事的作风，这为他奠定了良好的声誉。可惜声誉不是金钱，他的母亲改嫁到河阳钱氏后，他被两个哥哥追着索要财物，争斗起来，被一剑砍在脑袋上。他只好逃到姑姑家，藏在房梁之上才捡回一条命。

可能是因为营养不良吧，杜衍的相貌稍微有点古怪，自小清羸瘦弱，没过四十岁就须发尽白。欧阳修后来赠给他两句诗：“貌先年老因忧国，事与心违始乞身。”杜衍非常喜欢这两句，反复吟诵，玩味不已。

据滕元发回忆，杜衍做宰相时，曾经在晚上找他来写文件。那可能是滕元发第一次见到杜衍，他大失所望。所谓宰相，长得如此模样，骨相穷寒，毫无富贵之气。杜衍当然不知道他内心的想法，令左右秉烛，展开书卷坐起来看。这时，滕元发看到了神奇的一幕：杜衍眼中有黑光径直射出，直达纸面。他这才明白，杜衍就靠这一点贵相，也能位极人臣。

总之，杜衍的一生是“规则”的一生，他不屈不挠地维护着封建正统的尊严，以一个臣子的良心为帝国分忧。他对那些依靠裙带企图侥幸加官晋爵的人深恶痛绝，有时候仁宗都批准了，杜衍却扣押不许，或者直接封还。

倘若有人私下里找仁宗要官，仁宗就会面露难色：“我其实无所谓，但是这个白胡子老头（指杜衍）不许啊！”

杜衍的个人品质称得上无懈可击，为官清正廉洁，退休后也只是租住公家的房子，废屋三间做读书之室。只要不外出，绝对不饮酒，有客人来了，只有“粟饭一盂杂以饼饵”招待。

某次，在某公府邸做客，杜衍道帽深衣默默坐在席末，正好府尹出衙，边上有贵游公子，责怪杜衍不起身作揖，厉声责问：“请问你前任是什么职位？”他从衣帽装束判断，这老头子最多县级干部，所以才如此大胆。

杜衍像一名久经沧桑、参透至高秘籍的隐者，淡淡道：“同中书门下平章事。”估计把那人狠狠吓了一跳。

平素家里没有客人的时候，这个孤寂的老人就默默端坐，思量平生得失。临终之前，留给仁宗一封遗疏：“……不要因为国家长久平安就忽视了边防，不要以为现在富足就轻视财用，应该早点立储君，以安定人心。”

在范仲淹离职之后，朝中事宜基本上都由杜衍来担当，但他有保守固执的一面，所以不可能把谏官团结起来。与此同时，保守派也对他不满。

对改革派来说，目前的局势不容乐观。范仲淹、富弼因为恐惧流言而外放；欧阳修被任命为河北都转运按察使；余靖则被任命为辽朝的回谢使，出了一趟远差；不久后，“谏官四人组”的另外一位——书法家蔡襄也自请回福州任职，理由是他母亲年纪大了。

蔡襄之所以离职，是因为仁宗让原来的参知政事贾昌朝改任枢密使，又提拔青州知州陈执中担任参知政事。这引起了蔡襄和孙甫的强烈不满，这两人极力劝阻仁宗，认为陈执中刚愎自用，不学无术，根本不是当宰执的材料。

陈执中的前任贾昌朝走的是后宫路线。因为他是陈尧咨的女婿，通过陈尧咨结识了温成皇后的乳母贾氏，并亲热地称呼老太太为“贾姑姑”。

有了这样一位姑姑，很多宫廷内幕消息都可以提前知道，所以奏事深得仁宗欢心，才得以多次提拔。

曾经有人问仁宗：“这些天台谏们论事，真真假假难以分辨，所谓的‘贾姑姑’一事，确实有吗？”

仁宗默然良久，方才慢慢说：“贾氏确实推荐过贾昌朝。”

走后宫路线是被人看不起的，甚至是违法的，而在蔡襄他们眼里，继任者陈执中更是不堪。

在蔡襄的眼里，陈执中不过是一个走了运的太子党。他的发迹有运气的成分，早在真宗时候，因为“赤脚大仙”仁宗投胎人间较迟，而皇帝春秋已高，大臣们很是着急，但又不敢轻易进言建储。陈执中就写了三篇《演要》进献，真宗看后很是欣赏。

翌日，真宗拿出别的奏疏给群臣看，大家看后都说好。真宗说：“这里还有更好的！”说完从袖子里掏出陈执中的《演要》，给众人观赏。此后，陈执中就在真宗的提携之下，一路升迁。

正如别人所评价的：“执中以公卿子，遭世承平，因缘一言，遂至贵显。”

这一次陈执中进入中书省，最直接的原因在于，他的手下傅永吉诛杀了造反的王伦，入朝觐见皇上，傅永吉谦辞道：“其实我没什么本事，都是陈执中，他对我面授机宜，把处置方法传授给我，幸而有所成绩。”

这件事给陈执中加了不少分，此后不久，仁宗就计划把陈执中从青州调回来，准备重用。

谏官们听闻此事，迅速行动起来唱反调。但是这一次，仁宗铁了心，派人把敕书送去青州交到陈执中手里，并告诉他：“朕任用你，满朝官员都认为不可，但是朕不受人言蛊惑，坚持要任用你！”

次日，谏官们还计划死缠烂打，想靠着舆论优势把陈执中的委任搅黄。但是他们刚一上殿，就看到仁宗脸色不对，紧接着就听到仁宗的厉声训斥：“还是关于陈执中之事吗？朕已经宣他入朝了！”

在这种情况下，看到以往志同道合的战友们陆续外放，自己的建议又不被采纳，才有了蔡襄要求回老家福州工作的请求。

接下来被赶出京城的人，是石介。自从富弼为避嫌自请外任，他的“同谋”石介，就成了众矢之的，大家都对他指指点点，石介无法自安，于是要求通判濮州。

事情到了这一步，改革几乎进行不下去了，接下来的任务应该就是逐渐废止。

我们可以揣摩一下仁宗的心态，从富弼和石介“大逆不道”的通信事件开始，仁宗就发现身边的臣子确实结成了一个稳定而强大的“党”，这不是好事。欧阳修等人过于活跃的表现，就更加加重了仁宗的疑心，那些隐藏的中间派，不论如何任人唯亲或者上下其手，至少不会对皇权稳定构成威胁。但是，范仲淹这一股明显的力量，就算是打着“为国家、为赵家江山”的旗号，又谁能保证他们以后会一直服从指挥？

最可怕的是，“范党”诸人，甚至以“朋党”为荣。范仲淹振振有词：“我在西北边陲打仗的时候，勇敢的人自成一伙，而怯懦者也抱成团……”欧阳修则写下了大名鼎鼎的《朋党论》，来为自己辩护。

长此以往，仁宗心里实在有点忐忑。

其实从对陈执中的任命就可以看出一点端倪来。在改革初期，谏官们权力很大，甚至有权为国家提名参知政事，但是现在，仁宗一意孤行，非得唱对台戏，对谏官们的意见置之不理。这个强硬的表现是在提醒大家：我才是帝国的主人，我不再是以前言听计从的软弱皇帝了。你们这个“范党”，非解散不可！

蔡襄估计是从这件事中嗅到了一丝不和谐的气氛，才要求离开。

蔡襄此时还不知道，他和陈执中在将来还会有一次相逢。这次故人重逢，事关陈执中的家事。

陈执中没有经过正式的科举进入仕途，而是靠父亲陈恕的恩荫，这也是蔡襄等人攻击他“不学无术”的原因。不知道是不是因为读书少，陈执中的家教很差，管不住老婆，也教育不好儿子。他有一个小妾张氏，极其凶悍残忍，曾鞭挞女奴银儿致死，还是这个张氏，将女奴海棠打得遍体鳞伤，因为忍受不了痛苦，海棠自缢身亡。

此事被告发后，就由开封府审查，时任开封府长官的，正是老对头蔡襄。[①]

蔡襄还没来得及报仇，又被仁宗插了一杠子。仁宗为了保护他的宠臣，特别委派了一个叫齐廓的人来调查，意思很明显，就是要齐廓做个样子，把张氏给放了。

这件事被蔡襄的老同事，“谏官四人组”里的王素知道了，王素特

---

① 蔡襄福州任后，转为知制诰，然后在皇祐五年（1053），接替吕公弼权知开封府。

意给齐廓写了首打油诗："李膺破柱擒张朔，董令回车击主奴。前世清芬宛如在，未知君可及肩无。"

王素诗里的"李膺"和"董令"，说的是古代那些不畏权贵、敢于公正执法的强吏，特别是后者董宣，乃是青史留名的"强项令"。王素用这两个人的刚直不阿来刺激齐廓，并挑衅说："前世这些强吏的清芬，还宛在眼前，不知道我辈能不能比得上？"

齐廓有任务在身，当然不敢接招，只好含糊了事，还给王素写了一个条子："王同志，当别人站在坑边上时，请不要在背后推人①！"

这一段公案之后，陈执中去世，那个作恶多端的张氏虽然在蔡襄手里逃过一命，但最终遭到了报应。陈执中刚去世那会儿，张氏一开始出家为尼，后来被儿子陈世儒接回来，陈世儒从小没受过什么教育，和他老婆李氏对张氏也不孝顺。

元丰年间，陈世儒被任命为太湖县令，可是他不想到外地当官，京官机会多，而且俸禄高，这谁都知道。于是狡猾阴损的陈世儒就开始动脑筋，想着赖在首都谋个差事。算计来算计去，他就把目光瞄准了母亲张氏。

按照当时的惯例，如果家中有长辈去世，就可以以"丁忧"的方式离任守孝，利用这段时间，他或许可以谋到一个好差事。

于是，为了制造一起人为的长辈去世案件，陈世儒就和老婆指使家中婢女，想把老娘毒死。谁料，张氏竟然没被毒死。陈世儒并不气馁，晚上竟然拿着铁钉子进去，一下钉在张氏的脑袋上，这个毒辣的女人终于遭到了报应，死在自己家人手中。随后陈世儒被婢女告发，送到大理寺审理，最终连带十余人都被处死了。

有这样的老婆和儿子，陈执中也是个命苦的人。

---

①"勿临坑推人。"

第十三章

『后新政』时期的众生相

不知道仁宗是没转过这个弯来，还是对范仲淹已经心生厌恶，反正他答应了这个计划。范仲淹果然中计，很快上表致谢，感谢朝廷的挽留。这让仁宗心生不悦，觉得范仲淹是在以退为进，要挟自己。

庆历党成员的渐次离开，并没有给这场斗争画上圆满的句号。从古至今，落井下石的人从来就没有缺少过。而且，随着众人的外放，以前对新政不怎么热心的杜衍，反倒凸显了出来。他好像接过了范仲淹的旗帜，默默地为改革做着贡献，但他没有帮手，这就给反对派们制造了机会。

导火索是一件小得不能再小的事情。

庆历四年（1044）冬十一月，进奏院祭祀神灵，监进奏院右班殿直刘巽、集贤校理苏舜钦按照惯例，把清理出来的废纸卖掉，用所得的钱请来伎乐，大宴宾客。

因为之前有个叫李定的人，是太子府的中书舍人，希望能够出钱参加聚会，但是被苏舜钦拒绝了。苏舜钦说："晚会没什么好节目，宾客中也没有太子中书舍人这样的贵客，我看，就算了吧，改日再聚！"遭到拒绝后，李定怀恨在心，就到处大加诽谤。这个机会被一直虎视眈眈的王拱辰逮住了，就指使手下的刘元瑜和鱼周询上书弹劾苏舜钦。

这么一查，竟然又揪出一个大线索。这群喝酒作乐的人中，有个叫王益柔的，喝醉后写了一首诗叫《傲歌》，其中有这样两句："醉卧北极遣帝扶，周公孔子驱为奴。"

这两句直击儒家的祖宗周公和孔子。孔子是读书人共同的偶像，周公是孔子的精神导师。如此一来，王益柔就相当于侮辱了全天下的读书人。这个辫子十分粗大，很轻易就能被抓住。

据说仁宗连夜派宦官将这帮人拘留，震动整个京师，罪名至少有两项，苏舜钦等是“自盗公物”，而王益柔则是“有辱斯文”。照例，这件事又交给了开封府处理，因为没有范仲淹出来撑腰，与会者都得到了处罚，停职的停职，降级的降级。

此事过后，幕后策划者王拱辰得意扬扬。他不愧是状元出身，迅速为人们创造了一个成语，他说：“这些家伙被我一网打尽了！”

这件事孤立来看，似乎有点小题大做，但联系当事者的出身和背景，就明显能看出来，目标还是“范党”。

苏舜钦来头很大，他祖父是大才子苏易简，他的外公是王旦。至于他的岳父，则是目前的扛旗者杜衍。

至于王益柔，更是故人之子——王曙的儿子。也就是说，他外公是寇准。

此案发生后，章得象不置可否，坐着看笑话。贾昌朝则暗中助力王拱辰，至于杜衍，因为他是“主犯”的岳父，要避嫌，所以不能发言。

还有谁能出来主持正义？

这时，沉默很久的韩琦站了出来，他直言不讳地对仁宗说：“王益柔年少轻狂，说了一些狂妄的话，哪里值得深究呢？天下大事不少，亲近大臣应与国家休戚与共，他们不干正事，却来攻击一个王益柔，看来是别有用意啊！”

韩琦所说的“用意”在哪里呢？

目标还是让他们不自在的范仲淹，还有目前看不顺眼的杜衍。这些人大部分是范仲淹推荐的，而苏舜钦出事，杜衍势必受到牵连，这样就将“范党”连根拔除了。

遭此无妄之灾，苏舜钦悲愤莫名，为了排遣心中忧愤，他只好给按察河北的欧阳修写了封信。因为这封信用语过于激昂，所以他的文集中没有收录。

在信中，苏舜钦的不平之气在笔尖肆意喷泻："我年近四十，齿摇发苍，方才为大理评事。平时的廪禄所入，还不足以养家糊口，更何况性格上不能和凶邪之人走得太近，现在脱去仕籍①，也并非不幸。今后以自己所学教育学生，或者做生意，也未必会饿死。所以应该缄口远遁，不应该再说什么！"

得信后的欧阳修当然知道怎么回事，但他也无可奈何，只能写下一行字："子美可哀，吾恨不能言。"写完觉得不解气，又写了一遍。

欧阳修此时已经不在谏院，早就丧失了话语权。

从此之后，苏舜钦走到哪里都讨人嫌，那些以往交往甚好的故人，一个个躲得远远的。苏舜钦悲叹道："拟借寒潭垂钓，又恐鸥鸟相猜，不肯傍青纶。"

作为宰相的女婿，苏舜钦一直没当过什么实权贵官，现在又被贬为庶民。在今人看来，实在是难以想象，这也就更加说明了杜衍的清廉。

据说苏舜钦"美貌魁伟"，作为名门之后，诗写得好，草书写得也不错，但和所有的读书人一样，自许极高。他曾经发牢骚说："我人生最大的不幸，就是被人说写字像周越，作诗像梅尧臣②！"

要知道，周、梅这两人的字和诗，在当时是很有名的，特别是一辈子仕途坎坷的梅尧臣，他的诗深得欧阳修青睐，但是苏舜钦看不起他。

苏舜钦的字写得确实也好，《岳阳楼记》虽然是范仲淹执笔，却是

---

① 苏舜钦被政府除名。

② 当时有"梅苏"的说法，将这二人并列。

苏舜钦亲笔书写的。

进奏院的这一起冤狱，彻底将苏舜钦打趴下了。一个古代的读书人离开了仕途，就相当于失去了全部精神寄托，我们可以想象，他是怎样的心境。

对于这一点，欧阳修的朋友、被苏舜钦看不起的梅尧臣是最有体会的。因为著名的梅诗人是个落榜专业户，一辈子都没中科举，后来靠叔父的关系，并在好朋友欧阳修的帮助下方才走上仕途。

梅尧臣对仕途的渴望，一点都不亚于他叔父梅询，这一点从他和范仲淹的关系就能看出来。

我们知道，梅尧臣和欧阳修关系极好。因为年轻时候，他们一起在西京洛阳钱惟演手下共过事，那是回忆中一段美妙的时光。

欧阳修是范仲淹的忠实拥护者，但是，梅尧臣对范仲淹很不满。这是一种由爱生恨的感情。

当年范仲淹手持《百官图》对吕夷简拳打脚踢之时，梅尧臣写了一篇《灵乌赋》来歌颂他。范仲淹掉到坑里，看到有人支持自己，就很感动地回了一首赋。等到范公参大政秉国权，梅尧臣心想：当年也是一个战壕里的，你怎么着也该表示表示，拉我一把吧。岂料范仲淹像得了健忘症，只推荐孙复等人，把梅尧臣忘在脑后了。

落寞的梅尧臣就又写了一篇《灵乌后赋》，用语比较不礼貌，甚至称得上刻薄恶毒。他说：“当年我怜悯你的忠直，所以才写赋表扬。现在主人因为一时失误，给你好吃的，给你安置巢穴，你就不去啄叛臣的眼睛，攻击敌人的营垒，反而憎恨鸿鹄不和你亲近，去和那些拍马屁的燕雀打成一片……”

这篇画蛇添足的赋确实降低了梅尧臣的档次，但他也是无可奈何啊，一个“四体不勤，五谷不分”的封建读书人，屡屡落第，又对功名有着望眼欲穿的渴望，岂是现代人所能体会的？

苏舜钦也是这种状况，他被贬之后，也时时在等待着东山再起。直到庆历七年（1047），苏舜钦游湖州，在当地太守的帮助下，遇到了湖州僧人居简。这个居简据说善于相人，于是苏舜钦就到寺院去拜访。居简招待一番后，苏舜钦晚间留宿寺院。

待苏舜钦酣睡后，居简悄悄入内，登上苏舜钦的床榻，细细聆听他的气息。苏舜钦惊醒后，居简并不说话，只是按住他的手臂，好像医生切脉一般。

许久之后，居简冒出一句："来得也曷！"这一句"来得也曷"是湖州土语，意思是感叹："来得太快了！"

苏舜钦莫名其妙，临行前去询问什么意思。居简问他："如果让你做州、县这样的官员，你去不去？"苏舜钦"大不悦"，他始终认为自己怀才不遇，如果能够得到再次重用，岂是这样的小官。

一年后，朝廷特赦，苏舜钦被任命为湖州长史。他气坏了，没有去赴任，没过多久就在幽怨中去世了。老和尚"来得也曷"，或许指的就是这个。

身在外地的范仲淹，其实也时刻关注着京城的政治局势，仁宗皇帝处理苏舜钦、王益柔二人的态度令他心如死灰。他知道，是时候离开了。没有了最高决策者的大力支持，改革完全就是一句空话，如果再继续贪恋权位，搞不好会惹祸上身。

范仲淹在庆历四年（1044）十一月，迫于压力，不得不上表乞请罢免自己参知政事的职务，并请求改任邠州，仁宗没有答应。但是，这不过是个形式而已，次年正月，范仲淹还是卸任了。

这是章得象落井下石的结果。

范仲淹这一次的辞呈刚一递上去，仁宗本来计划答应，但章得象插了一嘴：“范仲淹素有虚名，如果这样轻易罢免他，恐怕天下人议论，说陛下您轻易罢黜贤臣。不如这样，暂且下诏不同意他辞职。如果范仲淹上表感谢朝廷的挽留，这就说明他是用欺骗的手段来要挟您，那时候就可以罢免他了！”

章得象这是挖了一个巨大的深坑。他给范仲淹两个选择：要么继续上表坚持要求辞职，仁宗最终肯定会答应；要么上谢表不辞职，然后被仁宗罢免。总之，他被免职是一定的。

不知道仁宗是没转过这个弯来，还是对范仲淹已经心生厌恶，反正他答应了这个计划。范仲淹果然中计，很快上表致谢，感谢朝廷的挽留。这让仁宗心生不悦，觉得范仲淹是在以退为进，要挟自己。与此同时，右正言钱明逸的一封充满诋毁之词的奏疏，成了致命的那根稻草。在这封奏疏里，钱明逸将范仲淹、富弼二人形容得无比阴险，其措辞较之当年范仲淹攻击吕夷简的文章有过之而无不及。

就在范仲淹被罢免的当天晚上，学士院大门紧锁，窗户却有依稀的灯光透出，翰林学士承旨丁度正在里面奋笔疾书。他所草拟的，正是罢免杜衍的制书。

这件事说起来有点复杂，当初攻击陈执中不学无术的蔡襄和孙甫，因为上书没有被采纳，觉得丢了谏官的面子，就相继要求到地方去任职。

蔡襄回福州去了，但孙甫当时出使辽朝未归，就暂时没有处理。等孙甫出差回来，学士丁度因为和他有旧怨，就火急火燎要求孙甫去外地任职，杜衍却不允许。杜衍建议说谏院现在缺人，还是让孙甫去那里任职吧。

杜衍的心情我们可以理解。他的朋友和同僚依次被外放，自己身边不能没有人。他急需一个可以配合自己的言官。

仁宗同意了杜衍的建议，让中书省自己去决定，于是，此项决议很快就形成文件，而且杜衍和章得象都签了字。但是，等文件送到新任参政陈执中那里，陈执中脸色变得很不好看。就在不久前，这个孙甫还恶毒攻击自己刚愎自用、不学无术，现在还想继续留在谏院兴风作浪，那是不可能的。

陈执中拒绝签字，就相当于动用了一票否决权，杜衍只好要回文件，将其焚烧。这一烧，又给陈执中制造了理由，迅速跑到仁宗面前递黑材料："杜衍和蔡襄、孙甫结为朋党，企图将他们安插在谏院，被我慧眼识破后，他害怕留下证据，就烧了札子！"

仁宗已经被"范党"搞得头昏脑涨，根本听不得"朋党"二字，一听说杜衍也开始结党，浑身冷汗直冒，当即下令罢免杜衍。

起草制书的学士丁度可算抓住机会复仇了，恶狠狠写道："杜衍自从位居宰辅，没有什么安邦治国的功绩，反倒使得朋党之风愈演愈烈，这个咨询谋划的位子，他是不能再坐了……"

杜衍一走，江湖悲凉，朝廷再无热血之士，只留下一些温暾之徒，在未老先衰的朝廷，做一些温暾之事。

范仲淹离开，空出来一个位子。仁宗皇帝问章得象谁可以胜任，章得象推荐宋祁，但仁宗更看好宋祁的哥哥宋庠，于是"二宋"再度成为参知政事。

和陈氏三兄弟一样，宋氏兄弟也被传为一时佳话。谏官蔡襄曾经这样十分夸张地形容宋氏兄弟："宋元宪（宋庠）公近之和气拂然袭人，景文（宋祁）则英采秀发，久视之，无一点尘气，真神仙中人也。"

他们的出生也充满了神奇色彩。母亲怀孕之时，曾梦见有朱衣人送给她一颗大珠子，醒来后怀里还觉得热乎乎，很快就生下了大儿子宋庠。当然，那时候他还叫宋郊。生二儿子宋祁之时，先前那名朱衣人再度出现在梦中，递给他一本《昭明文选》，故宋祁有个小名就叫“选哥”。

这两兄弟出生后不久，亲生母亲就去世了。他俩就在位于安陆的继母家生活就学，家庭条件也不太好。

到了冬至节请客，宋郊置办好酒席，端起酒杯对客人们说：“过节请客，也没什么准备，就从我家先人剑鞘上扒拉下来一两银子来置办，不成敬意，希望大家海涵。”说完后，他又开玩笑道：“冬至节吃剑鞘，过年时就该吃剑了！”

“吃剑”是古人的一个俗称，指的是被判死刑。在贫寒落魄中能如此豁达幽默，宋郊也称得上是拥有“宰相肚量”。

这两兄弟未成名之前，曾经将文章投递给当时在安州的夏竦。夏竦一读之下，惊奇万分，就把两兄弟找来一起喝酒。

文人没什么别的娱乐活动，喝酒之余，就是写诗，两人分别写了一首来咏落花。

大宋写道：“汉皋佩冷临江失，金谷楼空到地香。”小宋写的是：“将飞更作回风舞，已落犹存半面妆。”可见，大宋的诗端庄宁静，而小宋的诗则清媚灵动，“言为心声”这句话确实不假。

夏竦是这样评价的：“宋郊咏落花却不言落，应该会状元及第，而且他风骨秀重，他日定然会做宰相。至于宋祁，虽然不及他哥哥，但也是朝廷贵官无疑。”“风骨秀重”的重点是在这个“重”字上。宋郊确实比弟弟要敦厚深沉一些，这应该也是仁宗看重他的原因。

仁宗曾说过：“这兄弟俩，大的不错，小的那个一上殿，满朝廷臣就没有一个是对的。”从天子的评论可以看出，宋祁喜欢发议论，喜欢品评人物，眼光很高。在宋祁的《宋景文笔记》中也曾记载：“我少年时候学习，没有什么师友，家里穷，也没有藏书。二十四岁那年，投递文章给夏英公，得到他的赞赏，认为我必取甲科进士……”

到科考那一年，兄弟俩的苦读终于结出了硕果，礼部奏报，这一科第一名为宋祁，第三名为宋郊。

当时还是章献太后刘娥主政。封建社会最讲究伦常。刘娥一看弟弟考在了哥哥前面，觉得不好，就亲笔御批，将宋郊改为第一名，宋祁吃了点亏，被赶到了第十。

宋郊眼看喜从天降，还没来得及高兴，那边站出来一位学士，名叫李淑，此人精通历代典法，但是为人狡诈阴险。他一看宋郊凭空捡个状元，还是兄弟俩组团考进士，就很不开心了，最重要的是，他害怕宋郊得到重用，自己的机会就少了。

李淑上前奏报："宋郊这个名字不大吉利啊！交者，交替也，也就是意味着大宋朝要被交替，那岂不是改朝换代了？"

还好刘娥头脑清醒，并没有因此就剥夺了属于兄弟俩的状元，只是过了一段时日后，下令让宋郊改名宋庠。

"庠"本来就是学校的意思，符合状元身份，而且和"祥"是谐音，刘娥看来也是动了一番脑筋的。

改名后的宋郊有点郁闷。他给同年好友叶清臣写了一封信，信里用的是"宋庠"这个名字。叶清臣跟他开玩笑说："我是宋郊那一榜的第二名，翻遍了那一年的进士名录，不知道这个宋庠乃是何许人也？"

怏怏不乐的宋庠回信给叶清臣："纸尾勤勤问姓名，禁林依旧玷华缨。莫惊书录题臣向，即是当年刘更生。"刘更生就是汉代的刘向，他本名更生，后来改名向，这里被宋庠用作改名的典故。

因为白白"捡"了个状元，所以士人之间传闻蜂起，有的说宋庠省试时候重复压了一韵，有人给他改了，所以才能考第一名；还有人说他考试忘了一韵，也被考官放了一马。总之，大家言下之意是说，宋庠这个第一名，不一定全是因为文采，可能是祖上积德，或者用现在流行的话说，是因为人品好。

状元公宋庠改名后，果然官运亨通。宝元二年（1039）十一月，宋庠被任命为参知政事。在此之前，仁宗皇帝曾经告诉中书省，如果两府缺少官员，就用宋庠，因为宋庠是“先朝状元”，应该优先录用。

这里要说明的是，并不是当了状元就一定会官运亨通。科举一般三年一次，但是宰相、参政和枢密使这样的两府高级官员并不多，所以很多状元并没有成为国家重臣。当了副宰相的宋庠依旧不改当年作风，倒是他弟弟宋祁，富贵之后迅速变得腐化堕落。

某年上元节，副宰相宋庠还在书院里挑灯夜战。当了领导后，他变得愈加好学，对着油灯刻苦研究《周易》。正学习着，听到身边人说：“你弟弟也在挑灯工作，不过，他点的是花灯，抱着歌伎在加班饮酒呢！”

第二天，宋庠派身边亲信给弟弟传话过去，原话说：“老弟啊，听说你昨晚潇洒风流，烧灯夜宴，简直奢侈得穷凶极恶，难道你忘了若干年前，咱哥俩在某州州学，坐着冷板凳吃咸菜喝稀饭了吗？”

宋祁并不惧怕这个副宰相哥哥。他给传话的人说：“麻烦你给相公（即宰相）捎话，问问他，我们当年那么辛苦吃咸菜喝稀饭，是为了什么？”

宋祁“暴发户”的心态一览无余——当年辛苦，就是为了今天享受。

哥哥在政坛搏杀之时，弟弟宋祁依靠他的锦绣文章，在京师博得了很大的名声。和晏殊一样，宋祁喜欢享受生活，喜欢一些风流文人的调调，比如说和粉丝谈恋爱。

有一次他路过繁台街，迎面来了一架宫内的车子，有一双凝脂小手举起帘子，没看清楚脸，只听有人娇声呼道：“原来是小宋！”

就在这短短交错的刹那，宋祁柔软的心脏就被丘比特射了一箭，小手指被月老用红线绕了一匝。他回去写了一首小词：

> 画毂雕鞍狭路逢，一声肠断绣帘中。身无彩凤双飞翼，心有灵犀一点通。
>
> 金作屋，玉为笼，车如流水马游龙。刘郎已恨蓬山远，更隔蓬山几万重。

因为车子是宫内的，所以宋祁知道，他这一辈子都不会遇到这个姑娘了，所谓“蓬山万里”比“一入侯门深如海”还要远。

宋祁是名人，他的文章传播速度很快，所以很快就传到了仁宗的耳朵里。仁宗大手一挥：“给我彻底查清楚，究竟是谁在街头呼叫小宋！”

没多久就搞清楚了，是某一个宫女在侍奉御宴时，听内侍指点说某某人是小宋，留下了深刻印象，那天在街上偶遇，就失声喊了出来。

仁宗把宋祁找来聊天，一会儿便说起这事。宋祁有点惶恐，自己真的“帅得惊动了中央”，搞不好生活问题就成了政治问题，他不敢轻易为自己辩护。

仁宗意味深长地一笑，对他说：“你小词中说比蓬山还远几万重，错了，蓬山不远！”说完就将那名宫女叫出来，赐给了小宋，成就了这一段浪漫姻缘。

生性爱幻想的宋祁在政治上似乎没什么大作为，但是到了晚年，他和欧阳修为文化事业做了贡献，两人合作编修了《新唐书》。

如果说欧阳修只是年轻时候风流，那宋祁则是始终如一，到老年还一直坚持着风流事业。他喜欢宴请宾客，会饮于广厦之内，屋外设置重重幔帐，里面点上巨大的熏香蜡烛，歌舞相继，觥筹交错，客人们快乐得忘记了疲倦，只是觉得时间过得太慢，更漏太长。

最后喝完了，打开幔帐才知道，原来已经过去了整整一天，难怪觉得时间没走。

此宴名曰“不晓天”。

编修《新唐书》时，宋祁在成都任职，宴会完毕，叫人打开寝门，点燃如椽蜡炬，只见婢女和侍者来往穿梭，或者研磨，或者铺纸，或者摆桌椅……总之，远远望去，都知道宋尚书要开始写书了，时人称其“望之如神仙焉”！

一直到老年，这朵“红杏”还一直坚守在枝头“闹”着。他“后庭曳绮罗者甚众”，也就是说“彩旗飘飘”，红颜知己太多了。

某次，在锦江喝酒，他偶然感觉冷，就要人拿半臂[①]来御寒，他刚说完话，一回头吓了一跳，身边的红颜知己们每人拿出一件来，齐刷刷站在那里让他挑。

宋祁考虑再三，还是忍着寒冷，没有去选。因为他怜香惜玉，不肯因为挑选衣物而有厚此薄彼之嫌，谁都不想得罪，干脆不穿了，咬牙挺住。

宋氏兄弟可称得上是典型的中间派。他们似乎对范仲淹的新政没什么兴趣，只是墨守成规做自己的事而已。放眼朝廷，当时可能只有韩琦一个人敢出来说话，但他的声音太小了，或者说，仁宗捂着耳朵不愿意听。

范仲淹和杜衍在一月份被罢免，二月初，当时参与弹劾苏舜钦卖废纸事件的刘元瑜上奏：近来京官要升迁到员外郎、少卿等，需要五位清

---

① 是一种御寒衣物。

正有名望的官员来推荐，这恰恰助长了奔走钻营的风气，搞得大家都去走门路，从而无心工作，希望废止这一制度。

仁宗反应很快，初四日就有诏书下达："废止京官需要人来保任的制度。"

这个制度是范仲淹制定的。

到三月底，又下诏废止了范仲淹所制定的科考新法。

而就在这段时间内，离群索居的韩琦也无法在朝中安心工作。他恳请出外任职，出知扬州。

只有欧阳修还在战斗。他虽然人在外地，但依然不改当年言官的作风，写了一封长长的奏疏，坚持为"范党"忘我工作。这一次，欧阳修变换了策略，他不再像写《朋党论》时那样直言不讳，举着拳头高喊："我们就是朋党，朋党无罪！"

这次他拐了个弯，开始为"朋党"洗脱罪名，一方面说我们没有结党，这是小人陷害的手段；另一方面则指出，"范党"内部也经常有矛盾，可见他们并不是为了私利沆瀣一气、蝇营狗苟之徒。

对"朋党"的情结，可以说贯穿了欧阳修的一生。他晚年编修《新五代史》时，在《唐六臣传》这一部分就评论说："夫欲空人之国而去其君子者，必进朋党之说；欲孤人主之势而蔽其耳目者，必进朋党之说；欲夺国而与人者，必进朋党之说。……惟以朋党之说，则无免者矣！"

我们看看欧阳修奏疏原文的大致内容吧。

他说："如果士人不是奋不顾身，就算不上忠信；如果你说的话不能令人不快，就算不上谏诤。我现在在外地任职，有些事情可能不是很清楚，但是我研究后发现了一个规律，只要是小人陷害君子，就一定要用朋党之说。这是为什么呢？因为你打掉一个忠直的人，还有一批在，而且正人君子缺点少，不好具体指责，为了将这些人连窝端了，就只能说他们是朋党。”

接下来，欧阳修又指出，以前杜衍和范仲淹、富弼和范仲淹乃至韩琦和范仲淹之间，都是有过激烈争论的，他们是为了国家大事而争吵，怎么算得上朋党？

在如此大势已去的情况下，欧阳修能够勇敢站出来实事求是反映情况，可见他“不平则鸣”的个性，始终没有改变。

欧阳修的奏疏虽然没有得到回应，但他发泄后心里舒服了，嘴上痛快了。他痛快了，昔日的政敌们显然不会痛快，这帮人看欧阳修如此顽固，丝毫没有“弃暗投明”的意思，又开始进一步搜集不利证据，对欧阳修实施最终的打击。带着放大镜甚至显微镜去找一个人的毛病，再加上造谣诬告，可以说是自古以来小人屡试不爽的标准武器。

八月份，意料之中，欧阳修“果然”出事了！

欧阳修年轻时候确实风流倜傥，但年长之后，“收敛”了不少。饶是如此，在政治觉悟、经济和政务方面找不到毛病后，反对派还是将目光聚集到了他个人作风问题上。

这是一件很久远的事情了，大约在十年前，欧阳修的妹夫张龟正于襄阳去世，留下寡妇妹妹和一个七岁的外甥女，于是欧阳修就将母女二人接过来一起生活，以方便照顾。

一晃十年过去，古代人结婚早，所以在此期间，欧阳修就将这个外甥女张氏嫁给了侄子欧阳晟。此年六月间，欧阳晟因为工作调动，带领全家老小进京等待新的任命。

可以想见，因为交通不方便，这一大群人从江西赣州走到河南开封，需要走多少天。时间一长，就发生了问题，张氏和家里的一个仆人好上了，欧阳晟勃然大怒，将这两人送到开封府右军巡院[1]发落。

也活该欧阳修倒霉，他当谏官时的作为，结出了恶果。

当时权知开封府事的杨日严，前一段在成都有经济问题，曾被欧阳修参过一本。杨日严得知欧阳修的外甥女被捕，心下大喜，私下叮嘱狱吏，一定要深挖细究，从此案中敲打出一点“铁证”来。于是狱吏们大显神通，尽职尽责加班加点，完成了杨日严交给的任务。据惊恐万状的张氏交代，在她还没有出嫁时，有很多暧昧污秽之事，涉及欧阳修。

但主审的军巡判官孙揆认为，张氏的供词有威逼的嫌疑，而且欧阳修和此案无关，所以他的报告只提到了张氏和仆人的奸情，并没有连带他人。

这一点令杨日严很不满，好不容易在黑暗中看到一个亮点，还被你弄灭了，于是他找到了当时的宰相贾昌朝和陈执中，希望获得援助。

很快，中书省专门派来了太常博士兼三司户部判官苏安世，带着专案组进驻。陈执中等人对欧阳修也不是那么友好，他知道蔡襄和欧阳修曾经是一个组合的，所以这个苏安世也有任务在身，就是给欧阳修定案，一棒子把他打趴下。

同时参加专案组的，还有一名太监，大名王昭明，可能是作为皇帝的私人代表出现。王昭明也是欧阳修的一个敌人，不久前朝廷曾派欧阳修任河北转运使，让王昭明随行。欧阳修不干了：“我个人认为，侍从官出使地方州府，没有和内侍太监一起同行的，对于朝廷的这个决定，我深感耻辱！”

这么看来，欧阳修应该也是令王昭明恨到牙根痒痒的角色。

王昭明来得晚，他到的时候，苏安世已经把案子结果拿了出来，局

① 右军巡院是一个刑狱机构的名称，和大理寺狱、开封府司录司一起掌管京师的治安。

势对欧阳修很不利。按说王昭明应该高兴，曾经侮辱过自己的欧阳修过得越惨，他就应该越开心。但王昭明没有，他虽然是个宦官，却人如其名，人品非常好。看到结果的王昭明大吃一惊，他指着卷宗骇然道：“我在皇帝身边，听他三天两头都会说起欧阳修，你现在这个判决结果，很显然是为了迎合宰相，今后要是翻案，我岂不是要跟着‘吃剑’[①]？”

还有一种说法是，当时案子审不下去了，苏安世对王昭明说：“不如锻炼一下？”这里的“锻炼”并不是说去街上跑步，锻炼身体。其意是指，通过严刑拷打制造冤案。王昭明听了这话，愠怒道：“圣上令我来监察，只想公道处理罢了，你这个‘锻炼’是什么混账话？”

为了罗织证据，有人甚至列举出欧阳修的一首小词：“江南柳，叶小未成阴。人为丝轻那忍折，莺怜枝嫩不胜吟，留取待春深。十四五，闲抱琵琶寻。堂上簸钱堂下走，恁时相见已留心，何况到如今。”

他们说：这词中描写的小姑娘，就是当年的张氏，可见在她“堂上簸钱”之时，欧阳修早就留意到人家的美貌了，那时候玩这个游戏，不正是七八岁的样子？这正是张氏随母亲到欧阳修家的年纪。

无论如何，这件事成了北宋文坛领袖欧阳修一生的污点。后来欧阳修主管考试，出了一个题目《通其变而使民不倦赋》，题目一出来，大家都说句子有点不通顺，应该是《通其变使民不倦赋》，把那个“而”字去掉。为此，钱明逸恶毒地讲了个黄色笑话，他说：“试官偏爱外生儿”，乍一听是说负责考试的人就是喜欢外加一个“而”字，但如果按谐音，就是“试官偏爱外甥儿”，影射欧阳修的“盗甥”之丑事。

事情到最后，亏得王昭明深明大义[②]，坚持不扩大事态，欧阳修才免

---

① 即脑袋落地。

② 当然还有一种可能，是王昭明得到了仁宗的授意。

于遭受更严重的处罚。

八月二十一日，欧阳修被剥夺了龙图阁直学士的职位，都转运按察使也被罢免。他新的职务是滁州知州。熟悉古文的人此时应该意识到了,《醉翁亭记》里第一句“环滁皆山也”，很快就要出来了。

此时欧阳修才三十九岁，就开始自号“醉翁”。“醉”者，醺醺然而不顾天下是非；“翁”者，三十九而白发丛生，形貌衰老，心态更老!

从古至今，对自己一生十分满意的人，少之又少，大部分人总觉得人生少了一点东西，所以东走西顾忙来忙去。石介也是这样的，他觉得自己这一生可真是冤枉。大作《庆历圣德颂》在朝廷掀起了惊天波澜后，因为夏竦的陷害，他不得已离开了京城。他没有接受朝廷任命，而是回到家乡山东奉符县徂徕山，从事教育工作。

这是一段极度痛苦的岁月，石介始终未能搞清楚自己错在何处。他是个耿直的人，自己不养马，所以每次外出就借马出行，跑来跑去积极参与政事，反倒被人指指点点。

他不为反对派容忍，就连范仲淹等人，也对他有所保留。石介因为心情沉重，回到老家后，不久就去世了。

在庆历五年（1045）十一月，有个叫作孔直温的狂生意图造反，被镇压后，从其家中搜出了他和石介的书信往来。此事很严重，也很醒目。

夏竦知道后，就加以利用，说石介其实没有死，而是跑到辽朝去了。

夏竦在家里给石介的牌位已经烧了好几年香了，他决定利用此事报复，让石介死都不得安宁。夏竦进一步指出：“石介去辽朝，实际上是富弼派他去的，他们约好让辽朝发兵，富弼来做内应，意图威胁国家安全！”

为了假戏真做，夏竦每当面对官员或者在公厅办事时，就会失声喊道：“有人在界河，曾经遇到过石介。”仁宗当即诏令提点京东路刑狱司，去核查石介是不是真的死了。石介活着的时候，并没有引起高层的注意，死后却如此兴师动众，真是富于讽刺意味。

“开棺验尸？”当兖州知州杜衍宣布了朝廷诏令后，在座所有官员都惊呆了！

这可不是开玩笑，对于重生厚死的古人来说，这可是巨大的侮辱。不要说石介是文坛有名的“徂徕先生”，就算是个平头百姓，要是被人从地里挖出来，他家族人也是受不了的。

骂人最恶毒的，莫过于“刨了祖坟”！

沉默片刻之后，掌书记龚鼎臣站出来，拍着胸脯说：“我愿以全家族的性命担保，石介肯定死了！”杜衍满眼欣赏地点点头，从怀里掏出奏稿：“老夫也已经担保石介了，你如此年轻，却能够见义勇为，前途实在是不可限量。”由于杜衍等人的挺身而出，这件事暂时就算告一段落。

直到庆历七年（1047），已经被任命为枢密使的夏竦再次发难，又说石介当年确实没有死，他真的到辽朝去了，但游说辽朝失败，于是富弼又派他到登、莱二州去煽动金坑暴徒数万人意图造反。

仁宗的耳根子软，又派了中使带着诏书到石介的老家，意图发棺。

当时担任京东路转运使的，是吕蒙正的儿子吕居简，即吕夷简的表兄弟，他对朝廷来人说：“如果打开后棺材是空的，那么将石介灭族也不过分，但如果石介的尸体在里面，朝廷无故刨人坟冢，怎么对后世的人交代？”

朝廷中使问他：“你说的确实有道理，那怎么办呢？”

吕居简告诉他，丧葬之事并不是一家一户能够办成的，当年参加石介丧礼的有他的朋友、门生和亲手入殓之人，将这些人找来，让他们立下军令状，就可以回复朝廷了。

到这里为止，石介终于能够在棺材里安心躺着了。到了太和年间，石介的墓因为年久失修，露出了棺木，他的孙辈重新收拾他的骸骨，发现他的心脏如同双手合在一起，已经化为石头。

读到此处，想必诸位已经对夏竦产生了深度愤慨。

《东轩笔录》带着快慰的心情告诉大家，在“大恶人”夏竦死后，仁宗前去浇酒祭奠，吴奎在边上说：“夏竦一贯狡诈，现在终于也死了！”仁宗抚然良久，等浇奠完毕，犹豫很久后，命随身的太监揭开夏竦脸上的白布，看看他的死状。老百姓都说，揭开蒙脸白布和开棺验尸差不多，都表示皇帝的怀疑，夏竦这是遭了报应。

石介终于得以清净，离开了这个是是非非的世界。

第十四章 那些落榜生们

面对柳永精心构思的华美辞章，仁宗却没有这样的闲情逸致和好心情了，想必他对柳永的一贯作为也有所耳闻。作为一个读书人，专门去写那些“下三滥”的市井歌词，而且主要服务对象还是处于社会最底层的歌伎。“读了这么多圣贤书，难道就是为了干这个？”这估计是当时所有“正统文人”对柳永的疑惑和质问。

此时是大宋朝的庆历七年（1047），在汴京城的每一处勾栏瓦舍，一曲曲笙歌正在彻夜弹奏着。大宋帝国沉醉在温柔乡里已经好多年了。

如果你足够细心，就会注意到在这悠扬旖旎的小曲背后，有一个和石介一样失意的落魄灵魂。他蜷缩于红红翠翠之间，用一生去赌那一抹缥缈的浮名。他就是宋词中绝对难以绕开的一个人物——高贵又低贱、潇洒又苦闷的柳永。

柳永是宋词婉约一派的核心人物，甚至说他是慢词长调的开山鼻祖都不算过分的赞誉。但是如此一位文坛巨擘，在正史中没有留下任何痕迹，对他生卒年与可怜的仕宦经历的考证，对专业的史学家来说，也具有挑战性，只能在私家笔记中“捕风捉影”去猜测。

同样是词人，同样风流倜傥、才华横溢，为什么柳永就必须承受不公平的命运，而晏殊、张先和宋祁他们，却享受了风雅的美名？答案很简单，柳永名声不好。

名声不好，所以没当过什么正经官，在意识形态领域弥漫着“官本位”价值观的封建社会，这绝对是场灾难。

柳永仕途之困顿，属于万里挑一那一款。

据唐圭璋先生考证，柳永大约出生在太宗雍熙四年（987），生在一个有着儒学传统的读书人家庭。毫无疑问，他从小的志向和所有读书人家的孩子一样，就是老老实实通过科举考试，一步一个台阶谋求进步，从而风光致仕，一生安然无忧。

在刻苦求学的少年时代，柳永曾经在偶然间得到了民间流传很广的一首词。当时媒体没现在这么发达，歌词都靠人们口口相传，一首词能够流传开来，就表示它有相当强大的生命力。

这首名为《眉峰碧》的词，作者已经不可考。它是这样写的：

蹙损眉峰碧，纤手还重执。镇日相看未足时。忍便使，鸳鸯只。

薄暮投村驿，风雨愁通夕。窗外芭蕉窗里人，分明叶上心头滴。

此词所描写的别离伤感和暮村愁绪深深打动了柳永，它就好像一副催化剂，迅速激活了柳永体内所蕴含的天才因子。冥冥之中，似乎有一种力量在提示他：这就是你的使命，你今生将为此而存活。

柳永将《眉峰碧》写在墙壁上，日夜揣摩反复体味，许多个孤寂的夜晚之后，柳永终于豁然开悟。他参透了这种民间歌词的精髓所在，他看到了每一首看似粗俗的歌词背后，是无数鲜活而真挚的灵魂。歌词要朗朗上口，感情真挚，敢于汲取直白的民间话语，将劳动人民原创的活泼灵动的智慧融入其中。

这是一次伟大的开悟，是中国文化史上的大事。

可惜，它没有给柳永带来任何实际上的好处。在此后的许多年里，柳永陆续参加了很多次科举考试，每一次都失望而归。

屡屡考试落榜后，很多性格暴躁的人都会忍不住骂娘、叛逃乃至造反。柳永就算脾气再好，也难免发发牢骚，一方面表示不满，一方面自我安慰。

于是他写下了著名的《鹤冲天·黄金榜上》：

> 黄金榜上，偶失龙头望。明代暂遗贤，如何向？未遂风云便，争不恣狂荡。何须论得丧？才子词人，自是白衣卿相。
>
> 烟花巷陌，依约丹青屏障。幸有意中人，堪寻访。且恁偎红倚翠，风流事，平生畅。青春都一饷。忍把浮名，换了浅斟低唱！

这首词里的很多字句我们都耳熟能详，比如说“才子词人，自是白衣卿相”，还有“忍把浮名，换了浅斟低唱”等。

要怪就怪柳永自己的词写得太好，本是关上门来的悄悄话，却被他的粉丝们满大街传唱。到后来，这唱词甚至越过了高高的宫墙，飘进戒备森严的深宫之内，被仁宗得知。他听到柳永的这首词后，脸色就有点不好看了。

这一点我们可以理解。仁宗觉得：你自己考不上进士，却来怪朝廷没有发掘，遗失了你这个贤才。而且还怪话连篇，把天下举子视为光宗耀祖必由之路的科考，奚落为“浮名”，还自称要远离组织，当闲云野鹤般的“白衣卿相”。

仁宗不是小心眼，但他也有自己的阶级局限性。实事求是地说，仁宗赵祯是个比较宽厚仁慈的人，他优容纳谏，善待上书言事的臣子们。比如说在某年，另有一位四川专业落榜老选手，大概五六十岁了，考了一辈子都没个结果。老头子急眼了，决定兵行险招，来一个自我炒作。老头子给成都府献上了一首诗，有这样两句：“把断剑门烧栈道，西川别是一乾坤。”知州接到这首诗，吓得浑身筛糠，心脏差点蹦了出来——这不是鼓噪我造反独立，再造一个新蜀国出来吗？

二话不说，知州下令将这不要命的老头五花大绑，再给皇帝上书，看他有没有兴趣亲自审理，省得被扣上“造反”的帽子。

仁宗知道后，批复说：“这不过是个急于当官的老秀才而已，不用怎么处罚。给他授一个司户参军，放到小地方去当公务员吧！”

这老头运气真不错，一首反诗平白混个官职。

另有一次，仁宗听到身边两个内侍闲聊。

甲说：“人这一辈子，无论贵贱祸福，都是命运的安排。”

乙说：“我不信，我坚信有一个人可以扼住命运的咽喉，那就是当朝至尊，伟大的天子！天子让你命好，你就会好，他看你不爽，你差不多就死到临头了。”

仁宗默默微笑，交给甲和乙每人一个封闭甚严的小盒子，里面放了纸条，告诉二人：“你俩拿着盒子，分别送到内东门司去。”

这纸条上写的什么呢？原来是给内东门司的御笔：“有带着盒子先到者，保奏给事，有劳推恩。”

为了保证试验的可靠性、科学性和可重复性，仁宗特意让那个对自己有信心的乙某先行一步，带着盒子赶往内东门司，等乙走出一段了，才让甲出发。片刻之后，内东门司保奏甲某推恩，原因很简单，先出发的乙在半道崴了脚脖子，所以甲成了龟兔赛跑中的乌龟，后发而先至。

仁宗用这个生动活泼的实例告诉大家，就算是九五之尊，也挡不住上天的脚步，较劲失败。

但面对柳永精心构思的华美辞章，仁宗却没有这样的闲情逸致和好心情了，想必他对柳永的一贯作为也有所耳闻。作为一个读书人，专门去写那些“下三滥”的市井歌词，而且主要服务对象还是处于社会最底层的歌伎。“读了这么多圣贤书，难道就是为了干这个？”这估计是当时所有“正统文人”对柳永的疑惑和质问。

仁宗很不舒服，不过还没有发作。

苦苦投考多年后，在仁宗初年，柳永终于第一次考中了。请注意，这里是“第一次”考中，也就是说，他至少考中了两次。

野史中是这样记载的：仁宗皇帝留意儒雅，务本理道，对浮艳虚美的文章深恶痛绝。新考中的进士柳三变[①]，喜欢写那些淫冶讴歌之曲，而且还有一首《鹤冲天·黄金榜上》传播四方，实在是社会的毒瘤。

为此，在进士名单临轩放榜之时，仁宗忘记了自己和上天较劲失败的事，伸出“上帝之手”，把柳三变生生拉了下来。他还带着强烈的情绪说：“老兄，您就去‘浅斟低唱’吧，要我给你这个浮名做什么？”

此事过后，还是有人给仁宗推荐柳永，说这个人有点小才华，可以用。

仁宗不依不饶：“得非是那个填词的柳三变？”

来人回答：“是！”

“那就去填词吧！”仁宗还是不松口。

柳三变还能怎么样，皇帝金口玉言不容更改。此时，科举的命运之门已经闭上了一大半。

失望沮丧的柳三变变得更加无所顾忌，“日与狷子[②]纵游娼馆酒楼间，无复检约”，而且还更加狂放地自号“奉旨填词柳三变”！

像柳永这样有才华的人本来就少，愿意从事他这一行的封建士大夫更少，再加上“奉旨填词”这个金字招牌的广告效应，使得柳永在民间青楼和官方教坊获得了巨大的声誉。甚至负责给朝廷演奏的乐坊，每当搜集到民间优秀的曲调，他们就会去找柳永填词。

① 即柳永。

② 狂狷不羁之徒。

除了官方填词，柳永还成了品评歌伎的超级评论员。

平日里无事，柳永的足迹游遍了京师妓馆。那些歌伎对他怀有相当的敬意，因为柳永善于用词描述歌伎夜莺一般的歌喉与曼妙的身段，所以某人如果得到了柳永的品题，立刻就会身价百倍，一夜成名，成为超级明星。用现在的话说，柳永是一位很好很强大的推手。当然，这也是柳永混迹京师的主要经济来源。每当有作品问世，他也能得到一定的资金收入。

有一次，柳永经过妓馆丰乐楼，此楼位于京城的商业繁华地带，开了个酒铺子，由群妓分别沽卖。柳永经过时，忽听楼头有人喊他："柳七官人！"抬头一看，原来是色艺双绝的歌伎张师师。

张师师，冰雪聪明，和柳永关系很好。两人楼上相见，张师师嗔怪他说："好几次看你路过，也不到我这里来。平日你的日常开销，我一概满足，我的小金库都被你用光了。今天好容易见到，你且给我填首词来！"

柳永呵呵一笑，铺开花笺，斟下美酒，才思滚滚而来……

这种生活看似逍遥，实际上却属于"下九流"。在那个时代，就连做生意都被人看不起，更何况一个"有辱斯文"的落榜考生。

科举，这是中国古代读书人心口永远的痛，一个人要是考不上进士，就请做好心理准备，一辈子在黑暗的角落中，独自舔着伤口流泪吧。

柳永不服气，他沉寂一段之后，按捺不住心中的科考情结，再次捡起蒙尘许久的圣贤书，重新报名参加考试。这么多年后，仁宗年纪大了，火气也小了，没有继续捉弄柳永，大约在景祐元年（1034），他终于考中了！

值得一提的是，跟他一榜考中的，还有他的次兄柳三接。

这一年，柳永已经四十七岁，所以说他“及第已老”，他终于当官了，被任命为睦州团练使推官。到任后，柳永一改之前的风流不羁，开始珍惜名声，尽心尽力去做一名好官。他的才华和举动得到了知州吕蔚的赏识，才干了一个月，就被破格推荐到朝廷。

此举却遭到了朝臣的强烈反对，并且专门为此事定下一条规则：幕职、州、县官，初仕而未得考者，毋得举奏！

睦州推官任后，据考证，柳永又担任过昌国县盐监、华阴县令，但这些都是地方的初等官职，根本谈不上什么建功立业。

为此，柳永也曾进行过积极活动，希望可以引起高层注意。

当时有个入内都知史某，很欣赏柳永。他趁着天上出现老人星[①]，仁宗心情大好之际，要柳永写首词进献，万一仁宗听得高兴，他立刻可以咸鱼翻身。

但是，柳永坎坷的仕途，似乎是上天的一个恶意玩笑。

他熬夜吐血赶制出来的《醉蓬莱》递上去，却又一次触怒了仁宗。读到这首词的第一句“渐亭皋叶下”，仁宗那著名的耳朵就开始变红了。他咬了咬牙，耐着性子往下读。并不是说这句话写得不好，而是一开头的“渐”字令人不悦，这个字一般用在疾病加重的场合。

接下来又到了“此际宸游，凤辇何处”这句，恰好和仁宗御制真宗的挽词暗合，古人对与长辈相关的问题十分敏感，或者说，你要是不敏感，那就是大不孝。这句让仁宗想起了他在天上的父亲，表情由不爽变为惨然。

最后的高潮部分，是在“太液波翻”这里，仁宗终于爆发了，他将稿子扔到地下，怒道：“为甚不说‘波澄’？”

---

① 即南极星。

好了，由于给仁宗带来了很不美妙的回忆，“咔嚓”一声，升官发财的大门被仁宗重重合上，甚至还加了一把锁。

皇帝不高兴，吏部就不给他改官。柳永还是不服，他径直去找当时的宰相晏殊。晏殊也经常写一些温柔细致的小词，但同样是因为根深蒂固的传统观念，他从来没有把柳永看作同道中人。道理很简单，晏殊是“富贵词人”，而柳永一直混迹于低贱的劳动者之中，他俩分属两个不同的阶层。

晏殊问柳永：“贤俊你也作曲子吗？”实际上当时的柳永已经不年轻了，但是在官场来说，柳永是晏殊的后进晚辈，这样说也是合理的。

柳永谦虚地说：“和相公您一样，也作曲子。”他这是刻意用共同的爱好，和领导套近乎。

晏殊冷笑道：“我是也作曲子，但没有写过‘针线慵拈伴伊坐’这样的词句！”

这是柳永温柔风情的《定风波·自春来》里的一句，被晏殊狠狠鄙视了一把，觉得太下流，太儿女情长了。

话说到这一步，就没什么交流余地了，柳永只好讪讪而退，改官也就成了遥遥无期之事。

怎么办呢？不能就这样坐以待毙吧。过了知天命之年的柳永一咬牙，使出了最后一招——改名字！

自此之后，世间再无柳三变，多了一个花台弟子柳永。

改名后的柳永运气似乎好了一些，最后终于混了一个从六品的京官——屯田员外郎，这就是世人称呼他为“柳屯田”的原因。

这是柳永一生所拥有的最高官阶，远远配不上他在词坛的名气和才华。

在当时，就有从西夏回来的人说：“凡是有井水之处，就有人唱柳词！”

他的词流传很广，甚至在出家人中也颇有市场。邢州开元寺有个和尚叫法明，这是个花和尚，酷爱喝酒赌博，不修边幅，平日里喝得酩酊大醉后，就放声高歌柳词。作为一个方外人士，唱这些靡靡之音，难免招惹闾里乡亲的非议，大家都管他叫“疯和尚”。

十余年后，疯和尚在某天忽然告诉大家：“我明天就要去西天总部报到了，大家不要到处乱跑，看着我走！”

众僧取笑他说：“哪有这个道理，你开玩笑吧！”

次日，法明沐浴更衣，端坐着呼叫众人：“我这就去了，给你们留下一首偈颂吧。”

众人吃惊，围过来听，法明大声道：“平生醉里颠蹶，醉里却有分别。今宵酒醒何处，杨柳岸晓风残月。”说完之后，跏趺而逝。

又是一个“预知时至”的奇僧。

“今宵酒醒何处，杨柳岸晓风残月”出自柳永的《雨霖铃》。

对柳永来说，这也是值得宽慰的，一个拥有绝顶智慧的和尚，将他最“俗”的词和最雅的禅意天衣无缝地结合起来，不知道，那些取笑过柳永的人，会做何感想。

柳永在四十七岁考上了进士，已经属于很“后进”的了，但还是有人比他晚。梅尧臣诗名满天下，却从没有试过考试成功的感觉，一直到知天命的五十岁，才被赐了一个同进士出身。

梅尧臣没中进士，却一直有官职在身，这一点是柳永比不得的。原因是梅尧臣有一个叔叔梅询，他依靠恩荫制度，得以跻身士大夫之列。

这个特殊的出身，导致梅尧臣有两个主要的特征。

第一点，他的诗传播很远，覆盖面积大约比柳永还大。柳永的词多传唱于繁华闹市区，而梅尧臣的诗因为其平白浅显，再加上反映了不少社会现实，深得人民群众喜欢。关于这一点，苏东坡可以证明，他曾经得到过一件西南少数民族所织的土布弓衣，上面就绣着梅尧臣的《春雪》诗，他得到之后，转赠给欧阳修。由此可知梅诗传播之广。

欧阳修自己也说，他曾经在梅尧臣家里喝酒，这酒入口非常甘醇，肯定不是街上所能买到的，但是梅尧臣一直生活困苦，舍不得买好酒，那么酒从何来？追问之下，梅尧臣方才承认说："皇族宗室有好学的，从内宫给我弄来的酒。"

第二点，他虽然和欧阳修这样的高级文人交往频繁，甚至一度称得上密切，但始终有一层隐约的隔膜存在。他终究是个孤寂内敛的人。

关于第二点，虽然没有公开的证据，但从一些零星散乱的笔记无意间泄露的一鳞半爪来看，梅尧臣对身边这些正经科举出身的朋友，始终怀有一种莫名的敌意。虽然大家经常在一起诗酒酬唱，他却难以融入这个圈子。

在范仲淹落难的时候，梅尧臣伸出了援助之手，但等到范仲淹得势，因为没有提拔自己，梅尧臣又忍不住做文讥讽。

梅尧臣还特意写过一卷《碧云騢》，以宣泄心中的不平之气。取这个名字是有原因的。所谓"碧云騢"是一种骏马，因其唇色如霞而得名。一般来说，马有旋毛不好，但碧云騢以旋毛为贵。梅尧臣的特立独行，已表现得很清楚了。

当年，"二宋"之一的宋庠当上了参知政事，可是没多久，他就被吕夷简赶了出去，出知扬州。正好此时梅尧臣路过扬州，出于尊敬，宋庠给他送去了两只鹅。

"秀才人情一张纸"，梅尧臣无以为报，就回了一首诗："昔居凤池上，曾食凤池萍。乞与江湖走，从教养素翎。不同王逸少，辛苦写黄庭。"这里的王逸少，就是被誉为"天下第一行书"的王羲之，他和鹅的主要关系，就是模仿和被模仿。据说他从这种傲慢的家禽身上，悟出了神奇的笔意，从此称雄书林，至今无人敢比肩。

这首本来应该替代感谢信的诗，令宋庠“不怿”，也就是说他不高兴了。因为他当时刚被罢了参政不久，正在考虑如何重回权力中枢。谁知道这个性格怪僻的梅诗人，竟然借着咏鹅劝慰他，不要像那头在池子里让王羲之临摹的呆头鹅一样，傻乎乎被圈住，应该学学自己，在江湖上自由行走。

对未来怀有高度期待的宋庠，得到如此一个“祝福”，怎么能高兴起来呢？

世人都晓得欧阳修和梅尧臣的关系极好。除了“梅苏”的说法外，还有“梅欧”之说。他们在西京洛阳当过同事，那时候欧阳修对梅尧臣甚至是甘拜下风的。后来当了谏官，欧阳修要是受了什么委屈，也会给梅尧臣写信诉苦。

《梅尧臣传》记载：“欧阳修与（梅尧臣）为诗友，自以为不及。”

所以一直有个传说，流行于世的梅尧臣文集，实际上是经过欧阳修删改的。欧阳修文名满天下，为了在名头上压过梅尧臣，他就把梅尧臣写得最好的作品删掉，以免危及自己文坛领袖的地位。

这个说法到底可不可信，谁也不知道。文人有相轻的毛病，但是，欧阳修有这么卑鄙吗？

关于此事的另一个佐证，是欧阳修写过一首《读蟠桃诗寄子美》：

韩孟于文词，两雄力相当。
篇章缀谈笑，雷电击幽荒。
众鸟谁敢和，鸣凤呼其凰。
孟穷苦累累，韩富浩穰穰。

穷者啄其精，富者烂文章。
发生一为宫，揫敛一为商。
二律虽不同，合奏乃锵锵。
天之产奇怪，希世不可常。
寂寥二百年，至宝埋无光。
郊死不为岛，圣俞发其藏。
……

欧公这是在夸奖梅尧臣，他说韩愈和孟郊两个，在文采上其实旗鼓相当，但是人生境遇却大相径庭。孟郊一辈子穷困潦倒，韩愈则富贵逼人。孟郊死后，贾岛并没有得到他的衣钵，现在是梅尧臣继承了孟郊的风骨。

对这个夸奖，梅尧臣却并不认同。是啊，诗人也是平凡人，他就算享有再大的美名，也不愿意终生沉沦，郁郁不得舒展平生志向。

梅尧臣为此向苏辙发牢骚说："永叔（欧阳修）自己要做韩退之（韩愈），却想要强行指派我当孟郊！"他没有明说，可不满情绪呼之欲出——我梅某人难道就应该受穷吗？

或许，梅尧臣是有点过于敏感了。可作为弱势群体，特别是作为一个不得志的诗人，除此之外，他似乎也没有别的选择。

第十五章 被『吓』死的无敌猛将

也许在韩琦的心中，狄青这个行伍出身的莽夫，根本没什么值得尊敬的。韩琦以甲科第二名的身份考中进士，最佩服的还是状元，哪怕这个状元手无缚鸡之力。只需拥有“状元”这一层光环，就是令人神往的。

宋代优秀的文臣很多，随便就可以举出十几个来，但拿得出手的武将少得可怜。按照“物以稀为贵”的道理，狄青作为宋初比较罕见的名将，应该更有底气更有资本，甚至可以凌驾于文臣之上。

但事实恰好相反，令敌人闻风丧胆的狄青，却被这些文臣打得毫无还手之力。这不得不归咎于赵宋王朝的祖宗家法，文臣可以肆无忌惮，武将必须俯首帖耳，不许乱说乱动，稍微有点风吹草动，一顶“谋逆”的大帽子就会压下来。

所以狄青生活得很憋屈。抛开在战场上战死的极大概率不说，他从一名普通士兵成长为大宋枢密使，用现在的话说，就是国防部长，其间的艰辛苦难，要远远大于一名普通举子成长为宰相所付出的努力。

狄青是今山西临汾人。十六岁那年，哥哥狄素与乡里一名叫铁罗汉的家伙在水边打架，铁罗汉体力不支，被狄素打落水，结果溺水身亡。

案子发生后，乡里的治安部门就捆着狄素去见官。

此时刚好狄青从地里送饭回来，就跟人说：“是我杀了铁罗汉，你们捆我吧！”等那些人捆上狄青后，地上已经“死去”很久的铁罗汉却挣扎着爬起来，吐水数升，竟奇迹般地起死回生了。

这是怎么回事？原来是狄青在心里默默祈祷，倘若我狄某人命不该绝，终当富贵，那么这个铁罗汉就不该死。于是上天给了这个面子，铁罗汉也就没有死。这也是一个奇人自小不凡的传说。

至于狄青是如何参军的，目前没有明确的资料。自愿也罢，被迫也罢，总之狄青在“万般皆下品，唯有读书高”的时代里，选择了另外一条道路。

他刚参军那一年，被分配到京城担任卫士。一天，他正扛着红缨枪在值班，忽然听到大内声声胪唱，产生了今科状元王尧臣。当时的情形是“传呼甚宠，观者如堵”，群众自发组成人墙，围观新鲜出炉的状元郎。

在那个时代，状元的出场要比今天的超级明星抢眼多了，有一段文字可以形容其热闹程度：“状元登第，不十余年，皆望柄用。每殿廷传胪第一，则公卿以下，无不耸观，虽至尊亦注视焉。自崇政殿出东华门，传呼甚宠。观者拥塞通衢，人肩摩不可过，至有登屋下瞰者。”人们摩肩接踵前呼后拥，甚至爬墙上树，就为了看一看这个第一名考生。

群众兴高采烈围观时，狄青正和他的战友们在值班，当然没人注意他们。几个普通当兵的，八辈子也混不到这一步。

宋代当兵极其没地位，为了防止士兵私自逃跑，还在脸上或手上等部位刺一个标志，这一辈子都难以洗脱。看到人家状元志得意满，狄青的战友就说：“人家都当状元了，我们还是小卒子，而且还是新兵，同样是人，差距怎么就这么大呢？”

狄青并没有像他的战友一样发牢骚。他说：“不一定哦，这取决于人的才能。”言下之意，有点不服气。

狄青是有这个资格说这话的，因为很多年后，当他担任枢密使时，时任枢密副使的，就是眼前这位状元公。

在京城当了一段兵，因为元昊捣乱，狄青被调到西北边陲去为国家出气。在这里，他真正找到了自己的价值所在。在一群懦弱畏缩的士兵中，勇敢的狄青脱颖而出。四年之内，经历大小二十五战，八次被流矢射中。

每次作战之时，狄青都要披头散发，用铜面具将脸遮住，出入敌阵，所向披靡。至于他为何要戴着面具出征，具体原因不得而知。有可能是因为他比较迷信，认为类似巫傩面具的东西可以让自己战神附体。

狄青应该是比较帅的，因为后来宋哲宗给公主寻觅女婿，有臣子问他："不知道要什么样的人物？"

哲宗回答："就要狄咏那样的，狄咏这小子长得好，是个'人样子'。"

狄咏是狄青的儿子，所以我们推断，狄青不会丑。而且有记载说，狄青在种世衡手下时，"每供事两手如玉，种以此异之，授以兵法"。

"两手如玉"的人，怎会是丑陋的莽夫？

除了作战勇敢，狄青还通晓一些兵书，比一般士兵强很多。加上他有一定的作战经验，所以谈起来头头是道，这就折服了范仲淹的好朋友，经略判官尹洙。尹洙将他推荐给范公。

范仲淹授给狄青一本《左氏春秋》，告诉他："为将而不识古今，不过是匹夫之勇！"

自身素质过硬，再加上主帅范仲淹的赏识，狄青进步很快，"以功累迁西上阁门副使，擢秦州刺史、泾原路副都总管、经略招讨副使，又加捧日天武四厢都指挥使、惠州团练使"。

狄青用性命搏来的顺水顺风的时光，就说到这里。下面我们重点解析的，是他的郁闷遭遇，而造成这一切的根源，就是科举制度。

这前后两章涉及三个人，都是科举制度的受害者。柳永考得胡子白了，同龄人都有了孙子，方才混了个功名，为了改个官历尽沧桑，提起来满脸都是泪。而梅尧臣一辈子也没考上，被折磨得心理都有点变态了。

至于狄青，他虽然属于另一个系统，却也为此受了不少侮辱。

赵匡胤可能想不到，他自己制定下来的家法，没过几代，就构成了这样一个价值观颠倒的社会，要求一员武将必须进士出身。

韩琦气势汹汹率领五路兵马讨伐元昊时，狄青升任泾原路副都总管。

某日，在韩琦府上饮酒，为了活跃气氛，请来一个歌伎白牡丹。白牡丹给众人轮番敬酒。到狄青这里，她带着七分揶揄三分轻蔑举杯：“我敬斑儿一杯！”所谓“斑儿”，就是“脸上有斑的小子”，她是故意嘲笑狄青入伍时脸上所刺的涅文。

想她白牡丹一个妓女有什么地位，大好青年柳永因为长期和她们合作，被搞得声名狼藉，差一点一辈子不能出头。甚至有人放出话来：“宁立千人碑，不做柳永传。”

现在，她居然在这里公然嘲笑狄副总管！

狄青不能怎么样，唯有咬牙忍了。

没过多久，狄青的老部下焦用押兵路过定州。他乡遇故知，两人就推杯换盏，喝了一阵子小酒。就在此时，那些卒徒一哄而上，状告焦用一路上克扣供给、欺负他们。

事情闹到韩琦那边，韩琦大怒，下令斩了焦用。

狄青知道了，赶紧去韩琦那边给故人求情。

为了树立军威，韩琦不答应。狄青站在门外台阶下，低声下气道：“焦用以前有军功，是个好男儿！”

韩琦用冷笑来回答他：“东华门外，状元唱名，那才是真正的好男儿，焦用这种货色，也敢称作好男儿？”说完这话，韩琦令人当着狄青的面，诛杀了焦用。

此时狄青已经战功卓著，和韩琦的位置也没差多远，但韩琦这样当面折辱他，这就太过分了。也许在韩琦的心中，这个行伍出身的莽夫，根本没什么值得尊敬的。他以甲科第二名的身份考中进士，最佩服的还是状元，哪怕这个状元手无缚鸡之力。只需拥有“状元”这一层光环，就是令人神往的。

焦用当面被斩，狄青爱莫能助。他独自在门前孤零零站了许久，直到有人提醒：“总管您站得太久了！”他才神伤归去。

几年后，已经身为枢密使的狄青，说了一句发自肺腑的话。他说：“韩琦韩枢密和我的官职一样，我和他最大的差距，就是差一个进士及第而已！”

除了韩琦，西北边陲那些深得范仲淹赏识的“游士”，似乎也没把这个大英雄放在眼里。所谓“游士”，就是一些不得志的文人，懒于和劳动人民一样劳动，文学才华又够不上进士的水平，就只能以“游士”的身份四处流窜，到处“投诗索米”，希图有一天引起权贵的赏识。

最可气的是，这些半吊子文人，还老把自己当个人物，觉得没了自己的加盟，国家肯定就富强不起来了。刘易就是这样一个人。

刘易在《宋史》中占了一百余字的篇幅，可谓待遇优厚，说他“性介烈，博学好古，喜谈兵”。韩琦就喜欢这样的，因为他也酷爱“说兵机”。而且根据记载，这个刘易还学习过“辟谷之术”。

辟谷术是道家修行仙术的一种手段，修炼成功后，就具有了特异功能，可以数天乃至数月不吃东西，通过不浪费粮食来服务人民。古代读书人对这门技术是十分热爱的，在中国文人的业余爱好中，它仅次于炼丹术。

韩琦跟刘易十分亲近，刘易写的诗，韩琦有时候亲笔抄写在石头上，刘易觉得不满意，就十分随意地洗去，一点也不给韩琦面子。韩琦倒也不怎么介意。刘易死后，韩琦写的祭文还夸他：“刚介之性，天下能合者有几？渊源之学，古人不到者甚多。”

一是说他刚介孤僻，和一般人不能相处；二是说他知识渊博，古人不如他的不少。可见，刘易几乎就是个情商极低的文痞。

因为有韩琦撑腰，狄青对刘易一点办法也没有。

那是在饭桌上发生的事。那天是狄青请客，据韩琦说，在座的还有刘易。大家一边吃饭一边看戏，看着看着，刘易本来善变的脸色就阴晴不定了。他呼哧站起来，怒吼一声道：“黥卒敢尔！”

翻译成大白话就是：“你这个脸上刺字的小卒子，竟敢这样放肆！”

他嘴里的“小卒子”，指的就是狄青。

原来，吃饭时候那些戏子所演的东西，是一幕滑稽戏，内容是取笑读书人的。这也情有可原，毕竟是在边境战场演出，那些大兵从内心来讲，对“纸上谈兵”的读书人是很鄙视的，所以这种“以儒为戏”的内容大受欢迎。

可是刘易不干了，他自以为是读书人的代言者，怎肯被人取笑。他进一步推断，这种内容不可能是韩琦安排的，因为韩琦也是读书人出身，那么就只有不读书的狄青了，肯定是这个人刻意安排的节目。

刘易破口大骂完，还拍桌子摔碗，把饭菜都扔到地上泄愤。

狄青能不生气吗？但他还是得忍，韩琦说当时狄青“气殊自若，不少动，笑语益温”，意思是说狄青有度量、有涵养。其实狄青是在苦笑，领导的红人跟他撒泼，他必须赔着笑脸。

不能正面对抗，狄青只能搞一点小动作。刘易喜欢吃一种叫“苦马菜”的野菜，每次大家在一起宴饮，要是没有这道菜，刘易就会无礼叫怒，拍桌子骂娘。而且这个苦马菜在边地那一带是没有的，狄青只好托人从内地捎来给他。

如此几次之后，狄青就想了个办法，你不是爱吃吗？那好，以后只要刘易来吃饭，他面前就永远只有一盘苦马菜。刘易吃了许多次后，脸和苦马菜成一个颜色了，自此不敢再胡闹了。

时人都说“狄公善制”，其实真正有实力的，谁会这样偷偷摸摸捉弄人啊，这“善制”的背后，正是他没地位的无奈。就这样很多年后，在一个特殊的背景下，仁宗忽然想起狄青来，将他提升到了枢密副使的位子上。枢密副使我们见多了，但以纯粹的武人来担任此职，这还是首次。决定这件事，仁宗是顶着一定压力的。

决议一出，立刻就有人跳出来表示反对。御史中丞王举正发言：“狄青出自行伍，现在反而执政，是本朝先前所没有的，这样一来，恐怕四方蛮夷会因此轻视我们！”右司谏贾黯、御史韩贽也持一样的言论。在他们心中，仁宗此举既坏了祖宗家法，更是对读书人的侮辱。试想，大字不识几个的武人都可以进入二府，那天下文人还有几个愿意坚持学习的？

仁宗虽然坚持了自己的决定，心里还是有点疙瘩。他找到狄青说：“现在有一种特效药，可以很轻松把你这个印记去掉。”潜台词就是，你现在贵为副枢，“面子”问题，还是要顾忌一下。

以前真宗的章惠太后有个弟弟，叫作杨景宗，少年无赖，犯了法后被拉去从军，脸上也留下印记。后来章惠太后把弟弟保回来，用药处理了一下黥痕，脸上的印记就“无芥粟存者”，一点点痕迹都看不到了，而且变得“肥皙如玉”。

可见，以当时的医学水平，去除脸上的印记是个很小的问题。

但狄青罕见地固执起来，他指着自己的印痕告诉皇帝：“陛下您以功劳擢升臣子，并不问出身贵贱。我留着这个面涅，用来告诉天下的士兵，只要努力，一定有远大前程。”

在狄青到达枢密院之前，大家知道将要提拔一个武人，就是不知道是谁。因为行程缓慢，狄青很多天才到首都，枢密院的人等不及了，骂骂咧咧抱怨：“等一个赤佬，还磨磨蹭蹭好多天都不来，以为自己是谁啊？”“赤佬”是对军人鄙视的说法，现在还有人用这个骂人。因为这个缘故，狄青被大家称为“赤枢”。

上班第一天，一进办公室，就遇到了熟人——当年骑马的状元王尧臣。他早在一年以前，也被任命为枢密副使。

日子久后，两人混熟了，王尧臣还是忍不住拿狄青脸上的涅文开玩笑，他取笑道：“这个，看起来更加鲜明了。”狄青不卑不亢，淡淡地说：“你喜欢？免费也给你赠送一行？”王尧臣于是“大惭”。

狄青是在一个很特殊的背景下回到京城当枢密副使的。这个背景就是，有人造反了！

到现在为止，大宋朝虽然才建立了七八十年，但因为封建制度的固有属性，它已经腐朽得有点不像话了，除了冗兵、冗官等问题外，笔者最大的感受就是，裙带关系太严重了，但凡在朝中能露个小脸的，一般都是某某人的儿子、女婿或亲戚。真正的贫寒弟子唯一能指望的，就是令人爱恨交加的科举制度。可是从这几个人的例子看出来，科举制度也是一把令人落泪的世间利器。

关于几起激烈的群体性事件，这里要多讲几句。

在庆历年间，发生了好几件大事。首先是庆历七年（1047），贝州有个叫王则的小兵，出于未知的原因，起兵造反。

按说作为普通一兵，王则既没有背景，也缺乏造反的专业知识，他有什么资格干这样的大事呢？其实这个问题不难回答，因为社会腐败，再加上遭遇饥荒，老百姓早就盼着有人站出来说话了，所以说王则的出场是人民的需要，是时势的产物。

这个王则也是苦命人，小时候为了活命，到处流浪，卖身给别人，成了放羊娃。长大后，觉得一辈子放羊也不是个营生，但就业环境差，自己又没什么专业知识，就只好投身军营，混口饭吃。

当时社会大环境已经恶化，加上本来贝州、冀州一带的人就迷信，于是到处谣传着这样一个谶语："释迦佛不行了，现在已经衰落，应该由弥勒佛来掌管世界。"为了配合宣传造势，民间还有一些无所事事的闲人，怀里揣着两本手抄本的书，神神秘秘到处宣传。

这两本神秘的非法出版物，和所有附佛外道的书籍一样，有着玄妙诡异的名字，叫作《五龙经》《滴泪经》。在这样的文化背景下，王则开始利用佛教的名义，招揽部属。

残酷的现实生活无望，老百姓只能寄托于虚无缥缈的宗教。

在佛教的典籍里确实有这样的说法，释迦佛逝世之后很久很久，我们这个南瞻部洲将会迎来另一位佛，他就是现在兜率天的弥勒佛。

按照记载，弥勒佛降生还在很久之后，但许多邪教都以此为招牌，宣布弥勒佛提前降生。王则用的就是这一招。

为了招收更多的信徒，王则别有用心地在招生广告上用十分醒目的字体标注："本社团延聘著名灵异学专家，特异功能大师李教作为技术总负责，负责讲授变形、匿影、飞行等高深技艺，一期学不会，下期免费……"

李教何许人也，在民间有如此声望？

据民间传说，李教是都官郎中李昙的儿子，从小就喜欢神秘文化，不知道跟谁学得一身本事，会几十种变化，还有日行千里之术。

话说某一天中午，李昙的母亲，也即李教的奶奶正在房间午休，忽然听到堂阶前的井里传来了雷电霹雳之声，隆隆作响，好不骇人。

老太太被吵醒，就起身去看，这一看不打紧，只见一条巨大无比的黄龙龇牙咧嘴从井里呼啸而出，呼哧呼哧就蹿上了天。

老太太年纪大了，哪里经得住折腾，挣扎着躲到床下，心脏病发作，去世了。

家人闻讯赶来，却见李教正得意扬扬从外归来，跟大家说：“看到龙了吧？那是我变的，厉害不？”

气急败坏的李昙恨死了这个忤逆之子，乱棍将其赶出家门。

离家出走的李教更加放浪形骸，还在妓院里到处发帖题字：“吕洞宾、李教同游。”给家族声誉造成了很大的损害。

本着对家族荣誉和性命负责的态度——要知道，在封建社会家里出了一个“妖人”，很可能要被满门抄斩——李昙派出了四人追捕小组，去抓李教。

可能是因为左道妖术反噬的报应吧，不久，李教就在惶恐窘迫中自杀了。

李教死后，王则还在打着他的招牌骗人。对于这一点，朝廷也非常谨慎，因为李教的名声太大，能力太强，所以抓住王则之后，就全城地毯式搜索李教。找不到，那就找吕洞宾。也没找到吕洞宾，最后只好杀了李教的妻子泄愤。

这件事告诉我们一个很重要的信息，在北宋初年，吕洞宾根本不像现在这样家喻户晓，那时候可能还没有“八仙”的传说，他当时只是一个有名望的道士而已。

同时，王则开始包装自己。他身上出现了一个神奇的符号——“福”字，信奉他的人说，这是天生的。而朝廷官员们的调查结果是，当初王则流浪江湖之前，为了便于日后相认，母亲在他背上刺了这个字。

总之，这个神奇的字，似乎让老百姓看到了未来无尽的希望，还有幸福的生活，于是许多人争相前来投靠。就连贝州城的官吏，也私下里替王则出谋划策，他们计划在次年的正月初一起事，把澶州的浮桥切断，独占河北。

事情出了一点意外。

王则手下有个姓潘的信徒，去拜谒当时的北京留守贾昌朝[①]，贾昌朝发现此人居然在怀里揣着利刃！被擒获后，潘某耐不住拷问，就将王则的全盘计划给供了出来。

事起仓促，王则只好慌里慌张临时起兵。

当时贝州知州张得一正和下属在道观里游玩，稍微抵抗了一会儿，就被王则给擒获了。张得一比较识时务，他没有横眉立目，也没有大呼小叫，而是十分冷静地配合王则的工作。

王则看张得一态度不错，也就没有为难他，将他软禁在某个官府衙门里，该吃吃，该喝喝。每次有什么政事，就来找张得一拿州印，还十分客气地说："用完就还你。"

张得一为了活命，每次见到王则就喊他"大王"，而且不作揖绝对不敢坐下。为了讨好这些人，张得一利用自己知识分子的身份，给这些大兵上课："要造反，就不能太草莽了，必须遵照一定的仪式，这个我懂，可以给你们说说……"

张得一也不是一般人，他的父亲就是曾经掩护过刘娥十五年的张耆。

张得一这个样子，并不代表大宋朝没人了。他的部下，通判董元亨就表现得很有骨气。得到有人造反的消息——董元亨当时也和张得一一起在道观中游玩——他立刻快马疾驰回来，到办公室去。刚一坐定，十余名叛军全副武装，拎着寒光闪闪的大刀冲了进来，顷刻之间，董元亨

① 贾昌朝因为旱灾引咎辞职，现在不是宰相了。

身边一个影子都看不到了。往日里号称忠君爱国的僚属，关键时候比兔子的爆发力还好。

“大王让我们来拿军需仓库的钥匙！”王则手下通知他。

董元亨一拍桌子，吼道：“什么狗屁大王，你们这些妖贼也敢用兵起事，钥匙没有，命倒是有一条！”

“那还跟他啰唆什么，库里的东西今天都是我们大王的，没钥匙怎行？”说完这话，贼将下令将董元亨砍死。

没过多久，贝州城迎来了朝廷的官方谈判代表，此人叫马遂。王则起兵时，马遂担任北京指挥使、三班奉职。得到消息，他主动去找贾昌朝，希望可以为国家做点事。于是马遂就揣着朝廷招降的文书，腰上系着绳子，被拉进城去，做王则的思想工作。

王则也不是穷凶极恶之徒，闹事可能也是为了招安，所以就很严肃地穿上制服，约马遂一起喝茶，陪同他们的就是张得一。在这个过程中，马遂绞尽脑汁，想尽一切办法向王则晓谕祸福，希望他放下屠刀立地成佛，做一个纯粹的和平使者。

马遂说：“你老老实实空手出城去，我可以向朝廷奏请，保证你的荣华富贵。但如果你不开眼，守迷自固，那对不起，天子派一员大将率领数千人，没几天这个城下就会血膏满地，到处都是尸体，被那些野狗和野猪吃掉。”

王则固执地摇摇头。

双方你来我往，条件硬是没有谈拢。马遂有点沉不住气了。他决定亲自动手，用最直接的方法来“平叛”。

马遂瞅瞅四下，很遗憾，身边不要说刀剑了，连个棍棒都没有。

马遂希望张得一可以协助自己，就连着给他使了好几个眼色，希望一会儿动起手来，他能够帮一把。

可是任马遂眼珠滴溜溜乱转，张得一就是按兵不动。此人不是傻，是胆小而已。

马遂暗示无效，只好自己动手，他重重抛出酒杯去砸王则，然后一个饿虎扑食将其按倒在地，用手死死扼住咽喉。

王则没料到马遂如此疯狂，左右救援不及，被打得头破血流。

一会儿工夫，王则手下赶了过来，乱刀砍掉了马遂的手臂。

马遂受伤后依然不屈，大骂道："你这妖贼，我恨不能将你碎尸万段。"马遂最终是被乱贼砍死的，但王则也没讨到便宜，他也被打得卧床好几天。

看来和解这条路是走不通了。仁宗一边就近调兵遣将，一边派出明镐为河北安抚使进行征讨。明镐虽然是文人出身，但是在边防干过一段时间，有比较丰富的经验。

此时在城里，王则的"事业"开展得蛮不错，一副"朝气蓬勃"的样子。

在张得一帮助下，这个小政府已经初具规模。王则，建国号安阳，改年号得圣，自称东平郡王，还设置了宰相和枢密使。

但是城市太小了，其他各级官员怎么设置呢？

没关系，王则有办法，在城里以一楼为一州，也就是说，一个知州的辖区，就是他所在的那栋楼，出门走几步，就到了别的"州"。

与此同时，城里所有十二岁以上、七十岁以下的人都必须参军，同时在脸上刺写"义军破赵得胜"这样一道神奇的符咒。

明镐到达后，经过实地勘测，决定实施空中打击。他动用了两万人，计划用三十天时间修一个小高层出来，站在上面可以观望，也可以打击城内叛军。

于是出现了这样奇怪的一幕：官军在外面热火朝天修楼，城里的叛军也在城墙上搭建战棚，这两个建筑离得很近，所以富有娱乐精神的叛军们，就给两栋建筑起了个名字，叫作“喜相逢”。

明镐所建的城外部分，修了二十来天，就要竣工之际，被里面的叛军放了把火，三天三夜都没有熄，令人忍不住想起赤壁之战来。

空战不行，明镐又采取了另一种战术——地下掘进。

与此同时，城里头有一些深明大义的人，用箭带出来一封书信，愿意接应官军进城。

一开始，为了防范老百姓赶集一样拽绳子溜走，王则实施了“连坐”制度，五人为伍，五伍为保，这一保但凡有人逃走，格杀勿论！

因为这个要命的制度，老百姓不敢自己跑，只好主动邀请官军进城。

这是多么好的一件事啊，几百名官军带着刀子，拽着绳子，神不知鬼不觉爬进了贝州城，就像孙悟空钻进了铁扇公主的肚子。

计划是好，问题出在人类的劣根性上。

这些进城的人为了独霸功劳，进去之后，就把绳子砍断，免得进来的人太多了，和他们争夺军功。

可是这些人高估了自己的战斗力，打了一会儿后，发现不是叛军的对手，于是留下不少尸体，又顺着绳子灰溜溜爬了下来。

我们把视线拉回京城，此时的仁宗已经急得吃不下饭了，连问左右：“怎么办？”

这时，又一位读书人站了出来，主动请缨，表示自己可以去前线收拾这些蟊贼。

这人姓文，名叫文彦博。当时，文彦博挥舞着拳头要求去讨伐叛贼，此举令仁宗眼前一亮，当即答应请求，任命他为河北宣抚使。明镐则成了他的副手。

对这个任命，仁宗是很有信心的，他公然宣传封建迷信说："贝州的'贝'字，加上文彦博的'文'字，就是一个'败'字，此行必然大败贼军！"

确实，文彦博运气不错，他挑了一个好时候来。他到达的时候，地道差不多已经完工，于是派遣二百名壮士入城，杀死守城叛军，打开城门迎接官军。

后来没怎么费事，当了六十多天皇帝的王则就沦为阶下囚。他背上的"福"字，也没能保佑他逃脱。

文彦博初八日得到任命，没到月底就大破贼军，擒住了贼头子，可谓大功一件，由此很快升了一级，成了宰相。

神棍王则被擒获，在夏竦的建议下（或者出于嫉妒，夏竦眼热文彦博立功了，巴不得是个假王则），为了确保真实性，并没有就地处决，而是押到京城，查实身份，证明是如假包换的王则后，再行诛杀。

就在王则被处死前一周，又发生了一件骇人听闻的事。

这一次的事件可以用"变生肘腋"来概括。因为负责护卫仁宗的四个人，可能受了贝州人民的启发，居然也要搞兵变。

还好这四个人没有搞串联，他们的计划是短、平、快——快速出击，直捣黄龙，径直冲进仁宗的寝宫，将其干掉。

当时服侍仁宗的是曹皇后。这个女子不平凡，她是开国名将曹彬的孙女，在朝野的呼声都很高。在她成为皇后之前，京师里不知何故，到处传唱一首流行歌曲《曹门高》，没过多久，曹氏就替代郭皇后，入主后宫。

那天深夜，仁宗夫妻俩正在寝宫休息，忽然被外面的嘈杂声吵醒，有人说发生了兵变。仁宗慌不择路，准备从正门出去逃命，曹皇后一把拽住他，然后将门关上。

同时，她非常冷静地吩咐宫女，赶快去找都知王守中等人来救驾。

这片刻工夫，贼兵已经冲到了福宁殿下，他们用刀四处乱砍，有宫女胳膊受伤后惊声尖叫，在半夜里分外瘆人。

仁宗问左右：“什么声音？”

太监何承用骗他说：“宫里的奶妈打小宫女呢。”

曹皇后闻言大怒：“你胡说八道什么，乱贼近在咫尺，就在殿下杀人，你还不说实话！”

与此同时，曹皇后考虑到了一个很重要的问题，宫殿的大门一般都很厚，在没有专用攻城器械的深夜，最便捷的方法就是火攻，所以她先行一步，判断出叛贼会用火，就赶快派人取水准备。

让她猜中了，贼兵的火刚烧起来，就被水浇灭了。

在派那些宦官出去抵御造反者之前，曹皇后剪下他们鬓角的头发，告诉众人：“你们出去好好战斗，明天论功行赏，就以你们的头发为凭据。”

皇后既然都这么说了，还有什么犹豫的，众人拼死力战，最终将四名叛贼依次拿下。遗憾的是，因为死无对证，最终也不知道他们造反的幕后黑手和最终目的。

此事就这样过去了。

可这注定是难以平静的岁月。朝廷官员任免依然频繁，你方唱罢我登场，谏官们还是出于种种目的“吹毛求疵”，一切看起来似乎都很平静。我们的帝国又回到了它慵懒的状态，慢慢发酵，逐渐腐朽。

此时在遥远的南部，有一小股广源州①的流寇经常去骚扰邕州②，此

① 今越南南平。

② 今广西南宁一带。

地长官就给朝廷上书，希望能够下令让江南、福建路调兵防备。广源州名义上属于邕州西边的羁縻州[1]，但因为远离朝廷，所以一直服从交趾[2]的管理。

先前有个首领叫侬全福，他因为兼并和霸占别州的土地，遭到了交趾政府的围攻，最后寡不敌众，被擒获。侬全福伏法后，他的老婆阿侬就改嫁给了一个商人，生下儿子。按说这个儿子和侬全福已经没什么关系了，但是他野心很大，为了实现志向，就拉大旗作虎皮，号称自己姓侬，取名侬智高。为了更彻底地证明自己的血统，侬智高干脆杀了自己的亲生父亲，理由是："人怎么能有两个父亲呢？"

这个倒霉的商人，不知道造了什么孽，基因发生突变，竟然生下一个獍一样的儿子。所谓"獍"，是一种类似虎豹的东西，一生下来就要吃掉母亲。

很快，依靠自己的能力，侬智高拉起了一支队伍，占领傥犹州，建国号大历。

这样一来，交趾国不干了，迅速出兵讨伐，很快攻破城池，擒获了侬智高。可能是考虑到此处特殊的地理位置，以及侬智高个人的本领——据说他参加过进士考试，虽然落榜了，但在那一片，算得上识文断字的文化人——交趾又释放了他，并且封他为广源知州。

侬智高深受交趾横征暴敛的压迫之苦，所以曾经上书朝廷，恳请归顺大宋。但考虑到和交趾国的外交关系，仁宗拒绝了他的要求。

不久后，邕州有一名武官亓赟，为了立下奇功，就带兵深入其境，结果被侬智高抓住。为了活命，亓赟就骗他们说："完全搞错了，我哪

① 类似于少数民族自治区的制度。

② 今越南。

里是来打仗的？朝廷派我来招安，结果你的部下不认识，就搞成了这个样子。”依智高闻言大喜，连忙派了十几个人跟着亓赟到邕州，等待朝廷的批复。

朝廷能有什么批复，反倒把亓赟狠狠批了一顿，说他怕死偷生，妄自允许依智高进贡，简直就是在给国家惹事。

亓赟被降职，而跟他来的十几个人，则被赶了回去。即便这样，依智高还是不放弃，他急需背靠一棵大树，才能在乱世立足。

最近一次是在皇祐三年（1051），依智高给邕州知州陈珙进献金物和函书，再次请求归顺。陈珙奏报朝廷，再一次泥牛入海，全无消息。

依智高被拒绝的次数太多，恼羞成怒。既然没有大树可以依靠，那自己就要努力长成大树，于是他拉起队伍开始闹革命。他们选择的第一个目标，当然是最近的邕州。陈珙是个草包，敌人来攻打城池之时，他还在城头设宴喝酒，结果刚刚端起杯子，城门就被攻破，一帮官员全部被擒。

依智高检查仓库时，发现了自己上次送去的金物和函书。他怒气冲冲地把陈珙揪出来，质问道：“我请求归附，要求很简单，只要封个官，统领各部落即可，你为什么不上奏？”

陈珙说：“我已经上奏了。”

“那奏章呢？”依智高追问。

陈珙拿不出来，依智高扯着他就往外走。陈珙害怕万分，口中惊呼万岁，恳求让自己自尽了事，这简直是把大宋朝廷的脸丢光了。

接下来几天，依智高一路凯歌高奏，接二连三攻城拔寨，横州、贵州、龚州……最后在封州遇到了一名硬汉。这名硬汉叫曹觐，绝食两天后被杀。

接下来是康州。知州赵师旦派人出去侦察敌情，侦察兵回来告诉他："大人，我看各州的长官都跑掉了，不如咱们……"

赵师旦怒吼道："胡扯，难道你也要我逃跑不成？"他回去后安顿好老婆孩子，让他们带着官印离开。然后赵师旦部署兵士固守城池，并且叫手下士兵吃饭，吃饱饭才有力气打仗。士兵们哪里吃得下，赵师旦却若无其事，吃喝完毕，神态自如，呼呼大睡。

次日大战，赵师旦问手下三百兵士："战死沙场和被俘而死有何区别？"

"愿为国牺牲！"三百人齐声回答。确实，到后来城门被破，无一人逃走。

端州，知州丁宝臣弃城逃走。

广州，当老白姓哭喊着在城门外请求进入，以免被敌军杀死之时，知州仲简却下令紧闭大门。他跟百姓说："我城里头没有东西，还害怕贼兵前来，现在你们都带着家财进城，岂不是招惹敌兵的手段？"

不用再多举例子了，大宋朝官员的战斗力和职业操守一目了然。不是侬智高有多大的本事，而是大部分官员都被惯坏了。而且我们不难发现，即便是忠诚勇敢的守将，也仅仅是忠诚而已，极度缺乏战斗经验和谋略。朝廷派出杨畋、曹修讨伐，却是久战无功。然后派出了余靖和孙沔，依然难以力挽狂澜。

仁宗又开始忧愁了，他主要的手段，就是皱着眉头问大臣："怎么办呢？"

现在问怎么办，还是来得及的，可是他们不愿意去思考深层次的原因。那么，单纯就事论事来说，目前的局面怎么办？

狄青就是这样才走了运，当上枢密副使的。

可以断言，仁宗临时调他，应该就是为了应付侬智高。

狄青没得选择，当时宰相庞籍推荐了他，他也只能表示主动，希望为国分忧。作为帝国当时最能战斗的人，狄青又踏上了喜忧参半的前程。

这一次，他将迎来无上的荣誉。

这一次，他将陷入深深的旋涡，成为千夫所指的“好人”……